PAUL ZSOLNAY VERLAG

FRANÇOISE GIROUD

Alma Mahler oder die Kunst geliebt zu werden

Biographie

Aus dem Französischen von Ursel Schäfer

PAUL ZSOLNAY VERLAG
WIEN – DARMSTADT

Bildnachweis: Seite 1 bis 13 Bildarchiv der Österreichischen
Nationalbibliothek Wien, Seite 14 mit freundlicher Geneh-
migung von Marietta Torberg, Seite 16 mit freundlicher Ge-
nehmigung der Universal Edition Wien.

Alle Rechte vorbehalten, insbesondere das des öffentlichen
Vortrags, der Übertragung durch Rundfunk und Fernsehen,
auch einzelner Teile.
© Paul Zsolnay Verlag Gesellschaft m.b.H., Wien/Darmstadt
1989
Titel der französichen Ausgabe: Alma Mahler ou l'art d'être
aimée
© Editions Robert Laffont, S.A., Paris, 1988

Umschlag und Einband: Manfred Dragschitz GDA, Wien
Satzerfassung und Codierung: Profitext der iM Software
GmbH, Leonberg-Warmbronn: Satzcode von Dr. Ulrich
Mihr
Umbruch: Ventura Publisher durch Büro Dr. Ulrich Mihr
Belichtung: Setzerei Kittelberger, Reutlingen-Rommelsbach

Druck und Bindung: May & Co., Darmstadt
Printed in Germany
ISBN 3-552-04114-1

CIP-Titelaufnahme der Deutschen Bibliothek

Giroud, Françoise:
Alma Mahler oder die Kunst, geliebt zu werden: Biographie/
Françoise Giroud. Aus d. Franz. von Ursel Schäfer. Wien ;
Darmstadt : Zsolnay, 1989
   Einheitssacht.: Alma Mahler ou l'art d'être aimée < dt. >
   ISBN 3-552-04114-1

Für Caroline E.

»La femme n'existe pas.«
Jacques LACAN

1

»Das ist Almas letzte Verrücktheit...«, sagte Franz Werfel, ihr Ehemann.

Diesmal handelte es sich um einen Priester, Johannes Hollnsteiner. Er war neununddreißig, sie dreiundfünfzig Jahre alt. Man schrieb das Jahr 1934. Hollnsteiner galt allgemein als einer der hoffnungsvollsten österreichischen Theologen.

Eine platonische Beziehung? Alles spricht für das Gegenteil. Jedenfalls war es eine sehr enge Beziehung. »Sie sind die erste, und Sie werden die letzte sein«, sagte der hochwürdige Herr zu ihr. Die hinreißende Büßerin hatte ihn vollkommen in ihren Bann geschlagen. In den letzten Monaten hatte sie einen religiösen Eifer entwickelt, der sie selbst überraschte. Und sie war bestimmt keine Frau, die sich dem nächstbesten Priester anvertraut hätte.

Nach der Messe, die sie fast täglich besuchte, traf sie sich mit ihm in seiner Wohnung. Am Nachmittag parkte Hollnsteiners Wagen vor ihrem Haus. Bevor sie ihre Beziehung zu Hollnsteiner in ihrem Tagebuch einer Zensur unterzog – etwas, was sie häufig tat – schrieb Alma: »Alles in mir will sich ihm unterwerfen, aber ich muß meine Wünsche verleugnen. Er ist der erste Mann, der mich je erobert hat.«

Der erste? Gewiß, denn jede neue Liebe verwischt die Erinnerung an die verflossenen. Aber die Frau, die diese Sätze niederschrieb, war mit Gustav Mahler und Walter Gropius verheiratet gewesen, hatte mit Oskar Kokoschka ein blühendes Verhältnis gehabt und war nun die Ehefrau Franz Werfels.

Musik, Malerei, Architektur, Literatur: Das war ein Blatt mit vier Assen, auch wenn die Nachwelt das Werk Franz Werfels weniger hoch einschätzt als das der Männer, die sich zuvor in ihren Schlingen gefangen hatten; zu seiner Zeit stellte man Werfel auf eine Stufe mit Thomas Mann.

Stets war sie die Erobernde gewesen. Doch was dann kam... Mahler ist möglicherweise daran gestorben, daß er sie zu sehr geliebt hat, Kokoschka konnte ihren Verlust nie verwinden, Gropius war ein Spielzeug in ihren Händen, und Werfel schrieb: »Sie gehört zu den ganz wenigen Zauberfrauen, die es gibt...«

Sicherlich ist ein Künstler nicht schwerer zu verführen als der Klempner um die Ecke. Man muß ihn nur kennenlernen. Und die Umstände fügten es, daß Alma immer unter Künstlern lebte. Doch wenn sie einen an sich gezogen hatte, hielt sie ihn auch fest. In allem war sie die treibende Kraft: Sie war es, die betrog, die mit dem Mann brach, die sich scheiden ließ. Sie gehörte nicht zu den Frauen, die für den Mann zuerst ein Ansporn, dann Fessel sind. Ihre Macht lag darin, daß es keinem gelang, sie endgültig zu erobern. Und ihre Stärke beruhte auf ihrem Selbstverständnis: Sie sah sich als Angehörige einer Elite, als edles und überlegenes Geschöpf. Und keine Frage, sie war außergewöhnlich: Durch ihr selbstsicheres Auftreten und ihre geradezu magnetische Anziehungskraft wurde sie überall, wohin sie kam, zum strahlenden Mittelpunkt. Sie war das Gravitationszentrum, nach dem sich alle Bewegungen in ihrer Umgebung ausrichteten. Die Männer glaubten in ihren tiefblauen Augen zu ertrinken. Sie war nicht nur schön, sondern auch intelligent, und zwar auf anspruchsvolle Weise. Sie war geistreich und gebildet. Sie konnte verletzend und zuweilen unergründlich sein.

Mit zwanzig Jahren hatte sie bereits Nietzsche, Richard Wagner und Platon gelesen. Später lernte sie Griechisch und übersetzte die Schriften der Kirchenväter. Doch in erster Linie komponierte sie. Die Musik war ihr Lebenselixier.

Nein, diese blonde junge Frau, die unablässig von Männern umschwirrt wurde, war wirklich kein Durchschnittsgeschöpf. Aber – und das ist sogar eher die Regel – man kann außergewöhnlich sein und dennoch unzufrieden mit sich selbst. Nicht so Alma: Sie war überzeugt, ein überlegenes Menschengeschlecht zu verkörpern. Und dieses Gefühl verließ sie nie, auch nicht im Alter, als ihre Schönheit zu verwelken begann.

Almas ausgeprägtes Selbstbewußtsein und ihre hohe Meinung von sich selbst – bei Frauen ohnehin eine Seltenheit – werden in all ihren schriftlichen Zeugnissen spürbar. Sie gehören zu ihren hervorstechendsten Charakterzügen.

Sie kannte an sich nur eine, zudem geringfügige Unvollkommenheit: Aufgrund einer Kinderkrankheit war sie auf einem Ohr taub. Zeit ihres Lebens mied sie daher große Menschenansammlungen. Im übrigen wußte sie diese kleine Behinderung in reizvoller Weise zu überspielen. Sie lauschte jedem Gesprächspartner so hingebungsvoll, daß er das Gefühl hatte, mit ihr allein auf der Welt zu sein.

Die Begabung eines Mannes wirkte auf Alma so faszinierend wie auf manche andere Frauen das Geld. Hatte ein Mann ihr Interesse geweckt, weil sie seine Begabung erkannt hatte, so neigte sie sofort dazu, ihn zu überschätzen. Der Mann, der sie, die Außergewöhnliche, bezaubert hatte, mußte selbst außergewöhnlich sein. Sie sah ihn in strahlendem Licht, sprach begeistert von seinem Talent und fachte mit ihrer Begeisterung seine Schaffenskraft an. Alma war eine Göttin, und jeden ihrer Liebhaber erhob sie zu einem Gott.

Um so tiefer fiel er, sobald sie ihn fallenließ. Wie armselig war doch jeder Mann ohne sie!

Und doch verfehlte sie in gewisser Weise ihr Lebensziel.

Ihre Männer hätten auch ohne sie in ihren Werken fortgelebt: Mahler in seinen Klanggebäuden, Gropius in seinen Stahlkonstruktionen, Werfel in seinen Romanen, Kokoschka in seiner wilden Malerei... Alma aber wäre ohne sie heute vergessen. Jeder ihrer Männer war ein schöpferisches Genie. Alma hingegen hat nur dadurch eine Spur hinterlassen, daß sie ihnen wie mit einem Brandeisen ihr Zeichen einprägte. Teilte sie dieses Los mit allen Frauen ihres Jahrhunderts? Ganz gewiß, nur wurde in Almas Fall eine überdurchschnittliche Begabung vergeudet.

Diese männermordende Schönheit, diese Löwin, die von Ruhm und Anerkennung träumte, wollte Dirigentin werden. Das Temperament dazu hatte sie, und wahrscheinlich auch die Begabung. Sie komponierte – wir erwähnten es bereits. Mit zwanzig hatte sie schon mehr als hundert Lieder, einige Instrumentalstücke und den Entwurf zu einer Oper verfaßt. Sie war zur Künstlerin berufen. Doch statt als Musikerin Karriere zu machen, kopierte sie die Partituren ihres Ehemannes.

Mahler hatte ihr das Komponieren ausdrücklich untersagt: »Du hast künftig nur eine Aufgabe: mich glücklich zu machen!« Und Alma unterwarf sich dem Verbot ihres Mannes. Aber um welchen Preis für sie und ihn!

Es mag Menschen geben, die ihr Glück darin finden, sich für andere zu opfern. Doch niemand war weniger für diese Art der Entsagung geschaffen als Alma. Einem Genie zu dienen und darin auch noch Erfüllung zu finden, das war ihre Sache nicht. Alma blieb unbefriedigt und verzweifelt, denn – Ironie des Schicksals – sie brachte dieses Opfer für einen Mann, dessen Musik sie nicht liebte.

Vielleicht hat die Musik durch ihr Opfer keinen Verlust erlitten, doch wer wollte das beurteilen? Die meisten ihrer Werke sind verlorengegangen. Aber darum geht es letztlich auch gar nicht.

2

Worin bestand nun die besondere Atmosphäre, die Wien in jenen Jahren erfüllte, bevor die Dunkelheit des Faschismus über die Stadt hereinbrach und der Zweite Weltkrieg sie ausgeblutet zurückließ, eine beliebige Provinzstadt mit vielen Museen?

Leichtigkeit, Geselligkeit, heitere Selbstironie, Sorglosigkeit, Frohsinn, Unbeschwertheit, Lebenslust, Freude an Festen und gutem Essen, Kultiviertheit... Und, wie Arthur Koestler schrieb, ein flüchtiges erotisches Funkeln.

1902 besuchte Rodin die Ausstellung in der Secession, bei der Klimt seinen Beethoven-Fries präsentierte. Danach besuchte man ein Gartenfest im Prater. Es war warm, man begegnete schönen Frauen, schließlich setzte sich einer ans Klavier und spielte Schubert. Rodin sagte zu Klimt: »Nie zuvor habe ich etwas Ähnliches erlebt... Ihr Fries ist so tragisch und zugleich so glückstrahlend... Ihre Ausstellung, unvergeßlich... Und nun dieser Garten, die Frauen, die Musik und schließlich Sie selbst, umgeben und durchdrungen von dieser heiteren Naivität... Ich bin überwältigt!«

Die Journalistin Berta Zuckerkandl übersetzte Rodins Worte, und Klimt antwortete nur: »*Österreich!*« Welch eine Freude, hier zu leben! Wien an der Donau war fast so groß wie Paris, fügte sich aber harmonischer in die Landschaft der Umgebung mit ihren bewaldeten Hügeln ein. Zu den zahlreichen Maskenbällen und Festen strömten Wiener aus allen Bevölkerungsschichten. Im Fasching, aber beileibe nicht nur im Fasching, wiegte sich die ganze Stadt im Dreivierteltakt zu den Walzern von Johann Strauß und den Melodien von Franz Lehár, der mit seinen Operetten Triumphe feierte. Die Musik war der beliebteste Zeitvertreib der Wiener.

Ihre Leidenschaft ging so weit, daß das Spielen von Instrumenten in Privathäusern nach elf Uhr abends polizeilich verboten werden mußte.

Ein wichtiger Teil des gesellschaftlichen Lebens spielte sich in den Kaffeehäusern ab, die wie Pilze aus dem Boden schossen. Jeder Wiener verkehrte in einem Stammcafé, wo er seinen Gewohnheiten nachging und seine Kontakte pflegte. Man ging ins Kaffeehaus, um die in- und ausländische Presse zu lesen, ließ sich seine Post dorthin schicken, spielte Schach, und vor allem: Man unterhielt sich über Gott und die Welt. Hier wurden keine ernsthaften Entscheidungen getroffen. Die Gedanken waren flüchtig wie der Tabakrauch, der zur Decke aufstieg. Man delektierte sich an Wortspielen und geistreichen Bemerkungen, entwarf Hypothesen, führte metaphysische Diskussionen... Das Wiener Kaffeehaus war eine Männerwelt.

Jung Wien, eine kleine Gruppe von Intellektuellen, zu der auch Arthur Schnitzler und Hugo von Hofmannsthal gehörten, traf sich im Café Griensteidl. Karl Kraus, der bestgehaßte Journalist in Wien, aß täglich im *Griensteidl* zu Abend. Im Café Louvre versammelte Theodor Herzl, der Vordenker des Judenstaates, die ersten Zionisten um sich. Im Café Central diskutierten die Sozialdemokraten, und ein russischer Emigrant namens Leib Bronstein, später bekannt als Trotzki, spielte dort regelmäßig Schach. Im *Imperial* konnte man Mahler dabei beobachten, wie er am Morgen nach einer Premiere sämtliche Zeitungen durchwühlte. Als das *Griensteidl* abgerissen wurde, kamen die Dichter im *Central,* später dann im *Herrenhof* zusammen. In »einer Welt, in der alles festgefügt und jeder radikale Wandel, jede gewaltsame Veränderung undenkbar schien«, wie Stefan Zweig schrieb, in der man ohne Zögern dem nachjagte, was man für den Fortschritt hielt, war das Wiener Kaffeehaus die stabilste Institution.

Während die ebenso schöne wie ruhelose Kaiserin Elisabeth Europa durchstreifte, regierte ihr Gemahl, der Habsburger Franz Joseph, von der Hofburg und von Schloß Schönbrunn aus den Vielvölkerstaat. Ungarn, Tschechen, Slowaken, deutschsprachige Österreicher, Polen, Ruthenen, Kroaten, Italiener, Slowenen –

mit ihren nationalen Gegensätzen, Unabhängigkeitsbestrebungen, panslawistischen Träumen und großdeutschen Ideen bildeten sie ein Knäuel von Widersprüchen, das aufzulösen sich der Kaiser wohlweislich hütete, weil er damit das Ende seines Reiches heraufbeschworen hätte. Er schloß Kompromisse, und, wie es schien, hatte er damit Erfolg. Nur wer sich die Mühe machte, die weitere Entwicklung vorauszudenken, hatte Grund, sorgenvoll in die Zukunft zu blicken. Doch nichts lag dem Wiener ferner als solche Art der Voraussicht, vermutlich, weil sie sein Glück getrübt hätte.

Zu den treuesten Untertanen des Kaisers gehörten die Juden, die völlig ›assimiliert‹ als Wiener Bürger lebten. 1867 war in Österreich die Religions- und Gewissensfreiheit in der Verfassung verankert worden; damit war der Grundstein zur Emanzipation der Juden gelegt. Seitdem hatte sich eine ähnliche Symbiose vollzogen wie im Spanien des 15. Jahrhunderts. Solange den Juden eine Karriere in Militär und Verwaltung versagt blieb, wandten sie sich den freien Berufen zu, gingen in die Industrie; in der Finanzaristokratie nahmen sie einen bedeutenden Platz ein. Wiens große liberale Zeitung, die *Neue Freie Presse,* war im Besitz der jüdischen Familie Benedikt. Als Liberale standen die Juden hinter dem Kaiser und dem Vielvölkerstaat, dessen Verfassung ihre Sicherheit garantierte. Denn was würde geschehen, wenn das Reich auseinanderbräche? In der Monarchie waren die Juden als Volk offiziell anerkannt, doch im Unterschied zu den anderen Völkern des Reiches waren sie ein Volk ohne Land. Der liberale Vielvölkerstaat bot ihnen also Schutz.

Ob Jude oder nicht, im Umgang mit der kaiserlichen Bürokratie nahm jeder Wiener die Protektion in Anspruch. Der eine wollte den Gang seiner Geschäfte verbessern, der nächste seine Karriere beschleunigen, ein dritter strebte einen bestimmten Posten an... Selbst Freud bediente sich ihrer. Jeder kannte jemanden, der jemanden kannte, und der wiederum jemanden kannte...

Einzigartig war Wien auch als Stadt der Kunst. Die ganze Gesellschaft war von einem aufs äußerste verfeinerten Sinn für Ästhetik durchdrungen. Das war einmalig unter den Hauptstädten

Europas. Vergleicht man Wien mit Paris, London oder Berlin, so sticht dieses Phänomen als erstes hervor.

Der Soziologe Carl E. Schorske hat dafür folgende Erklärung: Die Kunst bot dem Wiener Bürgertum die Möglichkeit, sich mit der Aristokratie, die es nicht zerschlagen, in deren exklusiven Kreis es aber auch nicht eindringen konnte wie anderswo, auf eine Stufe zu stellen.

Der Adel des Kaiserreiches hatte alle einflußreichen Positionen in Militär und Verwaltung besetzt. Die großbürgerliche Schicht der Bankiers, der Industriellen und Freiberufler, der Intellektuellen und Künstler bildete die sogenannte ›zweite Gesellschaft‹, die mit dem Adel weder Umgang noch Austausch pflegte. Allenfalls Mädchen aus großbürgerlichem Haus, sofern sie mit einer hohen Mitgift ausgestattet waren, schafften hin und wieder den Sprung in die erste Gesellschaft.

Das Wiener Bürgertum, tüchtig, wohlhabend, individualistisch und liberal, eroberte sich einen Platz in der Geschichte. Die Architektur hat diesen Aufstieg in Stein gemeißelt: Die großen Bauwerke der Ringstraße, die das Gesicht der Stadt seit den sechziger Jahren von Grund auf veränderten, sind gleichsam der Stempel, den das Großbürgertum Wien aufgedrückt hat. Mäzene aus dem Bürgertum förderten alle Bereiche der Kunst und schlüpften damit in eine angestammte Rolle des Adels. Und wie sie es taten, war eindrucksvoll. Als die Künstler der *Secession* etwa nach einem Ausstellungsgebäude für moderne Kunst Ausschau hielten, trug Karl Wittgenstein, der Vater des Philosophen, den größten Teil der Kosten für einen Neubau. Als der Architekt Josef Hoffmann und der Universalkünstler Kolo Moser 1903 den Plan für die *Wiener Werkstätten* entwarfen, fanden sie bei dem Industriellen Fritz Wärndorfer Unterstützung; er finanzierte das Projekt bis 1914. Hoffmann und Moser hatten sich zum Ziel gesetzt, »das Interesse der Masse für einen verfeinerten modernen Stil zu wecken«.

Überdies war das Wiener Bürgertum ganz vernarrt in Theater und Musik. »Wenn wir die Zeitung aufschlagen, schauen wir immer zuerst ins Veranstaltungsprogramm«, bemerkte Stefan Zweig.

Die Begeisterung für die Kunst in all ihren Ausdrucksformen ging in Wien so weit, daß Väter ihre helle Freude hatten, wenn sich ihre Söhne der Musik oder Literatur widmen wollten. In jeder anderen Stadt wäre eine solche Reaktion unvorstellbar gewesen. Ein typisches Beispiel für die Rolle des Großbürgertums in der Kunst bot der Vater Hugo von Hofmannsthals, der alles daran setzte, seinem Sohn die Freude an schöpferischer Tätigkeit zu vermitteln.

Wien war die einzige Stadt der Welt, in der Künstler und Intellektuelle nicht gegen die bürgerliche Elite revoltierten. Im Gegenteil, lange Zeit blieben sie vollkommen integriert. Innerhalb des Bürgertums bildeten sie eine eigene Schicht, in der man einander kannte und einhellig dem ›l'art pour l'art‹ huldigte.

Wo auch immer die historischen Wurzeln dieser Haltung gelegen haben mögen, im Wien der Jahrhundertwende nahm sie den Charakter der Flucht aus der Wirklichkeit an.

Zu jener Zeit glaubte man noch in ganz Europa, und nicht etwa nur in Wien, daß der Mensch, als vernunftgeleitetes Wesen, befähigt sei, durch die Wissenschaft die Natur und durch die Moral sich selbst zu beherrschen, und daß er demzufolge auch in der Lage sei, durch vernunftgemäße Planung eine gerechte Gesellschaftsordnung zu errichten. So lautete das Credo des Liberalismus, der in Österreich seit den sechziger Jahren regierte.

Natürlich wußte man, daß es unter den Bauern, den kleinen Handwerkern und den Arbeitern viele Unzufriedene gab. Ebenso war bekannt, daß sich Sozialdemokraten, Christlich-Soziale, Großdeutsche und slawische Nationalisten zu Parteien zusammengeschlossen hatten. Aber die bestehende Ordnung und die nach dem Zensuswahlrecht gewählte Regierung schienen von keiner Seite bedroht.

Einmal freilich zitterten die Wiener Bürger, als 1890 die Sozialdemokraten am 1.Mai in Viererreihen und mit roten Nelken in den Knopflöchern in den Prater marschierten. Doch zur allgemeinen Überraschung schlugen die Demonstranten weder Scheiben ein, noch plünderten sie Geschäfte. Sie zogen über die Ringstraße und dann die von Bäumen gesäumte Nobelallee der

Jägerzeile, der heutigen Praterstraße hinunter, sangen die *Internationale*, und die Wiener atmeten auf.

Dann erschütterte ein Ereignis die Stadt wie ein Erdbeben. Bei den Stadtratswahlen 1895 wurde Wien von einer christlich-sozialen Welle überspült. Dem Parteivorsitzender Karl Lueger, einem militanten Antisemiten, war es gelungen, die großdeutsche Anhängerschar eines anderen eifernden Antisemiten namens Schönerer an sich zu binden. Beide, Lueger und Schönerer, gehörten zu den geistigen Lehrmeistern Adolf Hitlers.

Lueger Bürgermeister? Der Kaiser legte sein Veto ein und erklärte die Wahlen für ungültig. Und Freud rauchte eine Extra-Zigarre zu Ehren des Monarchen; dabei hatte er sich in seiner Jugend geweigert, vor diesem Autokraten den Hut zu ziehen.

Franz Joseph verabscheute den Antisemitismus ebenso wie Luegers Idee einer Art kommunalen Sozialismus. Zwei Jahre lang leistete er Widerstand. Einige seiner Minister versuchten ohne Erfolg, den Vatikan dazu zu bewegen, die Ansichten des katholischen Politikers öffentlich zu verurteilen.

Als die Wähler bei einem zweiten und dritten Urnengang ihre Entscheidung bestätigten, mußte der Kaiser schließlich nachgeben. Karl Lueger, der als geschickter Politiker mit seinem Antisemitismus vor allem taktische Ziele verfolgte (»Wer Jude ist, entscheide ich«), wurde 1897 Bürgermeister von Wien. Er war in jeder Hinsicht bemerkenswert: Mit seinem grau-blonden Vollbart sah er sehr gut aus, er nahm die politischen Zügel fest in die Hand, und vor allem versprach er, sich um die Anliegen der kleinen Leute zu kümmern. Er war einer der ersten großen Demagogen der jüngeren Geschichte. Bisher hatte die Elite politische Entscheidungen unter sich ausgehandelt. Lueger setzte als erster auf die Mobilisierung der Massen.

Bei den nächsten Reichstagswahlen erlitt die Liberale Partei im ganzen Land eine Niederlage. Es sollte ihr nie mehr gelingen, die verlorenen Parlamentssitze zurückzuerobern.

Und wie reagierten die von jeher liberal gesinnten Wiener Bürger? Nun, zunächst mit Entsetzen und Verwirrung. Von einem Tag auf den anderen mit der Brutalität in der Politik konfrontiert, verloren sie schlicht und einfach das Interesse an ihr und suchten Zuflucht in der Welt der Kunst. Die Wahlniederlage war der Beweis für die Ohnmacht des liberalen Bürgertums. Dieses zog daraus den Schluß, daß politische Betätigung nichts als Zeitverschwendung war. Man überließ die Politik sich selbst, dankte als Staatsbürger ab und stürzte sich in die Kunst gleichsam als Surrogat für eigenes Handeln, um aus ihr einen Lebenssinn zu schöpfen. Der Kult des Schönen sollte die Wunden heilen, die die Politik aufgerissen hatte.

Was verbirgt sich hinter dieser Haltung? Das verzweifelte Bemühen, den Gang der Geschichte aufzuhalten? Die Verteidigung der Lebenslust angesichts einer tödlichen Bedrohung? Oder ist sie ein eleganter Versuch, »sich aus der Realität zu verabschieden« und somit ein Beweis für die Neigung des Wieners, sich Fragen der Politik und der Moral durch eine lustbetonte Einstellung zu entziehen?

Damals kam ein Wort auf, das die Stimmung im Wien jener Tage treffend wiedergibt: »Die Lage ist hoffnungslos, aber nicht ernst«.

Dieses allmähliche Herausgleiten aus der Realität – »das Gleitende« nannte es Hofmannsthal – ging einher mit einem gesteigerten Interesse am eigenen Ich, einem Drang nach Selbsterkenntnis und Erforschung der inneren Welt. Plötzlich wurde es vorstellbar, daß zwischen den herkömmlichen moralischen Werten und den psychischen Realitäten ein Widerspruch bestehen könnte.

Zu Beginn des neuen Jahrhunderts war die Zeit reif für Sigmund Freuds Erkenntnis, daß der Mensch nicht von der Vernunft, sondern von zwei dunklen Trieben gelenkt wurde: Eros und Thanatos. Aber Wiener, der er war, ließ sich auch der gute Doktor Freud erst 1908 in das Wählerverzeichnis eintragen.

Arthur Schnitzlers Tagebuch enthält nur eine Eintragung, die sich auf Angelegenheiten des öffentlichen Lebens bezieht. 1897 notierte er: »Wir haben sogar über Politik gesprochen.« Hofmannsthal konstatierte, daß der Schreck nach der Wahlniederlage der Liberalen eine wachsende Kunstbegeisterung nach sich zog und kommentierte das so: »Wir sollen von einer Welt Abschied nehmen, bevor sie zusammenbricht. Viele Menschen wissen das bereits und ein unbeschreibliches Gefühl läßt sie alle zu Dichtern werden.«

Bliebe hinzuzufügen, daß auch die damalige Regierung sich der Kunst bediente und somit der Haltung der Bürger entgegenkam. Höheren Ortes sah man in der Kunst ein Mittel, die nationalen Gräben zu überbrücken, einen Bereich, in dem sich die Anliegen der verschiedenen Nationalitäten treffen und, so jedenfalls hoffte man, zu einem österreichischen Nationalbewußtsein verschmelzen konnten.

In diesem Klima der »fröhlichen Apokalypse«, wie Hermann Broch es nannte, in dem die Kunst, zum höchsten Wert erhoben, die Einheit des Vielvölkerstaats festigen sollte, wuchs Alma auf. Nur vor diesem Hintergrund wird ihre Entwicklung verständlich.

Um dieses kurz umrissene Bild zu vervollständigen, hier noch einige Anmerkungen zur Stellung der Frau in der Wiener Gesellschaft am Ausgang des 19. Jahrhunderts, zu einer Zeit also, da Alma zwanzig Jahre alt war: Einige Wienerinnen nahmen in der Gesellschaft den gleichen Platz ein, den manche Französinnen im 18. Jahrhundert ausgefüllt hatten. In Wien hatte die Kunst weibliche Züge angenommen wie zu früheren Zeiten in Paris. Die schon erwähnte Berta Zuckerkandl empfing jeden Sonntag in ihrer von Josef Hoffmann eingerichteten Wohnung Künstler und Intellektuelle. Auch Gräfin Nora Wydenbruck, Ida Conrat, die Gattin des Industriellen Karl Reininghaus, und viele andere Damen führten einen Salon. Die Frauen lebten freier als in Frankreich. Manche rauchten sogar in der Öffentlichkeit. Alma ging ohne Begleitung in ihren Musikunterricht.

Doch zugleich wurden die Mädchen dazu erzogen, ihre Jungfräulichkeit als etwas Heiliges zu bewahren. Die Umgangsformen waren prüde, die Hysterien blühten. Die Männer, ob verheiratet oder nicht, suchten bei Schauspielerinnen oder Dienstmädchen das, was ihnen die Frauen ihres Standes liebend gerne gegeben hätten, aber mit Rücksicht auf ihre Ehre nicht zu geben wagten. Wo wäre dann ihre Ehre geblieben? Eine ehrbare Frau hatte keinen Körper, das galt auch in Wien. Und wenn eine Frau entdeckte, daß sie doch einen Körper hatte, dann war das so, als springe der Teufel in den Weihwasserkessel. War ihre Sexualität erst einmal geweckt, so ergriff die zügellose Gewalt ihrer Triebe Besitz von ihr. In kürzester Zeit erlag sie ihrem natürlichen Hang zur Ausschweifung. Folglich mußten die Frauen durch Erziehung und Zwang vor sich selbst geschützt werden. Und die Männer mußten sich vor den alles verschlingenden Frauen und ihrer bedrohlichen Sexualität in acht nehmen, wenn sie nicht den besten Teil ihres Wesens verlieren wollten. Denn in ihrer Unersättlichkeit hielt die Frau den Mann von geistiger Tätigkeit, seinem angestammten Reich, und seinem Drang nach Höherem ab und war somit die natürliche Feindin von Moral, Vernunft und geistiger Schöpferkraft.

1903 sorgte das Buch *Geschlecht und Charakter* des 23jährigen Philosophen Otto Weininger für Aufsehen. Weininger gestaltete darin gleichsam mit Besessenheit das Bild einer heldenhaften Männlichkeit, die gegen die Niedertracht des Weibes ankämpft, das den blinden Instinkten ihrer Natur ausgeliefert ist. Weininger hatte Ansätze von Genialität, wie ein weiterer Gedanke zeigt: Alle Menschen seien bisexuelle Wesen mit einer männlichen und einer weiblichen Komponente. Weininger war der erste, der das aussprach. Freud und Fliess warfen ihm übrigens später vor, er habe die Vertraulichkeit gemeinsamer Gespräche gebrochen und ihnen diesen Gedanken gestohlen. »Ich glaube, daß der selige Weininger ein Einbrecher war mit einem gefundenen Schlüssel«, sagte Freud.

Aber es gelang Weininger nicht, aus seiner verblüffenden Entdeckung die Schlußfolgerungen zu ziehen, die man erwarten könnte. Überall sah er Anzeichen einer, wie er es nannte, Verweiblichung der Gesellschaft, die angeblich die männlichen Werte unterhöhlte. Er griff die Große Mutter und die Große Hure als die zwei Gesichter des Verfalls an. Mit unerhörter Schärfe geißelte er die »unmoralischen und lasterhaften« Frauen.

Neben den Frauen rechnete Weininger auch gleich noch mit den Juden ab. Er glaubte erkannt zu haben, daß die für ihn typisch weiblichen Charakterzüge wie Unehrlichkeit, Materialismus und Verschlagenheit das Resultat der Verinnerlichung einer jahrtausendelangen Unterdrückung waren. Das gleiche Prinzip sah er bei den Juden am Werke und verfolgte sie wie die Frauen mit seinem Haß.

Nachdem er dies alles zu Papier gebracht hatte, nahm sich Weininger, der selbst Jude war, das Leben. Mit dreiundzwanzig Jahren, kurz vor seinem Tod, schrieb er: »Ich glaube, in diesem Buch das psychologische Problem des Geschlechtsgegensatzes gelöst und eine abschließende Antwort auf die sogenannte Frauenfrage gegeben zu haben.«

Welche Anmaßung! Aber soviel muß doch gesagt werden: Die Frage, um die es Weininger ging, war für die Wiener Gesellschaft ein brennendes Problem.

Parallel dazu geriet einiges in Bewegung. 1897 wurde die erste Frau zum Medizinstudium zugelassen. 1893 gründete Rosa Mayreder, Tochter aus großbürgerlichem Hause, den *Allgemeinen Österreichischen Frauenverein*. Zusammen mit ihrem Ehemann, einem Architekten, kämpfte sie beharrlich für die Rechte der Frauen ... und beschwor sie, Fahrrad zu fahren! Nichts trage mehr zur Emanzipation bei als das Fahrradfahren. In einer Stellungnahme zu *Geschlecht und Charakter* übte sie scharfe Kritik an Weiningers Thesen.

Neuartige Vorstellungen von der Ehe als gleichberechtigter Partnerschaft gewannen an Boden. Aber solche Ideen zu vertreten, war eine Sache, eine ganz andere war es, danach zu leben. Arthur Schnitzler, der scharfsinnige Dandy, gehörte zu denen, die in diesem Widerspruch gefangen waren. Wir verdanken ihm folgenden Aphorismus: »Am liebsten hätte ich einen Harem, und dann möchte ich nicht gestört werden.«

Während ihrer Verlobungszeit schrieb Gustav Mahler an Alma: »Mißversteh' mich nicht und bilde Dir jetzt nicht ein, daß ich an der bourgeoisen Vorstellung von der Ehe festhalte, derzufolge die Ehefrau nur eine Art Spielzeug für den Mann ist und gleichzeitig seine Haushälterin. Nicht wahr, Du glaubst doch nicht, daß ich so denke?«

Und so dachte er wirklich nicht. Mahler war kein gewöhnlicher Mann. Was er von Alma erwartete, ging darüber weit hinaus. »Du mußt die Gestaltung Deines zukünftigen Lebens in allen Einzelheiten innerlich von meinen Bedürfnissen abhängig machen und nichts dafür wünschen, als meine Liebe.«

Er verlangte von ihr »nur«, ganz in ihm aufzugehen und ihre eigenen Wünsche, Ziele und Träume zurückzustellen.

Damit verhielt sich Mahler wie jeder schöpferische Geist, der alles aus dem Weg räumen will, was ihn stören oder behindern könnte. Es kommt übrigens selten vor, daß Künstler solche Forderungen *nicht* stellen. Mahler besaß die besondere Kraft der Menschen, die wissen, daß sie ein großes Werk schaffen, und sich auch durch Schwierigkeiten und Unverständnis, Spott und Mißerfolg nicht von dieser Überzeugung abbringen lassen. »Oh, könnte ich meine Symphonien fünfzig Jahre nach meinem Tode aufführen!« sagte Mahler nach einer mißglückten Aufführung. Er war zutiefst davon überzeugt, daß man seine Werke eines Tages ebenso häufig spielen würde wie die Beethovens. Er selbst hielt sich tief in seinem Inneren für einen zweiten Beethoven.

Schlimm nur, daß Alma nicht an sein Genie glaubte. Es reizte sie der Dirigent, der Operndirektor, heute würde man sagen: der Star, dem sie Abend für Abend zuhören konnte.

Als sie ihm zum ersten Mal begegnete, dauerte es gerade ein Abendessen lang, und sie hatte sich in ihn verliebt.

3

Damals hatte Alma schon mehr Flirts hinter sich, als schicklich war. Ihr Vater war der renommierte Landschaftsmaler Emil Jakob Schindler, ihre Mutter die Sängerin Anna Bergen, die ihre Karriere aufgegeben hatte, um ganz für ihren Ehemann dazusein. Nach schweren Anfängen war es Schindler gelungen, Mäzene und bald darauf auch öffentliche Anerkennung zu finden. Die Aufträge häuften sich, und die materiellen Sorgen hatten ein Ende. Bis zu seinem Tod lebte er auf großem Fuß in einem romantischen Schloß in der Nähe von Wien, wo er ein Fest nach dem anderen feierte.

Alma betete ihren Vater an. Als sie acht Jahre alt war, las er ihr Goethe vor. Für ihre Mutter, die eine reizende, wenn auch etwas leichtfertige Frau gewesen sein soll, hatte sie nur Geringschätzung übrig.

Ihre jüngere Schwester Grete, die ganz in Almas Schatten stand, erfuhr ein trauriges Schicksal. Sie heiratete und schien eine glückliche Ehe zu führen. Doch dann unternahm sie mehrere Selbstmordversuche und kam in eine Anstalt. Bei dieser Gelegenheit entriß Alma ihrer Mutter ein Geheimnis: Grete war nicht Schindlers Tochter, sondern die Frucht einer flüchtigen Beziehung zu einem Mann, der wahrscheinlich Syphilitiker gewesen war, wie übrigens viele seiner Zeitgenossen. Nach dem »Anschluß« wurde Grete wie viele andere Geisteskranken von den Nazis ermordet.

Als Kinder verstanden sich die beiden Schwestern gut. Die Familie lebte in luxuriösen Verhältnissen. Dann starb Emil Schindler während einer gemeinsamen Reise ganz unerwartet an einem Darmverschluß. Alma war gerade dreizehn. Der Tod des Vaters traf sie schwer.

Nach Ablauf der Trauerzeit heiratete Anna in zweiter Ehe Schindlers Schüler und Assistenten Carl Moll, einen blonden Hünen, mit dem sie seit einiger Zeit ein Verhältnis hatte. Die heranwachsende Alma reagierte mit Verbitterung: »Sie hat einen Perpendikel geheiratet, und mein Vater war doch eine Wesensuhr!« Diese »Demütigung« vergab sie ihrer Mutter nie. Doch in Wahrheit war Carl Moll keineswegs der Schwächling, den Alma wie einen Fußabstreifer behandeln konnte und von dem sie sich nichts sagen ließ.

Carl Moll war ein Maler von Rang, der dank seiner Klugheit und Umsicht in den Wiener Künstlerkreisen und im Kunsthandel der Stadt eine bedeutende Rolle spielen sollte.

Bis zu ihrem siebzehnten Lebensjahr hatte Alma, abgesehen von ein paar Monaten, nie die Schule besucht und nur eine sehr vage religiöse Erziehung genossen. Dafür kannte sie Wagner auswendig. Sie war geradezu hungrig nach seiner Musik, sang sich durch sein gesamtes Repertoire und ruinierte dabei ihren schönen Mezzosopran. Sie studierte Kontrapunktik, verschlang Partituren, übte sich in der Bildhauerei und vor allem: Sie las sehr viel.

Anregungen für ihre Lektüre erhielt sie von Max Burckhard, einem Freund ihres Vaters. Burckhard war ein angesehener Jurist und großer Theatermann – er hatte als Burgtheaterdirektor den Wienern Ibsen nahegebracht. Einmal stellte er für Alma eine Bibliothek klassischer Autoren zusammen und schickte sie ihr zu Weihnachten in zwei riesengroßen Körben. Sie las sogar Stendhal und vor allem Nietzsche, in dessen Werk sie Burckhard einführte. Alma wurde Nietzsches treue Anhängerin. Die Lehre vom Übermenschen faszinierte sie.

Max Burckhard schulte ihren Geist. Er nahm sie mit ins Theater und in die Oper. Er war fünfundzwanzig Jahre älter als sie und hätte ihr den Vater ersetzen können, wenn er sich nicht gegen alle Vernunft in sie verliebt hätte. Sie provozierte und quälte ihn... Er trennte sich von ihr, kehrte aber bald zurück. »Seine starke Männlichkeit reizte mich«, schrieb sie als Siebzehnjährige in ihr

Tagebuch. Sie war neugierig, sein Interesse schmeichelte ihr, aber es brachte sie nicht durcheinander. Er amüsierte sie, mehr nicht. Gustav Klimt war der erste Mann, der sie aus der Fassung brachte. »Greif nach den Sternen«, hatte ihr ihr Vater eingeschärft. Klimt war der erste von vielen.

Klimt ging bei den Molls aus und ein. Zusammen mit Carl Moll und dem Maler Josef Engelhart, hatte er den Plan gefaßt, die *Secession* zu gründen und mit dem akademischen Wiener Stil, den noch immer der Geist des »Schönheitsvirtuosen« Makart repräsentierte, zu brechen. Die Künstler der *Secession* verfolgten kein geringeres Ziel, als die bildende Kunst und das Kunsthandwerk zu revolutionieren. In Berta Zuckerkandls Salon nahm dieses ehrgeizige Vorhaben nach und nach Gestalt an.

Berta war eine typische Vertreterin der damaligen Wiener Gesellschaft. Sie war mit dem angesehenen Anatomen Emil Zuckerkandl verheiratet und arbeitete, wie ihr Vater Moritz Szeps, als Journalistin. Seit ihrer Jugend war sie mit dem französischen Staatsmann Georges Clemenceau freundschaftlich verbunden; er betraute sie gelegentlich mit politischen Missionen. Berta Zuckerkandl, damals um die Dreißig, war eine eindrucksvolle Brünette mit üppigen weiblichen Formen. Wer in Wien als Künstler Rang und Namen hatte, besuchte ihren Salon. Auf Drängen ihrer Freunde veranstaltete sie für Maler, Architekten und Kunsthandwerker, die sich Klimt und Moll anschließen wollten, besondere Treffen und Arbeitssitzungen.

An der Gründungsversammlung der *Secession* 1897 nahmen schließlich vierzig Maler teil. Klimt wurde zum Präsidenten gewählt. Damit begann die zweite Phase im Leben und Werk dieses herausragenden Künstlers, der wie kein zweiter den damaligen Wiener Zeitgeist verkörperte.

Zunächst begaben sich die Secessionisten auf die Suche nach einem Ausstellungsgebäude. Das offizielle Ausstellungsgebäude, das Künstlerhaus, stand der zeitgenössischen Malerei nicht offen. Die Secessionisten überlegten hin und her, versuchten, Geld aufzutreiben, einen Mäzen zu finden... Moll, ein fähiger Organisator, nahm die finanzielle Seite in die Hand.

Nach einem Entwurf von Klimt errichtete Joseph Maria Olbrich innerhalb von sechs Monaten den Kunsttempel – ein für damalige Verhältnisse revolutionäres Gebäude. Das Fundament ruhte auf sechs Pfeilern, und die Zwischenwände ließen sich nach Belieben verschieben. Die Fassade schmückte das von dem Kunstkritiker Ludwig Hevesi geprägte Motto: »Der Zeit ihre Kunst – der Kunst ihre Freiheit.« Die Secessionisten gaben eine eigene Zeitschrift heraus mit dem Titel: *Ver sacrum.*

Zur Zeit der Gründung der Secession war Alma siebzehn Jahre alt und sagte von sich selbst, sie sei ein »schönes, gottesfürchtiges junges Mädchen«. Klimt war fünfunddreißig. Er war kein großer Denker, aber ein großer Künstler. Er malte zunächst Landschaften und Freskos im dekorativen Stil Makarts, der bis 1880 den Kunstgeschmack in Wien entscheidend geprägt hatte. Klimt genoß bereits einiges Ansehen.

Er war ein schweigsamer Mann mit blassem Teint; ein blonder Vollbart umrahmte sein Gesicht. Aus Gründen der Bequemlichkeit trug er mönchskuttenähnliche Arbeitshemden, und er liebte es, seine Umgebung vor den Kopf zu stoßen. In dieser Stadt, in der man den Klatsch pflegte, als wolle man die sieben freien Künste um eine achte bereichern, wußte jeder, daß der begabte Maler mit der in ihrem Beruf nicht minder begabten Schneiderin Emilie Flöge in wilder Ehe zusammenlebte. Die Wiener hielten streng auf Konventionen. Kein Wunder, daß Klimt in der Stadt als Sonderling und Exzentriker galt.

Frau Moll blieb es nicht verborgen, daß sich ihre Tochter zu Klimt hingezogen fühlte. Sie beschloß, der Sache ein Ende zu bereiten. Die Familie reiste nach Italien. Klimt heftete sich an ihre Fersen und folgte ihnen von Stadt zu Stadt. Die Molls duldeten ihn solange in ihrer Nähe, bis Anna Moll im Tagebuch ihrer Tochter von einem Kuß las... Sie forderte Klimt auf, sofort zu verschwinden, und fortan traf er Alma heimlich in den Gassen von Venedig, wenn es ihr gelungen war, den gestrengen Augen der Mutter zu entkommen. Sie tauschten heiße Liebesschwüre aus, Klimt versprach, sie zu entführen, Alma gelobte, ihm zu folgen...

Wieder in Wien, widerstand sie nur deshalb der Versuchung, einer Einladung in Klimts Atelier zu folgen, weil sie auf ihre Jungfräulichkeit, dieses kostbare und gefährdete Gut, immer noch großen Wert legte... Dann schritt Carl Moll ein. Bis auf weiteres verbot er Klimt das Haus. Klimt war am Boden zerstört.

In einem langen, rührenden Brief beteuerte er seine Unschuld. Er schrieb:»Alma ist schön, klug, geistreich. Sie hat alles, was sich ein Mann nur wünschen kann, und das im Überfluß. Ich glaube, daß sie überall, wo sie in der Männerwelt auftritt, zur Herrin und Gebieterin wird... Findest du es nicht verständlich, daß das Gehirn in bestimmten Momenten nicht mehr richtig arbeitet, konfus wird, wenn es um sie geht?« Dennoch gab er nach. Die Freundschaft mit Moll bedeutete ihm zu viel, als daß er sie aufs Spiel gesetzt hätte. Auch Alma, wie er zutiefst getroffen, fügte sich. Was blieb ihr auch anderes übrig?

Einige Zeit später kam es bei gemeinsamen Freunden zu einem Wiedersehen. Klimt hielt sich zurück, doch Zeit seines Lebens bewahrte er für Alma ein Gefühl der Zärtlichkeit, wie sie nur einer unerfüllten Liebe eigen ist.

Abgesehen von dieser Episode, die in die Gründungszeit der Secession fiel, erlebte Klimt, der Malerfürst, eine glänzende Karriere. Als habe er sich zum Ziel gesetzt, mit den Mitteln seiner Kunst das Wesen der weiblichen Natur auf die Leinwand zu bannen, malte er Frauen, die träumend und wie hingegossen auf goldenen Blättern ruhten, ihre zarte Haut, ihre wehenden Haare, Frauen, die sanftmütig, lasterhaft und bedrohlich zugleich waren... Klimts Gemälde waren die Umsetzung Freudscher Ideen in der Malerei.

Und dann ereignete sich ein Skandal. Der Unterrichtsminister hatte bei Klimt drei allegorische Fresken für die Eingangshalle der Universität in Auftrag gegeben, dargestellt werden sollten Philosophie, Medizin und Jurisprudenz. Klimts Bilder lösten einen Aufschrei des Entsetzens aus. Siebenundachtzig Professoren unterzeichneten eine Petition, in der sie den Minister ersuchten, die Ausstellung der Bilder in der Universität zu verhindern. Emil Zuckerkandl, damals Dekan der medizinischen Fakultät, setzte sich für Klimt ein, doch er stand allein auf weiter Flur. Die Hüter der Moral waren empört über die Darstellung einer Nackten und einer Schwangeren auf dem Fresko »Medizin«. Und Klimts Interpretation der »Philosophie« beunruhigte, gelinde gesagt, die Professorenschaft. Außer sich vor Wut, erklärte Klimt, er werde das Honorar zurückgeben und die Bilder behalten.

Schließlich nahm die Affäre sogar noch eine politische Wendung, als Unterrichtsminister Wilhelm von Hartel dem Parlament Rede und Antwort stehen mußte... Ein christlich-sozialer Abgeordneter fragte, »wie die Regierung es dulden kann, daß die Kunst in dieser Weise mißbraucht und die Sittlichkeit der Jugend durch obszöne Bilder gefährdet wird...« Der Staat lehnte es ab, das Honorar von dem Maler zurückzunehmen, und verlangte von Klimt, die Bilder im Ministerium abzuliefern. Klimt weigerte sich. Als schließlich Männer mit einem Fuhrwerk bei ihm vorfuhren, um die drei Gemälde aufzuladen, versperrte ihnen Klimt den Weg und schrie: »Ich schieße jeden nieder, der es versucht, hier einzudringen! Melden Sie das dem Herrn Minister!«

Um der Sache ein Ende zu machen, gab die Regierung schließlich nach. Aber die Heftigkeit der Polemik hatte Klimt ein für allemal die allegorischen, »engagierten« Themen verleidet. Bis zu seinem Tod 1918 malte er bevorzugt Porträts hübscher junger Frauen aus der vornehmen Wiener Gesellschaft. Die drei umstrittenen Fresken wurden im Zweiten Weltkrieg nach Schloß Immendorf in Niederösterreich verlagert, das durch Kriegseinwirkung 1945 zerstört wurde; die Bilder verbrannten.

Klimt fand übrigens einen Bewunderer in Adolf Hitler, der sich bekanntlich selbst für einen begabten Künstler hielt. Ende der dreißiger Jahre gab Hitler eine Ausstellung von Klimts Bildern in Auftrag. Man stellte für ihn eine Reihe von Porträts zusammen. Bei jedem fragte er: »Wer ist das? Und die hier? Und die dort drüben?« Mehrere jüdische Namen wurden genannt. Hitler annulierte die Ausstellung.

Klimts Nachfolge in Almas Herzen trat ein Komponist an, der heute wiederentdeckt wird: Alexander von Zemlinsky.

Sie raubte ihm fast den Verstand. Sie ließ sich von ihm küssen, streicheln, erlaubte ihm jede Intimität bis auf die letzte. Einen Tag sprach sie von Verlobung, dann wieder lehnte sie eine Heirat kategorisch ab. Sie unterhielt mit ihm einen glühenden Briefwechsel, stürzte ihn in ein Wechselbad der Gefühle und quälte ihn zwei Jahre lang.

Zemlinsky war Almas Musiklehrer.

Er war ausnehmend häßlich – »ein scheußlicher Gnom« nach Almas Worten –, doch er hatte wache und kluge Augen, und wie alle Männer, zu denen sich Alma hingezogen fühlte, war er eine außergewöhnliche Persönlichkeit. Zemlinsky war ein begabter Komponist und ein unvergleichlicher Pädagoge. Ermutigt durch das Lob des alten Brahms, hatte er bereits als Fünfundzwanzigjähriger zwei Opern geschrieben; eine davon, *Es war einmal*, hatte Mahler in Wien aufgeführt. Zemlinsky war mit Arnold Schönberg befreundet, dessen Musik er sehr schätzte. Schönberg heiratete später Zemlinskys Schwester Mathilde. Alma lernte Schönberg über Zemlinsky kennen.

Als einziges – oder fast einziges weibliches Wesen unter Zemlinskys Musikschülern gab sich Alma alle Mühe, ihren Lehrer durch besondere Leistungen zu beeindrucken. Und das gelang ihr auch, obwohl er sie ausdrücklich vor übertriebenem jugendlichem Ehrgeiz warnte. Aber von Warnungen war ohnehin bald keine Rede mehr. Wenn Alma seinen Stunden fernblieb, kam er zum Privatunterricht in ihr Haus. Von da an waren sie unzertrennlich.

Sie gingen niemals zusammen aus. Alma beteiligte sich zwar leidenschaftlich gerne an Klatsch und Tratsch, aber ihre eigene Person wollte sie keinem Gerede aussetzen. Wenn die beiden einander nicht sehen konnten, schrieben sie Briefe.

Almas Tagebuch und Zemlinskys Briefe lassen auf eine stürmische Beziehung schließen. Alma schwankte ständig zwischen glühender Zuneigung und eisiger Ablehnung und brachte den jungen Mann damit an den Rand der Verzweiflung.

Alles begann – wie hätte es auch anders sein können – mit der Musik: »Dann aber spielte er mir einmal *Tristan* vor, ich lehnte am Klavier, meine Knie zitterten... wir sanken uns in die Arme.« Zemlinsky ließ sich von ihr betören. Er schrieb ihr: »Ich liebe Dich, aber Du bist viel zu schön für mich. Vielleicht verdienen Männer wie ich ein solches Glück – aber erreichen werden sie es nie.«

Und später: »Niemand liebt Dich so sehr, wie ich Dich liebe...«

Sie quälte ihn mit der Frage, ob er intime Beziehungen zu einer Frau gehabt habe, der man nachsagte, sie sei seine Geliebte gewesen. Er gestand es ein. Alma machte ihm daraufhin eine große Eifersuchtsszene. Sie war krankhaft eifersüchtig. Die Einzigartige, die Unvergleichliche, die Göttin Alma konnte die Vorstellung nicht ertragen, daß eine andere Frau auch nur flüchtig und oberflächlich die Gedanken, das Herz und die Sinne eines Mannes beschäftigt hatte, den sie zu lieben glaubte. Nicht genug damit, daß sie die Männer in der Gegenwart vereinnahmen mußte und jedes freundschaftliche Gefühl, selbst die leiseste Zuneigung, die nicht ihr galt, als Kränkung empfand. Nein, sie duldete auch in der Vergangenheit keine Nebenbuhlerin.

Nach diesem Geständnis brachte ihr Zemlinsky zahlreiche Beweise seiner Liebe. Sie bedrängte ihn mit der Forderung, er solle Nietzsche lesen. Und als er sich endlich dazu durchgerungen hatte, eröffnete sie ihm, daß sie niemals heiraten wolle. Er antwortete, ihm ginge es genauso, und demütigte sich vor ihr: »Ich will vor Dir niederknien, Dein Kleid küssen, Dich anbeten wie ein Heiligtum.«

Innerhalb einer Woche hielten zwei junge Männer um Almas Hand an. Einer von ihnen war ein gewisser Felix Muhr. Sie hörte ihn an, denn sie fand ihn »liebenswürdig, vornehm und kultiviert«. Außerdem war er reich. Sie erzählte Zemlinsky von dem Heiratsantrag und versetzte ihn damit in helle Aufregung.

Er war empört über die Grausamkeit der jungen Frau und das offensichtliche Vergnügen, das sie dabei empfand, ihn zu demütigen und ihm unablässig vorzuhalten, was angeblich alle Welt über ihn dachte: Zemlinsky ist häßlich, Zemlinsky ist arm; ganz so, als wollte sie ihn spüren lassen, welche Gnade ihm das schönste Mädchen der Wiener Gesellschaft gewährte: das Recht, sie zu lieben. Er war es leid zu betteln und ungeduldig auf den Tag zu warten, an dem sie ihm ihr Jawort gab. Wieso eigentlich? Schließlich war Zemlinsky nicht irgendwer! »Geliebte«, schrieb er ihr, »hast Du denn so viel zu geben, daß die anderen immer betteln müssen?«

Aber kaum hatte er aufzumucken gewagt, zog sie wieder die Zügel an. Denn ihr Musiklehrer war ihr wichtig, in jeder Beziehung. Mit geradezu unglaublicher Naivität klagte sie, daß sie ihm stets mehr gebe, als sie von ihm zurückbekomme – ein Vorwurf im übrigen, der keinem ihrer späteren Männer erspart blieb: Sie war zeitlebens der Überzeugung, daß die Männer ihr mehr schuldeten, als sie ihr gaben, denn sie verlangte alles!

Den Sommer 1901 – Alma feierte am 31. August ihren 22. Geburtstag – verbrachte sie mit den Molls am Wolfgangsee. Zemlinsky hatte auf eine Einladung gehofft. Vergebens. Die Trennung bot Gelegenheit, hinter Carl und Anna Molls Rücken heiße Liebesbriefe auszutauschen. Daneben schrieb Zemlinsky harmlose Briefe, in denen er sich über seine Kompositionen oder gemeinsame Lektüre ausließ. Sie waren einzig dazu bestimmt, das Mißtrauen der Eltern zu zerstreuen.

Beim Wiedersehen in Wien war es mit Zemlinskys Selbstbeherrschung vorbei. Er kannte sie, und wie er sie kannte! »Jetzt kenne ich alles! Deine Hirngespinste, Deine grenzenlose Eitelkeit, Deine Vergnügungssucht!...«

Und da ihm Alma immer wieder versicherte, wieviel er ihr bedeute und daß sie sich ein Kind von ihm wünsche, forderte er »als Liebesbeweis eine Stunde des Glücks« mit ihr allein.

Doch lassen wir Alma selbst zu Wort kommen. Ihre Tagebucheintragungen sind mehr als lesenswert:

»Wenn er sich mir nicht ganz hingibt, werden meine Nerven Qualen leiden, doch wenn er sich mir *ganz* hingibt, werden die Folgen fatal sein. Das eine ist so gefährlich wie das andere. Ich vergehe vor Sehnsucht nach seinen Umarmungen, niemals werde ich vergessen, wie seine Hand mein Innerstes berührte wie ein Feuersturm. Welch eine Seligkeit hat mich durchflutet! Man kann also restlos glücklich sein! Es gibt ein vollkommenes Glück! In den Armen meines Geliebten habe ich es erfahren. Nur ein kleiner [ein unleserliches Wort] weiter, und ich wäre im siebten Himmel gewesen! Noch einmal, und er ist ganz mein.

Ich möchte vor ihm niederknieen und seinen entblößten Leib küssen, alles küssen, alles! Amen!«

Wie man sieht, hatte Alma keine Hemmungen. In ihr brannte eine Leidenschaft, die sie später oft zu verzehren drohte. Aber die Jungfräulichkeit hatte für sie einen symbolischen Wert, der weit über ihre tatsächliche Bedeutung hinausging.

Sie versagte dem jungen Mann die »Stunde des Glücks«, die er so heiß begehrte.

Außerdem hatte sie kurz zuvor Mahler kennengelernt.

4

Dieser Mann war ihr ebenbürtig. Ein Herrenmensch. Er besaß das entsprechende Format, er war ehrgeizig, er war berühmt. Und er war zwanzig Jahre älter als sie.

Seit 1897 leitete er die Wiener Hofoper. Die Wiener vergötterten und verteufelten ihn, sie beweihräucherten und attackierten ihn... Mahler gehörte zu den herausragenden Persönlichkeiten der Stadt.

Er war von kleiner Statur, kleiner als Alma, doch hinter seiner schmächtigen Gestalt verbarg sich eine kaum gezügelte Kraft. Gesicht und Körper waren ständig in Bewegung, seine Nervosität strahlte auf seine Umgebung aus.

Täglich ging er im Garten des Belvedere spazieren. Die Kinder schüttelten sich vor Lachen, wenn er in seinem sonderbar gehetzten Gang daherkam, den seine treue Freundin, die Geigerin Natalie Bauer-Lechner, folgendermaßen beschrieb:

»Er hebt ein Bein und stampft wie ein Pferd auf den Boden. Nie macht er mehr als zwei Schritte im selben Rhythmus. Plötzlich packt er seinen Gesprächspartner an der Hand oder am Ärmel und scharrt dabei mit dem Fuß wie ein Wildschwein.«

Er hatte die Angewohnheit, an den Nägeln zu kauen. Er besaß eine tiefe, kräftige Stimme und war wegen seiner Zornesausbrüche gefürchtet. Wenn er in Wut geriet, schoß er flammende Blitze durch die Brillengläser, die kleinen blauen Adern an den Schläfen schwollen an, und die schwarzen Haare schienen vom Kopf abzustehen. Er knirschte, tobte und sprühte Funken, kurzum, er versetzte seine Umgebung in Angst und Schrecken. Wenn er lachte, legte sein schöner, energischer Mund blitzend weiße Zähne frei. Sein fröhliches, sonores Lachen wirkte ansteckend.

Im Unterschied zu den meisten seiner Zeitgenossen trug er keinen Bart, und je nach Laune, die bei ihm von einer Sekunde auf die andere umschlagen konnte, wirkte sein Gesicht einmal jugendlich, einmal alt und verwelkt. Seine Zerstreutheit war geradezu sprichwörtlich. Manchmal verließ er ungekämmt das Haus, und die Socken hingen aus seinen Stiefeln heraus. Er konnte die unschicklichsten Dinge tun, ohne sich daran zu stoßen.

Das Orchester und die Sänger der Hofoper leitete er mit harter Hand und unverwechselbarem Stil. Souverän bewältigte er die zahlreichen Konflikte, die seine Stellung mit sich brachte, die er teilweise aber auch durch ein tyrannisches Regiment und unglaubliche Anforderungen an Perfektion und Wohlklang provozierte. Seine öffentliche Anerkennung verdankte er weitgehend diesem Perfektionismus – das sollte sein Leben lang so bleiben. Wo immer seine Musik auch gespielt wurde, traf er auf Unverständnis und Feindseligkeit. Überall, außer vielleicht in Holland, verfolgten ihn seine Gegner mit Hohn und Spott.

Kurz vor der Begegnung mit Alma wurde seine Erste Symphonie in Wien gespielt. Das Publikum reagierte mit Gelächter und Pfiffen. Die Kritiker fielen über ihn her. Alma verließ den Konzertsaal voller »Ärger und Groll gegen den Komponisten«.

Im Herbst 1901 leitete Gustav Mahler die Hofoper bereits seit vier Jahren. Die Qualität seiner Aufführungen und die glanzvollen Erfolge beim Publikum hatten seine Widersacher zumindest vorübergehend zum Verstummen gebracht. Doch wie zu allen Zeiten und an jedem Opernhaus ließen die Kritiker nicht locker. In Gustav Mahlers Fall spitzte sich der Konflikt dadurch zu, daß er als Jude der antisemitischen Presse und manchen Musikern eine willkommene Angriffsfläche bot.

Im Februar 1897 war er zum katholischen Glauben übergetreten. Ohne diesen Schritt wäre ihm nach seiner Tätigkeit in Prag, Budapest und Hamburg, niemals der Marschallstab verliehen worden, den die Leitung der Wiener Hofoper für jeden Dirigenten bedeutete. Der Glaubenswechsel bereitete ihm offenbar keine Gewissenskonflikte; er betrachtete ihn als reine Formalität. Mit seinem Weltbild und seiner Sehnsucht nach einem barmherzigen Gott stand er dem christlichen Glauben ohnehin näher als dem jüdischen. Alma sagte später über ihn: »Er hat eine Telephonverbindung zu Gott.«

In den Augen der Öffentlichkeit blieb er freilich immer der Jude Mahler.

Die größte Unterstützung erhielt er vom Hof. Ganz entscheidend war die Protektion des Obersthofmeisters Fürst Montenuovo. Im Herbst 1897 wurde er vom Kapellmeister zum Direktor der Hofoper befördert.

Ganz Wien klatschte über die Abenteuer des Herrn Direktors mit Sängerinnen, und nicht zu unrecht: Sopranistinnen übten eine magische Anziehung auf ihn aus. Seine letzte Eroberung vor seiner Begegnung mit Alma war Selma Kurz. Die Wohnung teilte er freilich mit seiner Schwester Justi. Angeblich war er bis über beide Ohren verschuldet, und hinter vorgehaltener Hand sprach man gar von einer unheilbaren Krankheit.

Mahler war tatsächlich schwer krank. Innere Hämorrhoiden im Mastdarm – sein »unterirdisches Leiden«, wie er selbst es nannte – lösten einmal eine Darmblutung aus, die ihn fast das Leben gekostet hätte. Dieser Zwischenfall war zwar nicht der erste seiner Art, aber der schlimmste.

An besagtem Abend, dem 24. Februar 1901, dirigierte er eine Aufführung der *Zauberflöte*. Nur mit Mühe konnte er verbergen, wie schlecht es ihm ging. Auch Alma, die noch nicht seine Bekanntschaft gemacht hatte, war unter den Zuschauern. »Er sah aus wie Luzifer: weiß das Gesicht, Kohlen seine Augen. Ich hatte tiefes Mitgefühl mit ihm und sagte zu meiner Umgebung: ›Das kann dieser Mensch nicht aushalten!‹«

In der Nacht schwamm Mahler in seinem Blut. Der Kaiser persönlich sorgte dafür, daß sich von Hochenegg, der bekannte Chirurg, des geschätzten Kranken annahm. Hochenegg operierte ihn – es war Mahlers dritte Operation. Der Patient kam langsam wieder auf die Beine. Doch die Erfahrung, dem Tod nur um Haaresbreite entgangen zu sein, hatte ihn erschüttert und setzte ihm mehr zu als die körperlichen Schmerzen.

Während der Sommermonate, die er in seinem neuen Haus in Maiernigg am Wörthersee verbrachte, arbeitete er bereits wieder. Es war eine außerordentlich produktive Zeit. Er komponierte acht Lieder, darunter drei *Kindertotenlieder,* und schrieb die ersten beiden Sätze der Fünften Symphonie.

In einem Brief an eine Bekannte spottete er über seine langen Aufenthalte auf der Toilette und dachte sich folgenden scherzhaften Nachruf aus: »Nun hat Gustav Mahler doch noch das Schicksal ereilt, das er für seine unzähligen Missetaten verdient hat.«

Im Herbst kehrte Mahler nach Wien zurück und nahm den Kampf an der Hofoper wieder auf, nun aber nach Kräften unterstützt von einem Schüler und glühenden Verehrer, dem jungen Kapellmeister Bruno Walter. Da lud ihn Berta Zuckerkandl zum Abendessen ein.

Mahler ging grundsätzlich nie aus. Er verkehrte mit niemandem aus der Wiener Gesellschaft. Fremde Menschen konnte er nicht ertragen. Aber mit Berta verband ihn eine besondere Beziehung.

Berta Zuckerkandl war die Schwägerin von Georges Clemenceau, genauer gesagt: ihre ältere Schwester Sophie war mit Georges Clemenceaus Bruder Paul verheiratet. Sowohl die beiden Schwestern als auch die beiden Brüder standen einander sehr nahe. Aus dieser verwandtschaftlichen Beziehung ergab sich ein kultureller, mitunter auch politischer Brückenschlag zwischen Frankreich und Wien. Sophies Salon in Paris war das französische Gegenstück zu Bertas Wiener Salon. Bei einer Reise nach Paris war Mahler von Sophie herzlich aufgenommen worden, und bei seiner Rückkehr nach Wien hatte er mit Berta telephoniert, um ihr eine Nachricht ihrer Schwester zu übermitteln. Sophie und der warmherzige Empfang in Paris hatten Mahler offenbar so beeindruckt, daß er diesen Botendienst bereitwillig übernahm. Wenig später hatte er sich mit Berta und ihrem Mann angefreundet.

Im November 1901 war Sophie Clemenceau zu Besuch in Wien. Berta gab ihr zu Ehren ein Abendessen. Mahler erhielt eine Einladung, nahm aber nur unter der Bedingung an, daß er keine fremden Leute dort treffen würde, und fügte hinzu: »Ich esse nur Vollkornbrot und Reinette-Äpfel.« Mahler hielt fanatisch Diät. »Ich weiß«, antwortete Berta.

Einige Tage später trafen die Zuckerkandls Alma auf der Ringstraße und luden sie ebenfalls zu diesem Abendessen ein. Sie lehnte ab. »Seit einem halben Jahr gehe ich ihm aus dem Weg«, sagte sie zum Thema Mahler. Mahler sagte in letzter Minute ab. Ein neuer Termin wurde festgesetzt, und Berta wiederholte ihre Einladung an Alma. Diesmal sagte sie zu.

Und sie kam tatsächlich. Strahlend und berauschend schön saß sie zwischen ihren beiden Verehrern Klimt und Max Burckhard. Sie plauderte und lachte mit ihnen. Mahler mischte sich in ihre Unterhaltung ein. Alma sprühte vor Witz... Nach dem Essen rückte Mahler näher zu ihr hin. Die anderen Gäste verteilten sich im Salon.

Plötzlich hörte Berta einen lauten Wortwechsel. Alma schien außer sich, Mahler stampfte wütend mit dem Fuß auf. »Sie haben nicht das Recht, ein Werk, das Ihnen eingereicht wird – noch dazu von einem echten Musiker wie Zemlinsky –, einfach ein Jahr lang liegenzulassen! Sie können ›nein‹ sagen, aber antworten hätten Sie müssen!«

»Das Ballett ist miserabel«, knurrte Mahler. »Ich verstehe nicht... Sie studieren doch Musik – wie können Sie für so einen Schmarrn eintreten?«

»Erstens ist es kein Schmarrn. Wahrscheinlich haben Sie sich nicht die Zeit genommen, das Werk durchzusehen, und zweitens kann man auch höflich sein, wenn es sich um schlechte Musik handelt.«

Mahler nagte heftig an seiner Lippe. Plötzlich streckte er seine Hand aus:

»Machen wir Frieden.« Und er versprach, gleich am nächsten Tag mit Zemlinsky zu reden.

»Soll ich Ihnen den Symbolgehalt des Librettos erklären?« schlug Alma vor. »Hofmannsthal hat es geschrieben.«

Mahler lächelte: »Da bin ich aber gespannt.«
»Nicht eher, als bis Sie mir den Sinn der *Braut von Korea* auseinandergesetzt haben.«

Die *Braut von Korea* war ein absurdes Ballett, das gerade auf dem Spielplan der Oper stand. Alma hatte gewonnen. Mahler lachte, fragte sie nach ihrer musikalischen Ausbildung und bat sie, ihm ihre Kompositionen zu zeigen. Er bestand darauf, sofort einen Termin zu vereinbaren.

Mahlers Benehmen hatte Alma verwirrt. Sie gesellte sich wieder zu ihren Freunden. Berta und Sophie setzten sich zu Mahler. »Das ist das erste Mal, daß ich mich in Gesellschaft wohlfühle...«, sagte er und lud die beiden Frauen und Alma für den nächsten Abend zur Generalprobe von *Hoffmanns Erzählungen* ein, einem Werk, das er sehr schätzte.

Als sich Alma verabschiedete, bot ihr Mahler seine Begleitung an. Sie lehnte ab. Es sei spät geworden, sie wolle lieber einen Wagen nehmen. Mahler bedrängte sie, am nächsten Abend unbedingt in die Oper zu kommen: »Ja, ja, wenn ich eine gute Arbeit geleistet habe.« antwortete sie ihm. »Ein Mann, ein Wort?« sagte Mahler.

Mahler verließ zusammen mit Burckhard die Abendgesellschaft. Unterwegs sagte er zu ihm: »Das Mädchen ist intelligent und interessant. Zuerst hat sie mir nicht gefallen, weil ich sie für ein Püppchen gehalten habe. Mädchen, die so jung und so hübsch sind, nimmt man gewöhnlich nicht ernst!« Er bedrängte Burckhard mit Fragen über Alma und bekam schließlich die Auskunft: »Wer Fräulein Schindler kennt, der weiß, wie sie ist, und die anderen brauchen es gar nicht zu wissen.«

Mit seinen Besitzansprüchen in bezug auf Alma konnte Burckhard ziemlich unausstehlich werden. Doch Mahler war das egal. Auf rosa Wolken schwebte er nach Hause in die Auenbruggergasse. Mit einem Wort: Er hatte sich verliebt.

Alma haderte mit sich und ärgerte sich über ihr widersprüchliches Benehmen bei solchen Abendgesellschaften: Entweder war sie so schüchtern, daß sie hochmütig und abweisend wirkte, oder sie neigte dazu, »ihre geheimsten Gedanken zu enthüllen und dadurch kühn und dreist zu erscheinen.« Aber genau das machte ihre Anziehungskraft aus: Von einem so schönen Mädchen erwartete man nur albernes Geschwätz und Banalitäten. Umso überraschter waren alle, daß nichts dergleichen aus ihrem Mund kam.

Ihrem Tagebuch vertraute sie folgende Gedanken über Mahler an: »Ich muß gestehen, daß er mir ungeheuer gut gefiel. Natürlich ist er schrecklich nervös. Er sprang im Zimmer umher wie ein wildes Tier. Der Mann ist reiner Sauerstoff; man verbrennt, wenn man ihm zu nahe kommt...«

Am nächsten Abend holten sie Berta und Sophie ab. Sie fuhren in die Oper, wo Mahler schon voller Ungeduld wartete. Er half Alma aus dem Mantel, war aber so durcheinander, daß er es bei ihren Begleiterinnen vergaß. Berta sah es ihm nach. »Liebe macht blind, einfältig und dumm«, schrieb sie später. Und daß Mahler verliebt war, war ihm an jenem Morgen deutlich anzusehen.

Er bat die Besucherinnen auf einen Tee in sein Büro. Alma blieb stumm und blätterte in einem Stoß Partituren auf seinem Flügel. Mahler verschlang sie mit den Augen.

»Fräulein Schindler, wie haben Sie geschlafen?« fragte er sie schließlich.

»Ausgezeichnet. Warum auch nicht?«

»Ich nicht eine Minute die ganze Nacht!«

Nach dieser kurzen Unterhaltung führte Mahler seine Gäste zu ihren Plätzen und erinnerte Alma an ihr Versprechen, ihn demnächst zu besuchen. Wenn man Alma Glauben schenken darf, dann war sie sich zu diesem Zeitpunkt der Größe Gustav Mahlers noch nicht bewußt. Und nur Größe konnte Eindruck auf sie machen. Dieser hektische kleine Mann flößte ihr nur Respekt ein. Warum, war ihr ein Rätsel.

Am nächsten Morgen – sie lag noch im Bett – brachte man ihr einen Brief. Ein Gedicht, ohne Unterschrift. Die Verse waren zwar ein bißchen holprig, aber der Inhalt war vielsagend:

Das kam so über Nacht.
Hätt' ich's doch nicht gedacht,
Daß Contrapunkt und Formenlehre
Mir noch einmal das Herz beschwere.

*So über eine Nacht
Gewann es Übermacht.
Und alle Stimmen führen nur
Mehr homophon zu einer Spur.*

*Das kam so über Nacht
— Ich habe sie durchwacht —
Daß ich, wenn's klopft, im Augenblick
Die Augen nach der Türe schick'.*

*Ich hör's: ein Mann — ein Wort!
Es tönt mir immerfort —
Ein Canon jeder Art:
Ich blick' zur Tür — und wart'.*

Hatte Mahler seine Unterschrift vergessen? Es wäre ihm durchaus zuzutrauen gewesen. Auf jeden Fall wußte Alma sofort, wer der Absender der Zeilen war. Ein paar Tage später ging sie mit ihrer Mutter in die Oper. Auf dem Programm stand *Orpheus* von Gluck. Alma schaute zur Direktionsloge hinauf. Der kurzsichtige Mahler erkannte sie nicht gleich, doch dann flirtete er mit ihr in einer Weise, wie sie es bei einem Mann in seiner Stellung nie für möglich gehalten hätte.

In der Pause spazierten Alma und Anna Moll im Foyer umher. Plötzlich stand Mahler vor ihnen. Alma stellte ihn ihrer Mutter vor. Die beiden verstanden einander auf Anhieb. Mahler führte die Damen in sein Büro. Anna Moll sagte, sie würde sich glücklich schätzen, ihn als Gast zu empfangen. Sofort zog Mahler seinen dicken Terminkalender aus der Schublade. Die nächsten Tage sei er in München, sagte er, um dort die Uraufführung seiner Vierten Symphonie zu dirigieren, aber gleich nach seiner Rückkehr werde er die Molls besuchen.

»Würden Sie mich als Kapellmeister einstellen?« fragte ihn Alma.

»Ja«, erwiderte Mahler, »ich bin sicher, daß Sie das ausgezeichnet machen würden.«

»Ihr Urteil scheint mir nicht objektiv zu sein!«
»Es gibt kein objektives Urteil.«
Die Pause ging zu Ende. Alma und Mahler verabschiedeten sich. Beide waren aufgewühlt und fühlten, »daß etwas Großes und Schönes in unser Leben eingedrungen war«, wie Alma schrieb.

Nach der Vorstellung waren Mutter und Tochter mit Carl Moll und Max Burckhard zum Essen verabredet. Anna erzählte von der Begegnung mit Mahler. Moll wurde wütend und warf seiner Frau vor, sie hätte Alma niemals erlauben dürfen, diesen »Freigeist« und »durchtriebenen Menschen« in seinem Büro aufzusuchen. »Ein Mann in seinem Alter, krank, verschuldet und in einer gefährdeten Position ... Außerdem sieht er nicht gut aus, und seine Musik taugt wohl auch nicht viel.«

Burckhard reagierte eifersüchtig und warnte Alma: »Mahler war ganz närrisch verliebt letzthin abends. Nun, was werden Sie denn tun, wenn er Ihnen einen Heiratsantrag macht?«

»Ich werde ihn annehmen.«

»Es wäre eine Sünde!« rief Burckhard. »Sie sind ein so schöner Mensch und eine so gute Rasse, verdunkeln Sie die nicht, indem Sie einen so degenerierten älteren Mann heiraten. Denken Sie an Ihre Kinder – es wäre Sünde! Außerdem: Wasser und Feuer, das ginge. Feuer und Feuer, das nicht! Sie werden die Unterdrückte sein, er nicht, dazu sind Sie aber zu schade.«

Aber solche Ermahnungen ließen Alma ungerührt.

Einige Tage später saß sie gerade an ihrem Flügel und arbeitete, als das Dienstmädchen in heller Aufregung hereinstürmte und im Bewußtsein, eine Nachricht von höchster Wichtigkeit zu überbringen, meldete: »Gustav Mahler ist hier!« Hier, das hieß in dem entzückenden Hause auf der Hohen Warte, unweit der Meteorologischen Zentralanstalt. Die Molls wohnten erst seit kurzem in diesem Haus, das Josef Hoffmann, einer der Stararchitekten der Wiener Moderne, gebaut und reich mit Samt, orientalischen Wandteppichen und japanischen Vasen ausgestattet hatte. Von Zeit zu Zeit schaute Hoffmann vorbei und überprüfte die Anordnung der zahlreichen Kunstgegenstände. Auch die Küche im Hause Moll wurde gerühmt.

Mahler interessierte das alles nicht im geringsten. Man führte ihn hinauf in Almas Zimmer, wo er über Stöße von Büchern stolperte, die noch nicht eingeräumt waren und auf dem Boden herumlagen. Er inspizierte die Bände und war empört, Nietzsches Schriften darunter zu entdecken. Er riet Alma, sie allesamt ins Feuer zu werfen. Sie konterte schlagfertig, und er, verärgert, schlug einen Spaziergang vor. Auf der Treppe begegnete er Anna Moll, die ihn zum Abendessen einlud. »Es gibt Paprikahendl – und Burckhard.« »Ich habe nun beides nicht gern, aber ich werde trotzdem bleiben«, antwortete Mahler. Er müsse nur schnell zur Post, um zu Hause anzurufen.

Der Schnee knirschte unter ihren Füßen. Alma und Mahler schritten so kräftig aus, daß Mahlers Schnürsenkel ständig aufgingen. Als sie beim Postamt angelangt waren, fiel Mahler seine eigene Telephonnummer nicht mehr ein. Er rief in der Oper an, fragte nach der Nummer, und als er endlich seine Schwester Justi am Apparat hatte, teilte er ihr ohne weitere Erklärung mit, sie brauche nicht mit dem Abendessen auf ihn zu warten. Das kam nur ganz selten vor.

Alma und Mahler schlenderten gemächlich zur Hohen Warte zurück. Und während sich die Nacht über den glitzernden Schnee legte, vertraute er ihr seine Gedanken an: »Es ist nicht so einfach, einen Menschen wie mich zu heiraten. Ich bin ganz frei, muß es sein, kann mich nirgends materiell binden. Meine Stellung an der Oper ist von heut' auf morgen.«

Diese Sprache verstand Alma. Sie wußte, wie Künstler leben. Zumindest in diesem Punkt muß man ihr Gerechtigkeit widerfahren lassen: Sie hatte einen heiligen Respekt vor schöpferischer Arbeit. In ihrer Wertskala rangierte sie an erster Stelle, selbstverständlich vor Geld und Macht. Schweigend erreichten sie das Haus. In Almas Zimmer küßte sie Mahler zum ersten Mal und sprach vom Heiraten, »als handle es sich um die einfachste Sache der Welt, als sei alles mit ein paar Worten beim Spaziergang geregelt worden. Wozu also noch warten?«

Beim Abendessen war Mahler bester Stimmung und unterhielt charmant die Gäste. Alma hatte sich von ihm küssen lassen, »ohne es recht eigentlich zu wünschen«, und nichts gegen eine baldige Heirat eingewandt. Und sie schrieb:»Ich fühlte, daß er allein mein Leben gestalten könne und sein Wert und seine Bedeutung die aller Männer, die ich bis dahin gekannt hatte, um Turmhöhe überrage.«

Aber so leicht ließ sich Alma nicht erobern. Etwas in ihr sträubte sich gegen Mahlers Autoritätsanspruch, wie übrigens gegen jede Autorität. Gleich am nächsten Morgen sandte ihr Mahler seine Lieder, die sie zusammen mit Zemlinsky durchsah. Zemlinsky beurteilte sie mit »äußerster Geringschätzung.« Alma glaubte, »eine gesuchte Einfachheit und Naivität« darin zu entdecken, und kam zu dem Schluß, die Lieder seien nicht echt empfunden. Mahler sagte sie davon kein Wort. Sie bedankte sich artig für die Sendung und empfahl ihm nachzulesen, was Maurice Maeterlinck über das Schweigen geschrieben habe:»Daran mußte ich bei unserem Spaziergang gestern die ganze Zeit denken.«

Sie beließ es bei einem kurzen Brief, denn ihre Schrift war ziemlich unleserlich; man mußte sich an sie gewöhnen – was Mahler übrigens nie gelang. In den folgenden Jahren tauschten sie zahllose Briefe aus, und mit schöner Regelmäßigkeit flehte er sie an, leserlicher zu schreiben. Aber schwerer als die Kürze ihres Briefes wog ihre Unentschlossenheit: Während Mahler sich seiner Sache sicher war, hatte Alma »das Gefühl, Zemlinsky zu gehören«. Sie traf sich auch weiterhin mit ihm.

Nach einem zweiten Besuch Mahlers schrieb Alma:»Er sagt, daß er mich liebt. Wir haben uns geküßt, und er spielt mir seine Werke vor. Meine Sinne schweigen... Ich muß mich allmählich von Alex lösen... Ich konnte seine Zärtlichkeiten nicht erwidern. Jemand stand zwischen uns... Wäre ich ihm nur drei Jahre früher begegnet! Dann wäre mein Mund nicht entweiht!« Am nächsten Tag fügte sie hinzu:»Ich befinde mich in einem furchtbaren Dilemma. Ganz leise sage ich vor mich hin ›mein Geliebter‹, und dann füge ich schnell hinzu ›Alex‹. Kann ich Mahler so lieben, wie er es verdient? Werde ich dazu in der Lage sein? Werde ich jemals Verständnis für seine Kunst aufbringen und er für die meine?«

Das waren in der Tat Fragen, die ein frisch verlobtes Mädchen um den Schlaf bringen konnten.

Sie zögerte und zauderte, prüfte ihre Gefühle für den einen und für den anderen. Schließlich notierte sie:»Ich verstehe mich selbst nicht mehr. Ich weiß nicht, ob ich ihn liebe oder nicht, ob ich den Operndirektor, den berühmten Dirigenten oder den Menschen liebe... Wenn ich von dem einen absehe, empfinde ich dann etwas für den anderen und seine Kunst, die mir so fremd, so unsagbar fremd ist? Mit einem Wort, ich glaube nicht an ihn als Komponisten. Und wenn ich mein Leben mit dem eines Mannes verknüpfen soll... In Wahrheit stand er mir von fern viel näher als jetzt, wo er mir so nah ist. Ich habe Angst! Wir haben uns geküßt, aber wir haben uns nicht aneinandergeschmiegt. Seine Hände sind zwar gefühlvoll, aber ich liebe sie nicht so wie Alex' Hände.«

Wie wir wissen, brannte die Erinnerung an diese Hände noch an den intimsten Stellen ihres Körpers.»Was soll ich nur tun? Und wenn Alex stark und mächtig würde?« Und dann stellte sie sich die Frage, auf die Mahler bald eine Antwort geben sollte:»Ein Gedanke quält mich. Wird mich Mahler bei meiner Arbeit ermutigen? Wird er meine Kunst unterstützen? Wird er sie so lieben, wie Alex sie liebt, um ihrer selbst willen?«

Mahler sah sie von nun an häufig, und wenn sich ein Treffen nicht einrichten ließ, schrieb er ihr Briefe, in die alle Gefühle eines verliebten Mannes einflossen.

Aber dann reiste er nach Berlin, wo im Rahmen einer Konzertreihe in der Oper die Vierte Symphonie von Richard Strauss aufgeführt werden sollte. Seine Abreise beruhigte Alma ein wenig. Zemlinsky oder Mahler: Ihre Entscheidung stand jetzt fest. Sie wollte Mahler.»Ich glaube, daß er aus mir einen besseren Menschen machen wird. Er adelt mich. Ich werde mich immer zu ihm hingezogen fühlen.«

Doch sie war unverbesserlich. Während Mahlers Abwesenheit empfing sie einen jungen Musiker. Er sah gut aus, war reich, kultiviert und machte ihr schon seit langem den Hof. Sie spielten vierhändig Klavier, und dann fragte sie der junge Mann nach ihren Zukunftsplänen. Sie erzählte ihm von Mahler. Er erbleichte und stammelte zitternd:»Gnädiges Fräulein, wenn Sie mich abweisen, werde ich mich umbringen.«

Nun, bevor er zur Tat schritt – wozu es freilich nie kam –, weihte der brave Junge Alma in ein Geheimnis ein, das ihm ein befreundeter Arzt anvertraut hatte: Mahler sei unheilbar krank. Syphilis? Tuberkulose? Solche Worte nahm man damals nicht in den Mund. ›Unheilbar‹ genügte. Außerdem war es Mahler anzusehen, daß er nicht gesund war. Almas Reaktion war vollendet: »O mein Gott, ich werde ihn beschützen wie mein eigenes Kind... Meine Jugend und meine Kraft werden ihn heilen, meinen innig geliebten Meister.«

Aufschlußreich sind auch Almas Tagebucheinträge über ihre erste Begegnung mit Mahlers Schwester Justine, die während Mahlers Abwesenheit zustandekam. Die Geschwister standen einander sehr nah. Mahler hatte miterleben müssen, wie acht seiner dreizehn Geschwister im Kindesalter starben. Mit Justi verband ihn eine besonders liebevolle Beziehung. Aus Berlin schrieb Mahler an seine Schwester: »Ich bitte Dich ganz inständig, Alma zu lieben, damit würdest Du mich noch glücklicher machen.«

Justi sollte Alma helfen, »sein Leben und sein Wesen« zu verstehen.

Die Zuckerkandls luden die beiden Damen zu sich ein. Und überraschenderweise ging alles gut. Alma und Justi fanden Gefallen aneinander und beschlossen, einander bald wieder zu treffen. Alma besuchte Justi in der Auenbruggergasse, und Justi zeigte ihr Mahlers Zimmer, sein Bett, seinen Schreibtisch und seine Bücher. Alma fand Justi »ganz reizend und freundlich.« Trotzdem war sie voller Unruhe. »Es macht mich nervös, daß sie mich unablässig so prüfend und forschend ansieht. Und das könnte gefährlich für mich werden. Wenn sie beispielsweise auf den Gedanken käme, daß ich nicht genug Gefühl und Liebe zu geben vermag – das sage ich mir ja manchmal selbst –, daß ich wirklich tiefer Gefühle nicht fähig bin, daß alles in mir nur Berechnung und Kälte, kalte Berechnung ist.

Er ist ein kranker Mann, und von einem Tag auf den anderen kann er seine Stellung verlieren. Er ist Jude, er ist hoch verschuldet, wo also sollte die Berechnung liegen?«

Das war zweifellos richtig. Sofern Alma überhaupt berechnend war, war sie es nicht wie ein Durchschnittsmensch. Nein, für die Interessen, die andere verfolgten, empfand sie nur tiefe Verachtung. Mangelte es ihr also, wie sie selbst vermutete, an Gefühl und Liebe? Ohne Zweifel. Sie, die junge Frau, die so oft vom »Geben« sprach, geizte mit ihren Gefühlen. Das erklärt auch, warum ihr das Glück, immer, wenn sie es zu fassen glaubte, im letzten Moment entglitt, warum alle Leidenschaften, die sie durchlebte, stets einen bitteren Beigeschmack für sie behielten. Im tiefsten Inneren ihres Herzens war sie nicht zu geben bereit. Sie wollte Liebe und Ruhm empfangen, Liebe und Ruhm als Tribut, den die Welt ihr schuldete.

So vertrieb sie sich während der Abwesenheit ihres Verlobten die Zeit damit, den gutaussehenden jungen Musiker aus reichem Haus zur Verzweiflung zu bringen. Sie erwähnte ihn sogar in einem Brief an Mahler. Dann, nach einer Aufführung der *Meistersinger*, notierte sie in ihrem Tagebuch: »Der junge Doktor Adler gefällt mir und verwirrt mich. Ich war mehr als kokett mit ihm. Wir haben uns gegenseitig mit den Augen verschlungen, und niemand hat etwas bemerkt. Er hat wundervolle, schlanke Hände. Sein Blick hat etwas unglaublich Sinnliches, und er sieht unglaublich gut aus. Seine Augen sind schwarz wie die Nacht, kurzum, sein Gesicht gefällt mir! Er hat Rasse, was man von dem guten Mahler nun wirklich nicht behaupten kann. Im übrigen bin ich unabhängig, aber Gustav in Gedanken treu. Diese kühnen Blicke kommen nicht von Herzen.«

Gewiß.

Endlich rang sie sich dazu durch, Zemlinsky »alles zu sagen«. Sie schrieb ihm einen Brief und schlug ihm vor, sie sollten weiterhin Freunde bleiben. In ihrem Tagebuch heißt es: »Welch ein Verlust für mich! Dieser wunderbare Musiklehrer...«

Es ist schon bemerkenswert: Gerade hatte sie einem Mann, der nur für sie lebte, den Todesstoß versetzt, und doch beschäftigte sie nur ein Gedanke: »Welch ein Verlust für mich«!

Zwei Tage verstrichen. Zemlinsky antwortete nicht. Und dann stand er plötzlich wieder in der Tür, natürlich. Immerhin war sein

Rivale der einzige Mann in Wien, über den er und Alma niemals abfällig gesprochen hatten. In diesem Punkt waren sie sich einig. Zumindest ein wenig Balsam auf seine Wunden!

Alma war von Zemlinskys Gleichmut beeindruckt. Sie bewunderte seine »männliche Kraft und Seelengröße«, die er ihr dadurch bewies, daß er ihr weiterhin Musikunterricht erteilte. Armer Zemlinsky!

Unterdessen saß Mahler in seinem Berliner Hotel und langweilte sich zu Tode. An manchen Tagen schrieb er Alma zwei Briefe hintereinander. Er war ein eifriger Briefeschreiber, und er verstand es, seine Gedanken plastisch auszudrücken. So auch in dem folgenden Brief:

»Dabei ertappe ich mich jetzt (überhaupt in der letzten Zeit, seit meine Gedanken an Dich geknüpft sind) bei einem ganz kommunen, für Leute meiner Art beinahe unwürdigen Ehrgeiz! Ich möchte jetzt Erfolge, Anerkennung und wie alle diese bedeutungslosen und im wahren Sinne des Wortes nichtssagenden Dinge heißen, erringen. Ich möchte *Dir* Ehre machen. Verstehe mich recht, wenn ich von Ehrgeiz spreche. Ich habe seit jeher Ehrgeiz gehabt, aber ich habe nicht nach der Ehre gegeizt, die mir meine Nachbarn, Zeitgenossen geben können. Aber von Meinesgleichen verstanden, gewürdigt zu werden, selbst wenn ich dergleichen im Leben nicht finden sollte (und in der Tat sind sie ja nur außer Zeit und Raum zu suchen), darnach habe ich immer gerungen; und es soll auch von nun an mein höchstes Lebensziel sein! Dazu mußt *Du* mir beistehen, meine Geliebte! Und weißt Du, um sich diesen Lohn zu gewinnen, diesen Ehrenkranz, muß man auf den Beifall der Menge, ja selbst auf der Guten, Hohen (die eben auch manchmal nicht mitkönnen) verzichten. Wie gerne habe ich bis jetzt die Backenstreiche der Philister, auch Hohn, Haß der Unmündigen ertragen. Ja, leider ist es mir nur zu sehr bewußt, daß das bißchen Respekt, das ich mir erworben, vielleicht nur einem Mißverständnis, jedenfalls nur dem dumpfen Ahnen eines Höheren aber Unzugänglichen zuzuschreiben ist. Ich rede natürlich nicht von meiner Tätigkeit als ›Director‹ oder Kapellmeister; dies sind schließlich im höchsten Sinne Fähigkeiten und Verdienste doch nur untergeordneter Art. Ich bitte Dich, antworte mir hierauf, ob *Du* mich darin verstehst, und auch mir folgen willst. Alma! Könntest *Du* mit mir alles Ungemach – ja selbst im Gewande der Schmach ertragen – und freudig ein solches Kreuz auf Dich nehmen?«

Natürlich verlangte diese Frage nach einer Antwort. Aber in einem seiner nächsten Briefe findet man folgenden Satz:

»Bitte, meine Alma, sage mir manchmal ein Wort über das, was ich Dir schreibe. Ich will wissen, ob Du mich überall verstehst, und mir folgen willst! (...) Auch auf das, was ich Dir im vorigen Brief geschrieben habe, über den Ehrgeiz, möchte ich Deine Antwort haben...«

Am selben Tag bekam sie noch einen zweiten Brief. Mahler berichtete über die Generalprobe seiner Vierten Symphonie und »freute sich schrecklich«.

»Immer dachte ich nur daran: Wenn nur meine Liebe da unten wäre! Meine! Da würde ich ganz stolz drein sehen können! Wenn es morgen Abend wieder so gut abläuft, dann habe ich mir den Berliner Boden wohl erobert...«

Aber es sollte nicht sein. Er wurde ausgebuht und ausgepfiffen. Die Musikkritiker zerrissen den Komponisten und sein Werk in der Luft. Kein Zweifel: In Berlin war Mahler durchgefallen.

Und was empfand Alma?

Seit seiner Abreise aus Wien hatte er ihr sechs Briefe geschrieben, einer pathetischer als der andere, und immer nur befremdende Antworten erhalten. Einmal faßte sie sich noch kürzer als sonst, weil sie, wie sie schrieb, Zemlinsky erwarte, der »alles weiß« und ihr trotzdem weiterhin Unterricht erteile »und seinen Schmerz mit größter Seelenstärke erträgt«. Ein andermal ging sie ausführlich auf ein Gespräch mit Burckhard und auf dessen Bemerkung ein, zwei so starke Individualitäten wie sie und Mahler könnten nie miteinander auskommen. In einem anderen Brief berichtete sie von dem jungen Verehrer, der ihr mit Selbstmord gedroht hatte. Das geschriebene Wort enthüllte, was im Gespräch ungesagt geblieben war. Mahler mißfielen ihre Briefe. Er war erstaunt, betroffen und verwirrt. Sollte zwischen ihnen ein Mißverständnis bestehen über den eigentlichen Sinn ihrer Heirat?

Aus Dresden, wo er auf der Rückreise Station machte, sandte er ihr einen zwanzigseitigen Brief, der es verdient, in voller Länge gelesen zu werden. Diese zwanzig Seiten sind einmalig in der Geschichte der Liebesbriefe:

Hotel Bellevue, Dresden, 20. Dezember 1901
»Mein liebstes Almschi!
Heute, meine geliebte Alma, setze ich mich mit etwas schwerem Herzen zu einem Briefe. – Denn ich weiß, ich muß Dir heut weh tun und doch kann ich nicht anders. Denn ich muß Dir Alles sagen, was Dein gestriger Brief in mir aufgeregt hat; da er gerade jene Seite unseres Verhältnisses betrifft, die für alle Zukunft, als die Grundlage unserer Beziehungen, geklärt und durchsprochen sein muß, wenn wir glücklich sein sollen.

Ich habe allerdings nur zwischen den Zeilen gelesen (denn die Zeilen selbst, mein Almschi, konnte ich wieder nur sehr schwer lesen). – Ich finde einen tiefen Widerspruch in diesem Briefe und jenen, die ich seit dem Zauberflötenabend von Dir bekommen. – Damals schriebst Du: ich will werden, wie Du es *wünschest, brauchst!* Diese Worte haben mich tief beglückt und mich mit beseligendem Vertrauen erfüllt. Nun nimmst Du sie, vielleicht ohne es zu wissen, zurück. – Laß mich zunächst der Reihe nach alle Einzelheiten Deines Briefes durchgehen.

Also das Gespräch mit Burkhard. – Was stellst Du Dir unter Individualität vor! Hältst Du Dich für eine Individualität! Du weißt, was ich Dir einmal mündlich gesagt, daß in jedem Menschen etwas unergründlich Eigentümliches vorhanden ist, was weder durch Eltern noch umgebende Umstände zu erklären ist: das, was den Menschen im eigentümlichen Sinne ausmacht. In diesem Sinne ist jeder Mensch ein Individuum. Aber was hier Burkhardt und auch Du meinst, ist etwas ganz anderes. – Zu dieser Art Individualität kann der Mensch erst nach einem längeren, durch Kampf, Leiden und Erleben, und durch tief gegründetes, kraftvoll sich ausgestaltende Beanlagung gelangen. Eine solche

Individualität findet sich nur höchst selten unter den Menschen. Ein so *in sich* völlig begründetes Sein, welches unter allen Umständen das ihm eigentümliche unveränderliche Wesen ausbildet und bewahrt, und sich gegen alles Fremde und eigentlich Verneinende bewahrt, könntest Du ja noch gar nicht sein; da ja in Dir noch alles ungeworden, unausgesprochen und unentwickelt lebt.

Daß Du ein lieber, unendlich lieber, reizender Kerl bist, daß Du eine gradgewachsene Seele, ein reichbegabter, offener, schon früh zu Selbstbewußtsein gelangter Mensch bist, ist noch immer keine Individualität. Was Du *mir* bist, meine Alma, was Du mir vielleicht sein, werden könntest – das Höchste, Liebste meines Lebens, der treue, tapfere Gefährte, der mich versteht und fördert, meine Burg, die uneinnehmbar gegen innere und äußere Feinde, mein Frieden, mein Himmel, in den ich immer wieder untertauchen, mich selbst wiederfinden, mich neu aufbauen kann – was das ist, ist so unaussprechlich hoch und schön – viel und groß – mit einem Wort: *mein Weib*: aber das ist noch immer nicht Individualität in jenem Sinne, in dem man eben die höchsten Existenzen, welche nicht nur ihr eigenes Dasein, sondern das der Menschheit gestalten, und die allein diesen Namen tragen. Nun aber mußt Du folgendes wissen. Um eine solche Individualität zu werden – zu sein, nützt der Wille und der Wunsch gar nichts. (...) Alle diese Burkhardts – Zemlinskis etc. sind keine *Individualitäten.* Jeder von ihnen hat so eine Domäne – wie originelle Adressen – unleserliche Schrift (nur bildlich gesprochen – natürlich sind es nicht bloß solche Geringfügigkeiten) etc.

(...)

Jetzt nach dieser etwas lang geratenen Einleitung wende ich mich zu Dir. Meine Alma! Sieh! Deine ganze Jugend – also Dein ganzes Leben – ist fortwährend bedroht gewesen durch diese höchst unklaren und im Trüben auf falscher Fährte suchenden, alles innere Leben durch lautes Schreien betäubenden, Kern und Schale fortwährend verwechselnden Gefährten begleitet, *geleitet* (währenddem Du immer selbständig zu sein glaubtest) und mißhandelt gewesen. Sie haben Dir fortwährend geschmeichelt, nicht, weil Du ihrem Inhalt Deinen zugeführt, sondern, weil Du mit ihnen großklingende Worte getauscht (eine wahre Opposition ist ihnen unbequem, denn sie lieben nur laute, schön klingende Worte – ich meine hier mehr Burkhardt und solche als Zemlinski, den ich nicht kenne, aber für was besseres halten, der aber sicher unklar und unselbständig ist) – weil ihr Euch gegenseitig mit Phrasen berauscht (Ihr glaubt »aufgeklärt« zu sein, und habt Euch nur die Fenster verhängt, um Euer geliebtes Gaslicht als Sonne anzubeten) und – weil Du schön bist, und anziehend für Männer, die dann, ohne es zu wissen, der Anmut unwillkürliche Huldigung leisten. Denke Dir nur den Fall, Du wärest häßlich, – Meine Alma – Du bist, wenn es noch so hart klingt, und was Du trotzdem meiner *wahren* und jetzt schon ewig unversiegbaren Liebe verzeihen wirst, eitel auf das geworden, was diese Leute an Dir zu sehen vermeinen und wünschen (d.h. eigentlich möchtest Du gerne das sein, was Du ihnen scheinst) aber was, Gott sei Dank, an Dir nur *Oberfläche* ist, wie Du selbst in jenem lieben Brief von Dir gesagt. – Da diese Leute sich auch gegenseitig immer anschmeicheln und eine überragende Existenz als ihnen unbequem und Forderungen stellend, die sie nicht erfüllen können, unwillkürlich negieren, – Du aber, infolge Deiner Anmut, eine ungemein reizvolle und dabei doch, wegen Mangel an sachlichen Argumenten, sehr *bequeme* Opponentin bist, so habt Ihr Euch da immer im Kreise herumgedreht und geglaubt, die Sache der Menschheit miteinander auszutragen – »was ihr nicht tastet, steht Euch meilenfern«. Die *Unbescheidenheit,* die solchen Menschen, die ihre winzigen und in einem sehr beschränkten Umkreis sich abspulenden Gedankenknäule als einzige Aufgabe der Geister betrachten, immer eigen ist, von der bist auch Du, meine Almschi, nicht frei.

– Solche Bemerkungen, mit denen ich sicher nicht ins Gericht gehen will, weil ich ja weiß, daß sie nur eine façon de parler sind – aber selbst die basiert auf gewöhnter Denkart, »daß wir in manchen Dingen, Ideen etc nicht *einig* sind, zeugen davon und manches Andere«! Aber, Almakind! – wir sollen ja in *unserer Liebe,* in unserem Herzen einig werden! Aber in Ideen? Meine Alma! Wo sind Deine Ideen? Das Kapitel über die Weiber von Schopenhauer – die ganze verlogene und schlimm-freche Herrenunmoral

Nietzsches – der fuselhaft trübe Gedankendusel Maeterlincks, die Wirtshauslaune Bierbaums und Genossen etc etc? – Das sind *Gottseidank* nicht Deine Ideen – sondern der – ihrer Ideen!

(...)

Also, ich Armer, der die Nächte vor Seligkeit nicht schlafen konnte, weil er die, die gefunden, die mit ihm über Alles von *vorneherein* tief einig, ihm als Weib ganz gehörig und ein Stück seiner selbst geworden, die ihm selbst geschrieben, daß sie fühlt, nichts Anderes und Besseres tun zu können, als seine Welt zu erfassen, in ihr einzutreten – die im Glauben an ihn nicht mehr prüft, sondern fühlt, daß seine Religion die ihre ist – weil sie liebt etc etc.

Ich muß jetzt mich wieder fragen: was ist denn das für eine fixe Idee, die in dem von mir so unbeschreiblich innig geliebten Köpfchen Platz genommen, daß sie sie selbst sein und bleiben muß – und wie wird diese fixe Idee ausschauen, wenn einmal (was sehr rasch kommt) die Leidenschaft befriedigt, und nun die Freundschaft und das Zusammen – nicht wohnen – sondern leben und lieben angehen soll.

Nun kommt das, was eigentlich der Kernpunkt meiner Sorgen und der Mittelpunkt aller meiner Befürchtungen und Bedenken, von dem aus jede Kleinigkeit, die darauf hindeutet, eine solche Bedeutung gewonnen hat: Du schreibst – *Dir* und *meiner* Musik, – *verzeih, aber auch das muß sein!* Darüber, meine Alma, müssen wir uns ganz klar sein, und zwar *sofort,* bevor wir uns noch sehen! Und da muß ich leider von Dir anfangen und zwar bin ich in die eigentümliche Lage versetzt, in einem gewissen Sinne, *meine* Musik der Deinen gegenüberzustellen, sie, die Du eigentlich nicht kennst, und jedenfalls noch nicht verstehst, gegen Dich zu verteidigen, und ins rechte Licht stellen zu müssen. Nicht wahr, Alma, Du wirst mich nicht für *eitel* halten, und glaube mir, in meinem Leben geschieht es das erste Mal, daß ich von ihr zu jemandem rede, der nicht das richtige Verhältnis zu ihr hat. – Ist es Dir nicht möglich, von nun an *meine* Musik als die *Deine* anzusehen? Ich will hier zunächst noch nicht im Speciellen von »Deiner« Musik – auf die komme ich noch zurück.

Aber im allgemeinen! Wie stellst Du Dir so ein componierendes Ehepaar vor? Hast Du eine Ahnung wie lächerlich und später herabziehend vor uns selbst, so ein eigentümliches Rivalitätsverhältnis werden muß? Wie ist es, wenn Du gerade in »Stimmung« bist, und aber für mich das Haus, oder was ich gerade brauche, besorgen, wenn Du mir, wie Du schreibst, die Kleinlichkeit des Lebens abnehmen sollst. Mißverstehe mich nicht! Glaube nicht, daß ich mir das Verhältnis zweier Gatten in diesem philiströsen Sinne denke, der das Weib als eine Art Zeitvertreib, daneben aber doch wieder als die Haushälterin des Gatten ansieht. Nicht wahr, das mutest Du mir nicht zu, daß ich so fühle oder denke. ‹Aber daß Du so werden mußt, wie ich es brauche›, wenn wir glücklich werden sollen, mein Eheweib und nicht mein College – das ist sicher! Bedeutet dies für Dich einen Abbruch Deines Lebens und glaubst Du auf einen Dir unentbehrlichen Höhepunkt des Seins verzichten zu müssen, wenn Du *Deine* Musik ganz aufgibst, um die Meine zu besitzen, und auch zu sein?

Dies *muß* zwischen uns klar sein, bevor wir an einen Bund fürs Leben denken dürfen. Was heißt das nur: ich habe noch nicht gearbeitet, seitdem! Jetzt gehe ich arbeiten etc etc. – Was ist das für eine Arbeit? Componieren? – Dir zum Vergnügen oder den Besitz der Menschheit zu mehren?«

An dieser Stelle unterbrach er den Brief und ging zu den Proben seiner Zweiten Symphonie. Er mußte, da dreihundert Menschen auf ihn warteten. Doch gleich am Nachmittag griff er wieder zur Feder:

»Du hast von nun an nur *einen* Beruf: *mich glücklich zu machen!* Verstehst Du mich, Alma? Ich weiß ja, daß Du selbst glücklich (durch mich) werden mußt, um mich glücklich machen zu können. Aber die Rollen in diesem Schauspiel welches ebensogut Komödie wie Tragödie werden könnte (Beides nicht das rechte) müssen die Rollen richtig ausgeteilt sein. Und da fällt die Rolle des »Componisten«, des »Arbeitens« mir zu – und Dir die des liebenden Gefährten, des verstehenden Kameraden! Bist Du mir ihr zufrieden?

– Ich fordere *viel,* sehr *viel* – und ich kann und darf es tun, denn ich weiß, was auch ich zu geben habe und geben werde!

Wie unverständlich ist mir, wie kühl kommt mir Dein Wesen mit Zemlinski vor! Hast Du ihn lieb gehabt? Und kannst Du dann ihm diese traurige Rolle zumuten, Dir jetzt weiter Stunden zu geben? Das kommt Dir männlich und groß vor, daß er, die Spuren seiner Leiden, wortlos und artig Dir gegenüber sitzt und sozusagen »Ordre pariert«?! Und Du willst ihn lieb gehabt haben und kannst dies ertragen? Und welches Gesicht sollte ich dabei machen, wenn ich daneben säße – und Du müßtest mich jetzt daneben sitzend denken! – Ist Dein Leben jetzt nicht unter andere Naturgesetze gekommen, nicht allzusehr aus den Fugen geraten, daß Du allmählig wieder zu Deinen früheren Beschäftigungen (...) zurückzukehren Lust und Fähigkeit hast.

(...)

Was ist das für ein ›Trotz‹, ›Stolz‹? Mir, der Dir unbewehrt sein ganzes Herz geboten, der Dir im ersten Augenblick sein Leben geweiht – (und ich kenne auch diese gewissen hübschen, reichen, gebildeten, jungen etc Mädchen – Frauen). Almschi, ich bitte Dich, lies meinen Brief genau. Zu einer Liebelei darf es zwischen uns nicht kommen. Ehe wir uns wieder sprechen, muß es zwischen uns klar sein, Du mußt wissen, *was* ich von Dir verlange, erwarte, und was ich Dir bieten kann, *was Du mir* sein mußt. ›Abtun‹ mußt Du (wie Du geschrieben) alle *Oberfläche,* alle *Convention,* alle Eitelkeit und Verblendung (in Bezug auf Individualität und Arbeiten) – Du mußt Dich mir *bedingungslos* zu Eigen geben – die Gestaltung Deines zu- künftigen Lebens in allen Einzelheiten innerlich von meinen Bedürfnissen abhängig machen und nichts dafür wünschen, als meine *Liebe!* Alma, was diese ist, kann ich dir nicht sagen – schon zu viel habe ich von ihr gesprochen. Aber ich sage Dir doch noch eins – ich kann mein Leben und mein Glück hingeben für den, den ich so liebe, wie ich Dich lieben würde, wenn Du meine Gattin würdest.

Heute muß ich mich so schrankenlos und beinahe (unbescheiden muß es Dir scheinen) maßlos aussprechen.«

Es folgen noch ein paar Zeilen, in denen er sie beschwört, »erbarmungslos« offen zu ihm zu sein. Es sei besser, sich gleich zu trennen, als »einen Selbstirrtum weiterzuführen«. Die letzten Worte: »meine Alma, ich bitte Dich: sei wahr.«

Das war wohl der seltsamste Brief, den jemals eine vom Schicksal verwöhnte junge Frau bekommen hatte. »Meine Burg, mein Frieden, mein Himmel, mein Weib...« Viele Männer vor ihm haben ähnliches geschrieben und viele nach ihm werden ähnliches schreiben. Doch er tadelt sie und hält ihr vor, ihre Freunde hielten sie nur für geistreich, weil sie schön sei. Ihr Wunsch, »sie selbst zu werden und zu sein«, entlockt ihm spöttische Bemerkungen. Er belächelt ihre literarischen und philosophischen Vorlieben im Ton eines Mannes, der ihr zwanzig Jahre Lebenserfahrung voraus hat und auf einer höheren Warte steht... Ja, er spricht ihr schlicht und einfach jede Eigenständigkeit ab, er verleibt sie sich ein und saugt sie auf. Sie spricht von ihrer Musik – ihre Musik? Welche Musik?

Alma verschlug es die Sprache. Sie war niedergeschmettert. Schockiert. Sie zeigte den Brief ihrer Mutter. Sie sprachen fast die ganze Nacht miteinander. Anna Moll war empört darüber, wie Mahler ihre Tochter zu versklaven gedachte. Für sie gab es nur eines: Alma mußte sich sofort von ihm trennen. Aber Mutter und Tochter verband eine höchst ambivalente Beziehung, und je nachdrücklicher Anna zur Trennung riet, desto mehr berauschte sich Alma an der Idee, sich auf dem Altar der Kunst zu opfern.

Die Antwort, die Alma am nächsten Morgen an Mahler schickte, kam einer bedingungslosen Kapitulation gleich. Er hatte Forderungen gestellt: Nun gut, sie willigte ein.

Am Nachmittag kam Mahler aus Dresden zurück und besuchte sie. Die Gewitterwolken hatten sich verzogen, er war glücklich.

Er zeigte ihr die Partitur seiner Vierten Symphonie. Sie schaute sie an und gab unumwunden zu: »Haydn ist mir lieber.« Er lachte und versicherte ihr, daß sie eines Tages ihre Meinung ändern werde. Sie setzten sich zusammen an den Flügel und spielten sein Werk vierhändig...

Nach diesen angenehmen Stunden beschrieb Alma ausführlich ihre leidenschaftlichen Gefühle und fügte dann hinzu: »Ich glaube, daß er mich emporhebt, während meine Beziehung zu Burckhard nur meine Frivolität verstärkt. Seine Obszönitäten treiben mir die Schamröte ins Gesicht. Wenn Gustav so etwas zu mir sagen würde! Ist man glücklicher in einem frivolen und gedankenlosen Leben, oder wenn man sich ein schönes und erhabenes Bild von der Welt gewebt hat? Im ersten Fall sicher freier. Aber glücklicher? Wir sind besser, edler. Setzt das nicht unserer Freiheit Schranken? Ja, ja, tausendmal ja! Und ich sage Euch, das wird schwer!...«

Am 23. Dezember feierten Alma und Mahler zusammen mit den Molls und Justi ihre Verlobung.

Es war eine der wenigen glücklichen Fügungen in Mahlers Leben, daß seine Schwester, wie sich nach der Verlobung herausstellte, bereits seit geraumer Zeit und ohne sein Wissen ein Verhältnis mit Arnold Rosé, dem ersten Geiger der Hofoper, unterhielt. Rosé wollte sie heiraten. Diese Heirat, an die sie bislang nicht einmal zu denken gewagt hatte, da ihr die Vorstellung, den Bruder allein zu lassen, unerträglich war, erwies sich nun als doppelter Glücksfall. Justi würde aus der Wohnung in der Auenbruggergasse ausziehen und für Alma Platz machen. Man badete im allgemeinen Glück, soweit Mahlers chronische Nervosität das zuließ. Und in dieser zugleich stillen und romantischen Atmosphäre verstrich die Verlobungszeit.

Die Verlobten sahen einander fast täglich, sie küßten sich oft und stritten heftig über Jesus oder Dostojewski. Mahler verehrte Dostojewski, und Alma – wie könnte es auch anders sein! – verabscheute ihn. Dostojewski blieb ihr stets fremd. Mahler entrüstete sich über die Gleichgültigkeit, die Alma als Anhängerin Nietzsches in allen Glaubensfragen an den Tag legte, »und es kam das merkwürdige Paradoxon zustande, daß ein Jude einer Christin gegenüber sich heftig über Christus ereiferte.«

Mahler war zeitlebens ein gläubiger Mensch. Später einmal stellte man ihm im Rahmen einer Umfrage die Frage »Warum glauben Sie?« und er gab darauf folgende poetische Antwort: »An

Gottes lebendigem Kleid mitzuweben, das wäre doch immerhin etwas...«

Wie anders dachte Alma in diesem Punkt! Und sie war jung, so jung... Der Gedanke quälte ihn: War sie zu jung?

Durch eine Indiskretion verbreitete sich die Neuigkeit von der Verlobung des Herrn Direktors der Hofoper wie ein Lauffeuer in ganz Wien. Die Zeitungen widmeten sich ausführlich der Jugend, Schönheit und musikalischen Begabung des Mädchens, das die Gattin des verehrten Meisters werden sollte. Mahler ärgerte sich darüber, aber Alma hatte ihre Freude an den Briefen, Blumen und Glückwunschtelegrammen.

Als sie zum ersten Mal in der Direktionsloge der Hofoper Platz nahm, zog sie alle Blicke auf sich. Vor und nach der Vorstellung empfing das Publikum Mahler mit besonders herzlichem Applaus. Mahler und Alma waren glücklich. Nach der Oper gingen sie ins Restaurant Hartmann, wo sie mit den Molls, Justi und Rosé zum Abendessen verabredet waren. Bei dieser Gelegenheit legten sie den Termin für ihre Hochzeit fest.

Kurz darauf wurde Alma Zeugin eines Vorfalls, der sie zutiefst erschreckte. Mahler hatte Richard Strauss eingeladen, in der Hofoper eine Aufführung seiner zweiten Oper *Feuersnot* zu dirigieren. Strauss genoß damals in der Musikwelt ähnliches Ansehen wie Mahler. Ansonsten aber hatte er denkbar wenig mit ihm gemein: Er war ein blonder Hüne, gutmütig und leutselig, und hatte immer auf der Sonnenseite des Lebens gestanden. Seit seinem zwölften Lebensjahr wurde er bewundert und gefeiert. In Deutschland nannte man ihn »Richard den Zweiten«. Als Dirigent mit Ehren überhäuft, wußte er seinen Ruhm auch in klingende Münze zu verwandeln.

Weit weniger anspruchsvoll als Mahler, dessen »schreckliche Nervosität« ihn immer aufs neue überraschte, war Richard Strauss von der Qualität des Wiener Orchesters, das damals wahrscheinlich das beste in Europa war, beeindruckt und mit der Vorstellung, die er dirigierte, rundum zufrieden. Aber da war noch seine Frau, die Sängerin Pauline de Ahna. Sie hatte das Temperament eines Vulkans und war für ihre unerwarteten Ausbrüche berüchtigt.

Bei der ersten Vorstellung der *Feuersnot* saß sie mit Alma in der Direktionsloge und schimpfte vor sich hin: »Was für eine Schweinerei! So etwas kann doch keinem gefallen! Mahler hat sich geirrt. Er tut so, als ob ihm das gefällt ... Dabei weiß er genau, daß alles von Wagner, Maxi oder anderen gestohlen ist!«

»Wer ist Maxi?« wollte Alma wissen.

»Ein Komponist, der Strauss haushoch überlegen ist, Max von Schillings«, klärte Pauline sie auf.

Strauss mußte sich zehnmal vor dem Vorhang verbeugen, dazwischen gab es auch vereinzelte Pfiffe. Hinter der Bühne drängte man sich, ihm die Hand zu schütteln. Er wandte sich an seine Frau und fragte, wie ihr die Vorstellung gefallen habe. Wie eine Wildkatze sprang sie ihn an: »Du Dieb wagst es, unter meine Augen zu treten? Ich geh' nicht mit dir, du bist mir zu schlecht.« Mahler war dieser Auftritt äußerst peinlich. Er bugsierte das Ehepaar Strauss in einen Übungsraum, um vor der Tür zu warten, bis sie ihren Streit beendet hatten. Er hatte sie zum Essen eingeladen. Aber Richard und Pauline hörten nicht auf, einander gegenseitig zu beschimpfen. Schließlich verlor Mahler die Geduld und rief, er werde mit Alma schon vorausgehen. Plötzlich wurde die Tür aufgerissen. Strauss kam heraus, und Pauline keifte: »Ich geh' ins Hotel, bleib' heut' abend allein.«

»Darf ich dich denn nicht einmal begleiten?« fragte Strauss schüchtern.

»Zehn Schritte hinter mir, sonst nicht.«

Und genau das tat er dann auch!

Später ging er ins Restaurant zu Mahler und Alma und versuchte, seine Frau zu entschuldigen: »Sie ist ein bißchen heftig, aber ich brauche das.« Den Rest des Abends unterhielten sie sich über Urheberrechtsfragen. Strauss zückte einen Stift und stellte alle möglichen Berechnungen an.

Das war also der berühmte Richard Strauss: genial, masochistisch und überaus geschäftstüchtig.

Wenigstens einen erfreulichen Aspekt hatte der seltsame Abend: Alma und Gustav Mahler waren sich in ihrem Urteil völlig einig. »Ich bin sehr stolz auf dich, daß du gleich die Wahrheit erkannt hast«, sagte Mahler zu ihr. »Wieviel besser ist es doch, am Hungertuch zu nagen, aber aufrecht gehen zu können, als sich zu erniedrigen und dabei seine Seele zu verlieren!«

Doch ihre Einmütigkeit war nicht von langer Dauer. Sie gerieten oft aneinander, und immer verfiel Mahler in einen schulmeisterlichen Ton.

Trotzdem »hat man den Eindruck, daß sie sehr verliebt sind«, schrieb Bruno Walter an seine Eltern.

Alma notiert in ihrem Tagebuch, Mahler habe ihr anvertraut, daß er sexuell völlig unerfahren sei und vor diesen Dingen Angst habe. Eine Angst, die sie angeblich nicht nachvollziehen konnte. Sie beschloß, so jedenfalls steht es in ihrem Tagebuch, sich ihm hinzugeben und mit Rücksicht »auf seine körperliche und geistige Gesundheit« nicht länger zu warten. Wie man sieht, hatte Alma recht eigenwillige Vorstellungen von Hygiene und Gesundheit.

Eines Tages kam es in dem Zimmer, in dem er sie empfing, »beinahe zur Vereinigung« der Verlobten. Mahler war »aufgeregt und ängstlich«, Alma hingegen empfand ein »reines und heiliges Gefühl«, wenngleich sie fürchtete, »daß ein Gefühl von Schande und Sünde dieses große und heilige Mysterium entweihen könnte.«

In ihrem Tagebuch notierte sie: »Wir konnten uns kaum voneinander losreißen. Wozu nur diese schrecklichen Konventionen? Warum kann ich ihn nicht einfach zu mir herziehen? Unsere Begierde verzehrt uns, und sie verzehrt den besten Teil unserer Kräfte. Er entblößt seine Brust, und ich lege meine Hände auf sein Herz. Ich fühle, daß sein Körper mein ist...« Sie löste ihr Haar, weil er es liebte, wenn sie es offen trug.

»Ein Kind von ihm bekommen! Seine Seele, mein Körper! Ihm schon ganz gehören!«

Zwei Tage später trafen sie einander erneut in dem Zimmer in der Auenbruggergasse. Sie umarmten und küßten einander. Es endete mit einem Fiasko. »Seine Manneskraft läßt ihn im Stich... er liegt da und schluchzt vor Scham... verzagt, fassungslos.«

Sie schrieb in ihr Tagebuch: »Ich kann gar nicht sagen, wie aufgewühlt ich bin. Erst diese Erregung in meinem tiefsten Inneren, das Ziel so nahe, und dann doch unbefriedigt. Diese Qualen, diese unerhörten Qualen! Mein Geliebter!«

Drei Worte – »Glückseligkeit über Glückseligkeit« –, drei Tage später notiert, lassen vermuten, daß Mahler über sich selbst triumphiert hatte. Aber nur wenige Tage danach heißt es in dem Tagebuch: »Mein armer Gustav muß sich einer ärztlichen Behandlung unterziehen. Entzündung, Schwellung, Eisbeutel, Sitzbäder usw. Ist womöglich mein Widerstand daran schuld? Wie er leiden muß!«

Woraus hervorgeht, daß Mahlers Leiden weniger von seiner sexuellen Unerfahrenheit als von den Hämorrhoiden herrührten, die der Erotik noch nie besonders förderlich waren! Und daß die Unerfahrenheit eher bei Alma lag.

Wie die intime Beziehung der beiden Ehepartner aussah, ist ein großes Geheimnis geblieben.

Nach Mahlers Tod verbreitete Alma das Gerücht, er sei mehr oder weniger impotent gewesen und habe sie gar nicht oder nur sehr selten angerührt... Und auch dann nie richtig... Nach Almas Darstellung war Mahler ein spröder Puritaner, dem jedes Vergnügen Schuldgefühle bereitete. Daß er impotent war, ist eher unwahrscheinlich. Andere Frauen, mit denen er flüchtige Abenteuer hatte, hätten damit gewiß nicht hinter dem Berg gehalten, wenn dem so gewesen wäre. Ein Kindheitserlebnis, von dem er Alma erzählte, scheint tiefe Spuren bei ihm hinterlassen zu haben.

Als elfjähriger Schüler wohnte er bei einer Familie Grünfeld in Prag. Eines Tages überraschte er den Sohn des Hauses mit dem Dienstmädchen. Er lag auf ihr, und sie stöhnte und stieß kurze Schreie aus... Mahler wollte ihr zu Hilfe kommen. Die beiden beschworen ihn, niemandem etwas zu erzählen. Aus diesem Erlebnis zog er für sich folgenden Schluß: Das ist es also, was meine Mutter erdulden mußte; man hat ihr Gewalt angetan und Schmerz zugefügt! War es da nicht naheliegend, daß Gustav selbst nie einer Frau solche Schmerzen zufügen konnte oder wollte... Es ist ziemlich sicher, daß sich diese Szene tief in sein Gedächtnis eingegraben und sein späteres Verhalten geprägt hat.

Dem Psychoanalytiker Theodor Reik zufolge war Mahler besessen von der Vorstellung, die Jungfrau Maria verkörpere das Idealbild der Frau, die den Mann erhöht. Diese Idealisierung, dieses erhabene Bild der Frau habe Mahler seiner eigenen Frau sexuell entfremdet.

Alma und Gustav Mahler hatten immer getrennte Schlafzimmer, was damals zum üblichen Komfort eines großbürgerlichen Hauses gehörte. Mahler hielt stets an einem Ritual fest: Er kam zu seiner Frau erst ins Bett, wenn sie bereits schlief.

Unter welchen Wahnvorstellungen, Ängsten und Hemmungen Mahler auch gelitten haben mag, soviel scheint gewiß: Er war ein besserer Dirigent als Liebhaber. In dieser Hinsicht kam Alma nicht auf ihre Kosten. Von einem Mann erwartete sie mehr als linkische Umarmungen und flüchtige Zärtlichkeiten. Zumal von einem Mann, der sie unterwerfen wollte, auch wenn er der Unterwerfung noch so wohlklingende Namen gab. All das trug dazu bei, den Groll zu nähren, den sie ihm gegenüber hegte.

Aber so weit sind wir noch nicht. Noch war Alma zweiundzwanzig Jahre alt und bewunderte ihren Verlobten. Und bald schon stellte sie fest, daß sie ein Kind erwartete. Die Schwangerschaft war »eine Quelle großer Qualen«. Alma litt sehr unter Übelkeit und mußte sich häufig übergeben. Doch niemand durfte etwas merken. Außerdem lernte sie eine Reihe von Freunden und Bekannten ihres zukünftigen Mannes kennen. Aber alle diese Leute waren nicht nach ihrem Geschmack, obgleich sie aus der vornehmsten Gesellschaft kamen. Wie bereits erwähnt, löste jede freundschaftliche Beziehung, die Mahler mit anderen Menschen verband oder früher verbunden hatte, bei Alma krankhafte Eifersucht aus. Mahlers Freunde blieben also... seine Freunde, mehr nicht. Menschen ohne jeden Reiz für Alma.

Mahler selbst stammte aus einfachen Verhältnissen. Er war in Iglau, einer Kleinstadt in Böhmen, aufgewachsen, wo es sein Vater nach mehreren Anläufen geschafft hatte, sich mit einer kleinen Schnapsbrennerei selbständig zu machen. Der Vater war herrisch und streng, aber er tat alles, um dem Sohn, der das Talent zum Pianisten hatte, eine Ausbildung zu ermöglichen, die seiner Begabung entsprach. Er schickte Gustav zum Studium nach Wien, wo später seine Karriere begann. Aber zeitlebens trug Mahler wie eine Bürde die Erinnerung an eine leidvolle, unglückliche Kindheit, an den Tod der Geschwister, an eine von Schmerzen geplagte und von der Arbeit gebeugte Mutter mit sich herum. Später sagte er einmal zu Alma:

»Du hast es gut, kommst aus Glanz und Wonne, kannst leichtfüßig durchs Leben gehen, an Dir hängt keine schwarze Vergangenheit, keine Familie, aber ich bin mein ganzes Leben schwer gegangen, Lehmklötze an den Füßen.« Nicht allein, daß Mahler die lebenslustige »bessere Wiener Gesellschaft« mied, sie blieb ihm innerlich immer zutiefst fremd. Von ganz wenigen Ausnahmen wie den Zuckerkandls abgesehen, unterhielt er zu diesen Kreisen keine freundschaftlichen Kontakte.

Umgekehrt betrachtete Alma Gustavs Bekannte und Freunde mit Argwohn. Sie hielt sie ausnahmslos für engstirnige Kleinbürger, »die ihm seit seiner Kinderzeit an den Fersen kleben«. Mahlers Freunde wiederum fanden sie viel zu schön, zu glanzvoll, zu freizügig in ihrem Benehmen, ihrer Sprache und in der Art, sich zu kleiden, als daß man sie die geeignete Lebensgefährtin für ihn hielt.

Sechs Wochen vor der Hochzeit lud der glückliche Bräutigam zum Abendessen ein, um Alma in seinen Freundeskreis einzuführen. Unter der Gästen war der Schriftsteller Siegfried Lipiner mit Frau. Lipiner hatte als Anhänger Nietzsches zunächst für Aufsehen gesorgt, doch dann war es still um ihn geworden. Mahler schätzte ihn als Gesprächspartner. Dazu kamen Lipiners frühere Ehefrau Nina mit ihrem Mann Albert Spiegler, einem Jugendfreund Gustav Mahlers, die Sängerin Anna von Mildenburg, der Mahler einst den Hof gemacht hatte, und natürlich die Molls, Justi samt Rosé sowie der Maler und Designer Kolo Moser, ein prominentes Mitglied der *Secession* und Freund der Molls.

Alma benahm sich wie eine dumme Gans. Sie beteiligte sich nicht an der Konversation, und wenn sie doch einmal etwas sagte, war es taktlos oder albern. So erklärte sie etwa, Platons *Gastmahl* habe sie »sehr erheitert«, und auf Anna von Mildenburgs Frage, was sie von Mahlers Musik halte, antwortete sie: »Ich kenne wenig, aber was ich kenne, gefällt mir nicht.«

Betretenes Schweigen. Sollte Mahler seine Pauline gefunden haben und sich dabei auch noch wohlfühlen, wie Strauss? Nein. So war ihre Beziehung nicht, auch später nicht. Doch an diesem Abend war Mahler vor allem verliebt. Er lachte lauthals, führte Alma unter einem Vorwand in sein Zimmer und sperrte die Tür ab, um sie in aller Ruhe zu küssen! Justi, peinlich berührt, holte ihn schließlich zurück. Der Abend war eine einzige Katastrophe: Die Lipiners und die Spieglers hatten Almas Auftritt, wie man so sagt, in die falsche Kehle bekommen. Es dauerte Jahre, bis sich Mahler wieder mit ihnen versöhnte.

Erst einmal bekam er einen wütenden Brief von Lipiner, der ihm Gefühlskälte und Egoismus vorwarf.

»Im Grunde Deines Herzens«, schrieb Lipiner, »nimmst Du die Menschen um Dich herum gar nicht als Personen wahr, sondern behandelst sie wie Gegenstände.«

Und was Alma beträfe, so verrate ihr Benehmen einen »eingebildeten und oberflächlichen Charakter ohne jede menschliche Wärme, einen Mangel an Natürlichkeit, Aufrichtigkeit und gesundem Menschenverstand«. Sie sei eine »Lästerzunge, eitel, abstoßend vorlaut«, und er frage sich, welche tiefere Beziehung zwischen Mahler und einer solchen Person bestehen könne.

Man kann immerhin die Frage stellen, warum sich Alma an diesem Abend so merkwürdig verhielt, wo es ihr doch bekanntlich leicht fiel, andere Menschen, ob Männer oder Frauen, für sich einzunehmen, wenn sie nur wollte. Auf jeden Fall hatte sie ganze Arbeit geleistet: Die alten Freunde zogen sich zurück. Nun war es höchste Zeit, daß diese merkwürdige Verlobungszeit ein Ende fand. Unaufhörlich machte Alma sich Gedanken wegen des Altersunterschieds oder, besser gesagt, wegen ihrer Differenzen, die in jedem Gespräch zutage traten. Alma fühlte sich mehr und mehr eingeengt.

»Es ist nicht mehr so wie früher«, schrieb sie. »Er will mich von Grund auf ändern. Ich kann mich ändern, solange ich in seiner Nähe bin, aber wenn ich allein bin, meldet sich wieder mein zweites Ich, das unwürdig und schlecht ist. Es will sich durchsetzen, und ich muß nachgeben. Die Frivolität blitzt aus meinen Augen, und aus meinem Mund kommen nichts als Lügen. Er spürt es, jetzt erst wird es ihm bewußt. Ich weiß, daß ich jetzt versuchen muß, zu ihm emporzusteigen.«

Emporsteigen: Diese trügerische Vorstellung beherrschte sie. Auch wenn sie seine Musik verachtete, so ahnte sie doch die Größe, innere Kraft und Entschlossenheit Mahlers, dessen tyrannisches Gebaren letztlich nichts anderes war als der Ausdruck seines unbedingten Strebens nach dem Absoluten. So gesehen hatte Alma, der es an Verehrern nun wahrlich nicht mangelte, eine gute Wahl getroffen. Ihre Entscheidung für Mahler zeigte vor allem eines: Ihren untrüglichen Sinn für Qualität, bei Menschen ebenso wie bei Dingen. Aber damals schrieb sie auch:

»Von nun an muß ich mit allen Mitteln kämpfen, um den Platz zu behaupten, der mir zusteht. Ich meine in künstlerischer Hinsicht. Er hält überhaupt nichts von meiner Kunst und sehr viel von seiner, und ich halte nichts vor seiner Kunst, aber sehr viel von meiner. So ist es nun einmal.«

Mit diesem Widerspruch sollte sie künftig leben. Doch man kann sich denken, daß diese ungewöhnliche Frau denkbar ungeeignet war für die Rolle, die Mahler ihr zugedacht hatte. Aus seiner Perspektive sah das wohl anders aus: Er quälte sie mit seinen Forderungen, und zugleich hoffte er, daß die Beziehung zu ihr seinem Leben, seinem Kampf und seiner Kunst einen Sinn geben würde.

5

Die Hochzeit fand am 9. März 1902 im engsten Familienkreis statt. Nur die Molls und die Rosés waren eingeladen. Sie fungierten als Trauzeugen.

Um jede öffentliche Teilnahme auszuschließen, ließ sich das Paar in der Sakristei der Karlskirche trauen. Dennoch ergriff Karl Kraus in der *Fackel* diese willkommene Gelegenheit, um über Mahler, den er nicht ausstehen konnte, sein Gift zu verspritzen. Er spöttelte über die »vorgebliche Intimität« der Zeremonie, bei der die Presse und »ein erlesener Kreis« anwesend gewesen seien. Nach der Hochzeit setzten sich die Mahlers in den Zug und fuhren nach Rußland.

Nutzen wir die Gelegenheit, an dieser Stelle etwas näher auf Karl Kraus einzugehen, dem wir noch öfter begegnen werden. Karl Kraus konnte eine Natter sein und dann wieder faszinieren. Er herrschte über Wien und übte intellektuellen Terror aus. Nach erfolglosen Versuchen als Schauspieler hatte er sich dem Journalismus zugewandt und 1899 die Zeitschrift *Die Fackel* gegründet, die in einem leuchtend roten Umschlag erschien. *Die Fackel* hatte 10 000 Abonnenten, die sich auf jede neue Nummer stürzten und sie andächtig lasen wie eine Bibel. Karl Kraus schlug und biß um sich, verleumdete und verunglimpfte seine Gegner, attakkierte sie, zerfetzte sie in der Luft und führte einen Kreuzzug gegen jede Form der Korruption und Mißwirtschaft, Schlamperei, Bestechung, Vetternwirtschaft, Amtsmißbrauch und Verschleuderung öffentlicher Gelder.

Nicht selten bekam er Schereien, wurde in Prozesse verwickelt und bezog Prügel. Auch mit Moll geriet er heftig aneinander. Bei einem Abendessen hatte er Alma vertrauliche Informationen über eine Affäre um eine Ausstellung entlockt und dann verbreitet.

Ein paar Tage später saß Alma mit ihrem Stiefvater im Café Imperial. Sie entdeckte Karl Kraus und machte Moll auf ihn aufmerksam. Der sprang auf und schrie: »Also das ist der Lump!« Kraus ergriff die Flucht. Bei anderer Gelegenheit verfolgte Alma mit größtem Vergnügen einen Verleumdungsprozeß, der für Karl Kraus mit einer Verurteilung endete.

Aber letztlich ist das nur ein untergeordneter Aspekt seines Wesens und Wirkens. Karl Kraus zog unerbittlich gegen den Verfall der Sprache zu Felde; und hierin liegt sein Verdienst.

Mit schonungsloser Härte kritisierte er den Verfall der Sprache und den daraus resultierenden Verfall des Denkens. Für ihn, den »Daumier des Wortes«, war Sprachkritik mehr als nur eine Methode, er entwickelte sie zu einer Philosophie der Reinheit und Klarheit. Er war überzeugt, daß nur eine Rückkehr zur Sprache Goethes das politische Leben von seinen Halbwahrheiten und Zweideutigkeiten befreien könne.

Entsprechend urteilte er über die Kunst: Man mußte sie von allen Manierismen befreien, mit denen sie die Secessionisten zugeschüttet hatten. In der Musik duldete er nur Schönbergs atonale Kompositionen. In der Malerei setzte er sich für Kokoschka ein, in der Architektur für Adolf Loos. Den Wiener Ästhetizismus bewertete er als romantische Flucht in eine illusionäre Welt. Reinheit, Askese, Strenge... In den langen Jahren seines Wirkens geißelte er auch den elitären Klassencharakter der »Jung-Wiener« – Arthur Schnitzler, Hermann Bahr, Hugo von Hofmannsthal, Peter Altenberg – und warf ihnen vor, daß sie sich nur um Fragen der literarischen Form und nicht um gesellschaftliche Probleme kümmerten.

Karl Kraus trat seiner Zeit als Richter entgegen und schleuderte Bannflüche gegen seine Zeitgenossen. Und selbst seine Opfer kamen nicht darum herum, seine Schriften zu lesen: Er war der König von Wien und blieb es auch jahrzehntelang, mit einer Unterbrechung: Während des Ersten Weltkriegs ließ er seine spitze

Feder in der Schublade und verfaßte statt dessen »Die letzten Tage der Menschheit«, ein Zwölfstundenstück, das fast nur aus Zeitungszitaten bestand. Nach dem Ersten Weltkrieg gab Karl Kraus *Die Fackel* wieder regelmäßig bis im Jahr 1936 heraus. Aber gegen Ende seines Lebens hörte ihm kaum jemand mehr zu, niemand regte sich mehr auf. Karl Kraus hatte seinen Einfluß verloren und starb in gewisser Weise entehrt: Der ewig streitlustige Polemiker, der eingefleischte Sozialdemokrat, der so manche Versammlung mit seinen Tiraden über Reinheit und Unbestechlichkeit begeistert hatte, wußte zu Hitler nur einen Satz: »Zu Hitler fällt mir nichts ein.«

Das war sein moralisches Ende vor dem physischen.

Zu Karl Kraus' liebsten Prügelknaben gehörten Gustav Mahler, dessen Bedeutung er gleichwohl zu schätzen wußte, Berta Zuckerkandl, »die Hebamme der Kultur«, wie er sie nannte, und Sigmund Freud. Freuds Gedanken trafen bei Kraus auf taube Ohren: »Die Psychoanalyse ist jene Krankheit, für deren Therapie sie sich hält.«

Die Uraufführung von Mahlers Zweiter Symphonie kritisierte er vernichtend, obwohl er ihr gar nicht beigewohnt hatte. Im Herbst 1901 attackierte er Mahlers Leitung der Hofoper, prangerte die »skandalösen Zustände an der Hofoper« an und beklagte den »unvorstellbaren Niedergang des Repertoires.«

Zum Besten, was Karl Kraus geschrieben hat, gehören Aphorismen wie der folgende: »Man lebt nicht einmal einmal.«

Aber wenden wir uns wieder Alma und Gustav Mahler zu. Sie waren nach Sankt Petersburg gereist, wo sie allem Anschein nach glückliche Flitterwochen verbrachten. Mahler dirigierte drei Konzerte und erhielt dafür nicht nur ein stattliches Honorar, sondern auch viel Beifall. Überall wurden sie freundlich aufgenommen: Der Herzog von Mecklenburg, ein Mitglied der kaiserlichen Familie, bat sie sogar zum Abendessen... Mahler erlitt zwar einen seiner schrecklichen Migräneanfälle, die ihn von Zeit zu Zeit niederwarfen, und Alma erkältete sich bei einer Spazierfahrt in einer offenen Troika, doch Mahler wirkte in seinen Briefen an Justi gelöst, und Alma war froh, daß sie ihre Schwangerschaft nicht mehr zu verbergen brauchte.

Nach ihrer Rückkehr zogen sie in die Auenbruggergasse. Justi war inzwischen ausgezogen. Der Wohnraum wurde um die leerstehende Nachbarwohnung erweitert, so daß dem Paar nun sechs Zimmer zur Verfügung standen. An Bequemlichkeit mangelte es nicht, wohl aber an Geld. Mahler verdiente zwar genug, doch mit dem Bau des Sommerhauses in Maiernigg hatte er sich hoch verschuldet. Er hatte sogar eine Hypothek auf den Teil des elterlichen Erbes aufgenommen, der für die Mitgift seiner Schwestern zur Seite gelegt worden war. Justi war keine sparsame Hausfrau gewesen und hatte es nie verstanden, den Lebensstandard ihres Bruders dessen Einkünften anzupassen.

Nun nahm Alma die Zügel in die Hand. Bisher hatte sie in verschwenderischer Sorglosigkeit gelebt und sich um Probleme dieser Art nie kümmern müssen. Aber sie war ein geborenes Organisationstalent. Und was vielleicht noch wichtiger war: Sie sah es als ihre eheliche Pflicht an, alle Unannehmlichkeiten des täglichen Lebens von Gustav fernzuhalten. Sie stellte also einen Haushaltsplan auf und rechnete durch, wie innerhalb von fünf Jahren die Schulden abgetragen werden konnten.

Ob sie wirklich auf so vieles verzichten mußte, wie sie später oft behauptete? Da war zum Beispiel die Einladung bei Baron Rothschild, die sie ausschlug, weil sie keinen passenden Hut besaß. Und nur selten konnte sie ihre Garderobe erneuern, obwohl sie schöne Kleider liebte und in solchen Dingen einen ausgezeichneten Geschmack bewies. Mahler hingegen bestellte seine Schuhe weiterhin beim besten englischen Schuster. Man darf getrost davon ausgehen, daß Alma jeden Pfennig umdrehen mußte, während Mahler nicht daran dachte, sich einzuschränken.

Ihr Tagesablauf hatte die Regelmäßigkeit eines Uhrwerks: Mahler stand um sieben Uhr auf, setzte sich an den Schreibtisch, wo er auch sein Frühstück einnahm, und ging gegen Viertel vor neun in die Oper. Um ein Uhr mittags kam ein Anruf aus seinem Büro: Der Meister befand sich auf dem Heimweg. Eine Viertelstunde später klingelte es am Dienstboteneingang – das Zeichen für die Köchin, die Suppe aufzutragen –, und Mahler stieg die vier Treppen zu seiner Wohnung hinauf. Oben angekommen, hetzte er durch alle Zimmer, wobei er laut die Türen hinter sich zuschlug, wusch sich die Hände und stürzte ins Eßzimmer, wo Alma ihn erwartete.

Nach dem Essen ruhte er sich kurz aus. Dann unternahm er einen Spaziergang, der ihn entweder in den Garten des Belvedere oder einmal um die ganze Ringstraße führte. Alma mußte ihn begleiten, obwohl sie schwanger war. Nur selten wagte sie es, sich zu widersetzen.

Um fünf Uhr trank er zu Hause seinen Tee, dann ging er wieder in die Oper. Auch wenn er nicht selbst dirigierte, verfolgte er jeden Abend zumindest einen Teil der Aufführung.

Abends holte Alma ihn ab. Wenn er noch zu arbeiten hatte, schickte er sie in die Direktionsloge. Viele Aufführungen sah sie nicht bis zum Schluß, weil er sie abholte, wann es ihm paßte. Seite an Seite gingen sie dann nach Hause. Nach dem Abendessen bat er sie gelegentlich, ihm etwas vorzulesen.

So also verlief das Leben von Alma Mahler.

Ab und zu traf sie sich mit den Molls, den Rosés und den Zuckerkandls. Kolo Moser entwarf kühn geschnittene Umstandskleider für sie... Bei glühender Hitze fuhr sie mit Mahler nach Krefeld, wo im Rahmen der Festspiele für zeitgenössische Musik seine Dritte Symphonie uraufgeführt wurde. Auf der Straße erregte sie in ihren »Reformkleidern« solches Aufsehen, daß jeder sich nach ihr umschaute.

Die Reise von Wien nach Krefeld war beschwerlich gewesen. Da sie kein passendes Hotelzimmer gefunden hatten, wohnten die Mahlers in einer privaten Unterkunft. Ihr Gastgeber war ein reicher Seidenfabrikant, der sie argwöhnisch beobachtete. Die Familie hielt Mahler für »einen berühmten Dirigenten, der zum Zeitvertreib eine monströse Symphonie komponiert hat« und diese jetzt seinen Mitmenschen aufdrängte. Eines Morgens stieß Mahler vor seiner Zimmertür aus Versehen einen Wassereimer um. Mit lautem Gepolter rollte der Eimer die Treppe hinunter, genau vor die Füße der Dame des Hauses. Wutentbrannt schrie sie Mahler an: »Na, Herr Mahler, an Ihrer Wiege sind die Grazien gerade auch nicht gestanden!«

In Krefeld besuchte ihn Hans Pfitzner, ein Komponist der deutschen neuromantischen Schule. Pfitzner wollte die Festspiele dazu nutzen, bei Mahler vorzusprechen und ihn zu bitten, sein jüngstes Werk, *Rose vom Liebesgarten,* in Wien aufzuführen. Als der junge Besucher kam, versteckte Mahler Alma hinter einem Vorhang im Alkoven. Er empfing Pfitzner sehr kühl, denn er hatte nicht die Absicht, *Die Rose* auf den Spielplan zu setzen. Er fand das Werk zu lang und das Libretto zu unklar. Pfitzner brachte sein Anliegen vor. Mahler machte kein Hehl aus seinem Urteil, und der enttäuschte Pfitzner wandte sich zum Gehen. Da kam Alma aus ihrem Versteck hervor und drückte ihm freundlich die Hand. Sie brachte Mahler dazu, *Die Rose* drei Jahre später doch noch aufzuführen.

Krefeld quoll über vor Kritikern, Komponisten und Dirigenten, die zu den Festspielen gekommen waren. Zum ersten Mal im Laufe seiner Karriere als Komponist erlebte Mahler einen Triumph. Er selbst war darüber nicht wenig überrascht. Das Publikum verstand und bejubelte seine Dritte Symphonie, ein Monumentalwerk, das seit sechs Jahren seiner Uraufführung geharrt hatte. Ein beispielloser Erfolg für den Komponisten Mahler.

Es gibt keinen Hinweis darauf, mit welchen Gefühlen Alma diesen Triumph aufnahm und ob sie dieses Ereignis zum Anlaß nahm, ihr Urteil über die Musik ihres Mannes auch nur im geringsten zu revidieren.

Tatsächlich weigerte sie sich zeitlebens, Mahlers Größe anzuerkennen. Wie aus allen ihren Aufzeichnungen deutlich wird, hatte Burckhard sie mit seinen Theorien beeinflußt, nach denen ein Jude niemals ein echter Künstler werden könne.

Mit Almas Antisemitismus hatte es eine besondere Bewandtnis; immerhin waren zwei ihrer Ehemänner Juden. Ihr Antisemitismus war kein durchgängiger Charakterzug, aber von Zeit zu Zeit hatte sie antisemitische Anwandlungen. So schrieb diese durchaus intelligente Frau Sätze wie: »Juden lieben keine Blumen!« Oder: »Wie alle mittelmäßigen Menschen lieben die Juden italienische Musik.« Was soll man davon halten? Dann wieder schrieb sie: »Ich könnte ohne Juden nicht leben...« Der Grund läßt sich denken. Aus irgendeinem vagen Anlaß waren die

Juden »minderwertig«. Sie fühlte sich ihnen wohltuend überlegen, umgab sie doch »der Glanz des Christentums.«

Für Mahlers Karriere stellte Krefeld einen Wendepunkt dar. Von nun an bemühten sich alle größeren deutschen Konzerthäuser um eine Aufführung der Dritten Symphonie, und auch die Musikverleger begannen ihre Haltung zu ändern.

Mahler war also bester Stimmung, als er mit Alma nach Maiernigg am Wörthersee aufbrach, um dort die Sommerferien zu verbringen, die er jedes Jahr zum Komponieren nutzte. Das Haus in Maiernigg lag an einem Hang, auf halbem Weg zwischen See und Wald. Es war ein solid gebautes, nicht besonders einladendes Landhaus mit zwei Stockwerken. Man kann es heute noch besichtigen.

Als Alma es zum ersten Mal sah, war es gerade fertig geworden. Justi hatte die Einrichtung besorgt.

Die fünf oder sechs großen Zimmer gingen hauptsächlich zum See hinaus und boten reichlich Platz. Zum Grundstück gehörte ein weitläufiger Garten und ein Stück Wald. Der Ausblick war herrlich, die Einrichtung scheußlich. Als erstes ließ Alma die kleinen Säulen entfernen, die die Wandschränke zierten. Am Waldrand hatte Mahler ein Gartenhäuschen bauen lassen, in dem er ein Klavier und ein paar Bücher untergebracht hatte. Dort komponierte er.

In seinem ersten Sommer mit Alma vollendete er die Fünfte Symphonie. Er stand jeden Morgen um sechs Uhr auf und läutete der Köchin Elisa, die ihm das Frühstück ins »Komponierhäuschen« brachte. Weil Mahler am Morgen niemand sehen wollte, mußte die Köchin dazu einen steilen Pfad nehmen, auf dem sie Mahlers Blicken verborgen blieb.

Wenn er sich zur Arbeit zurückgezogen hatte, mußte absolute Ruhe herrschen. Alma wachte darüber, daß ihn niemand störte. Sie überredete sogar die Nachbarn, ihre Hunde einzusperren.

Am frühen Nachmittag unterbrach Mahler gewöhnlich seine Arbeit und badete im See. Er war ein ausgezeichneter Schwimmer und ging selbst in eiskaltes Wasser.

Am Seeufer hatte er ein kleines Bootshaus mit zwei Umkleidekabinen errichten lassen, aus denen man über Leitern direkt ins Wasser gelangte. Das flache Dach des Bootshauses wurde als Sonnenterrasse genutzt.

Wenn er im Wasser war, pfiff er Alma zu sich. Nach dem Baden legte er sich in die Sonne, während Alma einen schattigen Platz aufsuchte – sonnengebräunte Haut gehörte damals nicht zu den modischen Attributen der Frau. Wenn sie gemeinsam zum Haus zurückgingen, begeisterte sich Mahler für jede Pflanze im Garten. Alma hingegen machte sich nichts aus der Natur.

Wenn sie das Haus betraten, hatte das Mittagessen auf dem Tisch zu stehen. Mahler vertrug nur leichte, kaum gewürzte Speisen. Alles mußte weich gekocht sein. Alma war eine raffiniertere Küche gewöhnt und betrachtete die Eßgewohnheiten ihres Mannes mit Sorge. Sie war davon überzeugt, daß fade Gerichte »nicht gut für den Magen sind.«

Nach dem Mittagessen unternahm er endlose Spaziergänge, bei denen ihn Alma selbstverständlich zu begleiten hatte. Wenn sie – immerhin im fünften Monat schwanger – zu sagen wagte, sie sei erschöpft, blieb er kurz stehen, murmelte »Ich liebe dich« und marschierte mit unvermindertem Tempo weiter. Oder aber er rührte sich nicht mehr vom Fleck, zückte ein Notizbuch und brachte einen musikalischen Einfall zu Papier, wobei er mit dem Stift den Takt schlug. Das konnte ziemlich lange dauern. Alma wartete.

Meist gingen sie am See entlang, bisweilen setzten sie auch mit einem Kahn zum anderen Ufer über.

Kurz und gut: Wenn Alma ihn nicht gerade auf einem ihrer Spaziergänge begleitete, saß sie allein zu Hause, manchmal acht Stunden am Tag. Es ist nur zu verständlich, daß sie Mitte Juli folgendes in ihr Tagebuch schrieb:

»Ich weiß nicht mehr, was ich tun soll. In meinem Inneren tobt ein furchtbarer Kampf. Ich bin dem Schmerz ausgeliefert, ich brenne darauf, ein menschliches Wesen zu finden, das an mich denkt und mir hilft, mich selbst zu finden. Ich bin nur noch Hausfrau.

Ich setze mich ans Klavier, ich sterbe fast vor Sehnsucht nach dem Klavierspielen, aber ich habe den Zugang zur Musik verloren. Meine Augen haben es verlernt. Ohne Zartgefühl hat man mich am Arm gepackt und von mir fortgezerrt. Ich brenne darauf, dorthin zurückzukehren, wo ich war. Ich habe alle meine Freunde verloren, und dafür einen gefunden, der mich nicht versteht!«

In diesem Sommer beklagte sie sich zum ersten Mal bei ihrem Mann, und Mahler, »in seiner unendlichen Güte«, dachte darüber nach, wie er ihr helfen konnte. Damit war sie fürs erste beruhigt. Dann ließ er sie jedoch wieder einen ganzen Tag lang allein, und am Abend fand er sie in Tränen aufgelöst vor. Alma notierte: »Wenn ich liebend bin, so ertrage ich alles mit der größten Leichtigkeit. Bin ich's nicht, ist's Unmöglichkeit. Wenn ich nur mein inneres Gleichgewicht wiederfände! Er soll nichts merken von meinen Kämpfen. Er hat mir gestern gesagt, daß er noch nie so leicht und anhaltend gearbeitet habe wie jetzt, und das hat mich beglückt. Aber ich habe noch nie so viel geweint, und doch besitze ich alles, was sich eine Frau nur wünschen kann.«

War Mahler viel zu sehr in seine Arbeit vertieft, um Almas bedauernswerten Zustand ernst zu nehmen? Nun, er spürte durchaus, was mit ihr los war, und komponierte für sie das kurze und zärtliche Lied *Liebst du um Schönheit*. Er legte das Manuskript in die Partitur der *Walküre*. Alma sollte es finden, wenn sie sich an den Flügel setzte.

Aber mehrere Tage vergingen, ohne daß Alma die Partitur aufschlug. Schließlich hielt er es nicht mehr aus. Er blätterte vor ihren Augen die Partitur durch, dabei fiel ihr das Blatt vor die Füße... Es war »das erste Liebeslied, das er geschrieben hat, ein Privatissimum«, ein Lied ganz für sie allein. Das Geschenk rührte Alma.

So flossen die Sommermonate in »splendid isolation« dahin, und Almas Stimmung schwankte zwischen düsterster Melancholie und Augenblicken der Euphorie, in denen sie sich mit Mahler unsagbar glücklich fühlte.

Nach ihrer Rückkehr vollendete Mahler die Fünfte Symphonie und widmete sie ihr: »Meiner liebsten Almschi, meiner tapferen und treuen Gefährtin.«

In Wien erwartete Alma wieder der streng reglementierte Tagesablauf. Aber hier hatte sie wenigstens die Molls und ein paar Freunde, gegen die Mahler nichts einzuwenden hatte. Außerdem stand die Entbindung bevor. Der Arzt hatte ihr eine schwere Geburt vorausgesagt. Ihrem Mann erzählte sie davon kein Wort. Während sie sich am 3. November 1902 über Stunden in Qualen wand, lief er wie ein Tiger in der Wohnung auf und ab. Die Wehen schienen kein Ende zu nehmen. Aber nach vielen Stunden erblickte schließlich ein kleines Mädchen das Licht der Welt! Erleichterung, Freude, Rührung... »Die Geburt war schwierig, weil das Kind in Steißlage kam«, erklärte ihm der Arzt. Daraufhin rief Mahler lachend aus: »Das ist ganz mein Kind, sie zeigt der Welt gleich das, was ihr gebührt: den Hintern!« Nach Mahlers Mutter erhielt das Kind den Namen Maria, gerufen wurde es Putzi.

Der glückliche Vater war ganz vernarrt in seine Tochter. Wenn sie kränkelte, wiegte er sie in seinen Armen und flüsterte ihr Koseworte ins Ohr. Er behandelte sie instinktiv richtig. Almas Mutterinstinkt hingegen war weniger zuverlässig. Um genau zu sein, er war gar nicht vorhanden. Putzi weckte in ihr keinerlei mütterliche Gefühle. Das Kind gab ihrem Leben nicht den Sinn, der sie aus ihrer Unzufriedenheit hätte reißen können.

Fünf Wochen nach der Geburt der kleinen Maria schrieb Alma in ihrem üblichen verworrenen Stil folgende schwermütige Sätze: »Mir ist oft, als ob man mir die Flügel beschnitten hätte. Gustav, warum hast du mich flugfrohen, farbfrohen Vogel an Dich gekettet, wo Dir doch mit einem grauen, schweren besser geholfen wäre... Ich war nun lange krank. Gallensteine. Vielleicht eine Ursache oder Folge meines inneren Unfriedens. Aber seit Tagen und Nächten webe ich wieder Musik in meinem Inneren. So laut, so eindringlich, daß ich es beim Sprechen unter den Worten fühle und in der Nacht nicht einschlafen kann...

Gustav lebt sein Leben, und ich habe auch das seine zu leben. Ich kann mich auch nicht nur mit meinem Kind beschäftigen.

Ich lerne Griechisch. Gott, wenn einem so unbarmherzig alles genommen wird!«

Sie verfiel in eine düstere, gereizte Stimmung. Zweier Sängerinnen wegen – »der Mildenburg und der Weidt« – machte sie

Gustav eine Eifersuchtsszene, obwohl dazu keinerlei Grund bestanden haben dürfte. Als er sie besänftigen wollte, wies sie ihn ab und schleuderte ihm entgegen: »Du widerst mich an!« Aber dann faßte sie sich wieder und schrieb: »Wenn ich nicht glücklich bin, so ist das nicht seine Schuld, sondern ganz allein meine.«

Es folgen seitenlang Klagen und Selbstanklagen. Über Monate hinweg verzeichnet ihr Tagebuch nur Kummer und Unglück. Was war aus der schönen, strahlenden, geistreichen Alma geworden?

Man könnte meinen, seine Musik, die sie so heftig ablehnte, habe wie Gift auf sie gewirkt. Körperlich war sie gesund, aber sie hatte ihr Selbstvertrauen und ihre Lebensfreude verloren.

Zu ihren Hauptaufgaben gehörte es nun, zusammen mit dem Zimmermädchen Poldi Mahlers Koffer zu packen, wenn er auf Reisen ging, und das war häufig der Fall. Alles mußte an seinem vertrauten Platz liegen, damit er etwa ohne langes Suchen sein Aspirin fand, wenn sich ein Migräneanfall ankündigte. In dieser Hinsicht war Alma eine mustergültige Hausfrau, die den Alltag perfekt organisierte. Natürlich nahm Mahler das als eine Selbstverständlichkeit hin und wußte ihre Qualitäten nicht zu schätzen. Aber ist das nicht ganz natürlich? Wem fällt es schon auf, wenn ein Haushalt reibungslos funktioniert? Aufmerksam wird man erst, wenn er nicht mehr funktioniert. Und das kam bei Alma nie vor.

Für ein bißchen Abwechslung sorgte im April 1903 der Besuch des Komponisten Gustave Charpentier, dessen Oper *Louise* Mahler uraufführte. Auch Richard Strauss, der in Wien zwei Konzerte dirigierte, schaute bei Mahlers herein. Die Besuche heiterten Alma ein wenig auf.

Charpentier war eine bemerkenswerte Erscheinung. Nie trennte er sich von seinem langen schwarzen Umhang, und seine Manieren ließen zu wünschen übrig: Er spuckte auf den Tisch und kaute an den Nägeln. Alma war fasziniert von ihm, dem ungezwungenen, galanten Bohémien, der nichts wirklich ernst nahm. Als er ihr in der Theaterloge die Hand aufs Knie legte, fand sie das charmant. Täglich schickte er ihr einen Blumenstrauß mit einer Karte: »Für Frau Mahler, die wunderbare Muse von Wien. Von der dankbaren Muse vom Montmartre.« Er machte ihr den

Hof, erzählte ihr aus seinem Leben und versuchte – vergebens – sie zu seinen sozialistischen Ideen zu bekehren. Zu Mahler sagte er: »Wie glücklich müssen Sie mit einem solchen Kind doch sein! Sie ist so strahlend und fröhlich; der Frühling, der allen Künstlern so gut tut.«

Charpentiers Komplimente waren für Alma wie ein warmer Sommerregen.

Das Ehepaar Strauss kam zum Abendessen in die Auenbruggergasse. Strauss sprach von der Gründung einer Autorengesellschaft, für die er auch Mahler gewinnen wollte. Pauline benahm sich natürlich wieder unausstehlich. Irgendwann hatte Strauss genug von ihr und zog Mahler in ein angrenzendes Zimmer, wo sie ihre Ruhe hatten. Pauline erzählte Alma nun lang und breit, was sie an Strauss auszusetzen hatte: Er rede nicht mit ihr, er gebe ihr nie genug Geld, nach der Arbeit gehe er regelmäßig zum Skat. Oh, wie schwer sei doch das Leben an der Seite eines Genies! Dann brach sie in Tränen aus. Alma ging zu den Männern. Und worüber sprachen die? Sie stritten über Mommsens *Römische Geschichte*. Alma holte sie ins Wohnzimmer zurück, und nun nahm die Unterhaltung eine Wendung ins Surrealistische: Das Gespräch über Beethoven wurde immer wieder von Pauline unterbrochen, die sich nach dem besten Wiener Friseur erkundigte und wissen wollte, wo man gute Unterwäsche kaufen könne.

Pauline war ein Phänomen. Eines Tages wollte Alma sie besuchen und traf sie im Bett an. Plötzlich kam Strauss herein und überreichte seiner Gattin einen Brillantring mit den Worten: »Da hab' i dein Ring, und jetzt stehst auf, Pauksl!«

An jenem Abend in der Auenbruggergasse muß Pauline Alma wie die beängstigende Karikatur ihrer eigenen Situation vorgekommen sein: die unterdrückte Ehefrau eines Genies. Doch wenigstens war das Ehepaar Strauss unterhaltsam.

In der Konzertsaison war Mahler häufig auf Reisen. Seit seinem Erfolg in Krefeld brauchte er sich nicht mehr um Engagements zu bemühen. Wenn er sich bereit erklärte, ein Konzert zu dirigieren, konnte er verlangen, daß eines seiner Werke mit auf das Programm gesetzt wurde – als Ersatz für eine höhere Vergütung.

Wenn er unterwegs war, schrieb er Alma täglich einen Brief. Aber es waren recht seltsame Briefe, die seine angsterfüllte junge Frau erreichten. Und sie versuchte, ihm das zu schreiben, was sie ihm nicht sagen konnte, wenn sie zusammen waren. Zum Beispiel erreichte sie folgender Brief:

Lemberg, den 2. April 1903
»Es scheint, daß Du aus meinem Beispiel wenig gelernt hast. Was willst Du denn mit Paulsen [ein Philosoph] und all den anderen Propheten, wenn Du Dich immer wieder in Belanglosigkeiten verlierst? Unabhängigkeit ist nur ein leeres Wort, wenn man keine innere Freiheit besitzt. Aber dahin gelangt man nur aus eigener Kraft. Hab mich doch ein bißchen lieb und denk darüber nach, wie Du Dich bilden kannst...«

Und einige Tage später:
»...Man muß immer das Beste aus allem machen und bei allen Anflügen von Melancholie stets an die wirklichen Wunden der Welt denken. Wenn ich das nicht genau so machen würde, müßte ich tagein, tagaus weinen und jammern und würde mager wie ein Hering nach Hause kommen. Es ist für mich alles andere als ein Vergnügen, so in der Welt herumzureisen, um ein paar Heller zu verdienen, ohne daß zu wissen, wo ich mich aufwärmen kann...«

Mahler verstand Almas Stimmungen offensichtlich nicht und war hilflos. Er liebte sie doch, was konnte sie mehr wollen?

Im Sommer arbeitete er in Maiernigg am ersten Satz der Sechsten Symphonie. An einem Vormittag kam er aus seinem Häuschen zurück und sagte zu Alma: »In einem Thema habe ich versucht, dich darzustellen. Ich weiß nicht, ob es mir gelungen ist, aber ich denke, du kannst damit zufrieden sein.«

Nach der Interpretation von Henry de La Grange erscheint sie »als aufsteigendes Motiv in F-Dur, ungestüm und eigenwillig, das dem ersten Satz an dieser Stelle einen gesunden und optimistischen Zug verleiht«. Aber die Rolle einer Muse half ihr nicht über den Abgrund der Angst hinweg. Und selbst wieder zu komponieren, hatte sie immer noch nicht gewagt.

Sie litt unter quälenden Alpträumen wie dem folgenden: »Eine große grüne Schlange schwingt sich in mich hinein, ich zerre sie an ihrem Schwanze – sie will nicht heraus – ich läute der Dienerin – sie reißt gewaltig an – auf einmal hat sie das Tier – es sinkt heraus – im Maul meine ganzen inneren Organe – ich bin nun hohl und leer, wie ein Schiffswrack.«

Alma ging es nicht gut. Ganz und gar nicht gut.

Hätte sie doch Doktor Freud davon erzählt! Aber nicht sie, sondern Mahler konsultierte Freud. Später... Als er es mit Alma nicht mehr aushielt.

Zunächst einmal war sie wieder schwanger. Mahler reiste ohne sie nach Amsterdam, anschließend ins Rheinland. Und sie begehrte auf:

»Ich muß ein neues Leben anfangen, dieses Leben kann ich nicht mehr ertragen. Von Stunde zu Stunde werde ich unzufriedener. Ich vegetiere vor mich hin. Ich muß wieder lesen, etwas lernen.

Ich muß meine Klavierstunden wieder aufnehmen! Ich will wieder ein geistiges Innenleben führen, wie ehedem. Es ist ein Unglück für mich, daß ich keine Freunde mehr habe. Aber Gustav will niemanden sehen.

Wieviel erlebte ich früher! Wie schleicht mein Leben jetzt dahin! Ich brauche Anregungen. Wenn Hans Pfitzner doch in Wien lebte! Wenn ich mit Zemlinsky verkehren dürfte! Auch Schönberg als Musiker interessiert mich. Ich habe viel nachgedacht. Es muß anders werden.«

Und es wurde anders, wenigstens ein bißchen. Zemlinsky und Schönberg hatten beschlossen, nach dem Vorbild der *Secession* eine Vereinigung von Musikern zu gründen – ein löbliches Vorhaben, zu dessen Verwirklichung sie die Unterstützung etablierter Künstler brauchten.

Sie sprachen bei Gustav Mahler vor, der sich schließlich bereit erklärte, den Ehrenvorsitz zu übernehmen. Diese Unterredung war noch in anderer Hinsicht von Bedeutung: Der Bann, den Mahler über Zemlinsky verhängt hatte, war aufgehoben. Zemlinsky und Schönberg gingen künftig in der Auenbruggergasse aus und ein. Alma hatte wieder Menschen um sich.

Auch an Burckhard trat sie wieder heran – mit der Bitte, ab und zu ein Abendesssen mit einem Kreis von Literaten zu organisieren. Hatte Mahler nun endlich begriffen, daß Alma auf Dauer nicht so isoliert leben konnte, wie er bisher von ihr verlangt hatte? Jedenfalls war er einverstanden. Manches dieser Treffen nahm einen unerfreulichen Verlauf. So etwa ein Abend mit Hermann Bahr, einem der rührigsten Intellektuellen in Wien. Mahler verbreitete dabei »eine unerträglich bedrückende Atmosphäre um sich, eine Art Beklemmung«. Andererseits lernten die Mahlers bei Burckhard Gerhart Hauptmann kennen, den bekanntesten deutschen Dramatiker der Epoche. Mit Hauptmann und seiner Frau verband sie bald eine freundschaftliche Beziehung.

Alma konnte eine Zeitlang aufatmen. Im Juni – sie kam gerade aus dem Theater, wo sie ein Stück von Hauptmann gesehen hatte – setzten plötzlich die Wehen ein.

Sie rief ihrem Mann zu, er solle die Hebamme verständigen. Während sie warteten, versuchte er, ihre Schmerzen zu lindern, indem er ihr mit lauter Stimme Kant vorlas.

Die Geduld, mit der Alma immer wieder das unmögliche Betragen des großen Mannes ertrug, war wirklich bewundernswert. Sie machte ihm diesbezüglich nie Vorwürfe, selbst dann nicht, wenn sie unter den Folgen seiner Gedankenlosigkeit und Verdrehtheit zu leiden hatte. In ihren Augen gehörte sein exzentrisches Benehmen untrennbar zu seiner Größe, die sie alles in allem respektierte.

Was sie hingegen nicht ertrug, waren die vielfältigen Entbehrungen, die er ihr auferlegte. Sie durfte nicht komponieren, nicht mit Männern flirten, kurzum: Mahler ließ ihr nichts, woran sie ihre Macht und ihre Kraft hätte erproben können.

Doch in jener Nacht zerrte er mit Kant furchtbar an ihren Nerven. Sie flehte ihn an, sie mit ihren Schmerzen alleine zu lassen. Gegen Mittag des nächsten Tages brachte sie eine kleine Tochter zur Welt. Nach Anna Moll erhielt sie den Namen Anna. Am

Abend wurde die erschöpfte Alma plötzlich aus dem Schlaf gerissen: Ein riesiger Hirschkäfer baumelte vor ihrem Gesicht. Mahler hielt ihn an einem Bein fest.

»Du hast doch alle Tiere so gern«, sagte er. »Den hab ich dir gefangen.«

Zum Glück reiste er bald darauf nach Maiernigg ab. Alma mußte noch drei Wochen das Bett hüten. Sie benötigte dringend Ruhe. Sie blieb dann sogar noch länger in Wien, weil sich Komplikationen einstellten. Unter anderem hatte sie vom Stillen eine Milchdrüsenentzündung bekommen.

War Almas Abwesenheit der Grund dafür, daß Mahler in Maiernigg nicht arbeiten konnte?

»Die Tage verstreichen und ich bringe nichts zu Papier«, schrieb er ihr zwischen genauen Anweisungen, was sie zu tun habe, um schnell wieder auf die Beine zu kommen.

Er machte eine schöpferische Krise durch, und das beunruhigte ihn.

Schließlich folgte ihm Alma mit ihrer Mutter und den beiden Kindern nach Maiernigg. Die neugeborene Anna war bezaubernd. Mit ihren großen blauen Augen schaute sie so interessiert in die Welt, daß alle sie *Gucki* nannten. Und Mahler setzte sich mit Feuereifer an den Schreibtisch. Die Krise war vorüber.

Die Sommermonate verliefen harmonisch. Allerdings fand es Alma schwer erträglich, daß Gustav ausgerechnet jetzt, wo er zwei höchst lebendige Töchter um sich hatte, neue *Kindertotenlieder* komponierte. Anna Moll beschwichtigte, sobald sich Unstimmigkeiten regten. Außerdem kam Besuch: Bruno Walter und Erika Conrat, die Tochter eines Wiener Unternehmers, verbrachten ein paar schöne Tage in Maiernigg.

Dem Besuch zuliebe zeigte sich Mahler etwas geselliger als sonst und willigte sogar ein, mit dem Boot zum Teetrinken zu fahren.

»Die Fahrt und der Nachmittagstee waren für mich die reinste Qual«, schrieb Erika Conrat. »Diese schöne junge Frau und dieser berühmte Mann! Auf der Rückfahrt setzte ich mich Alma gegenüber. Ihr Haar leuchtete in der Abendsonne. Sie sah aus wie ein prachtvolles wildes Tier. Wie schön, daß diese beiden sich gefunden haben!«

Alma schrieb in diesem Sommer wenig, und das war ein gutes Zeichen. Später jedoch erinnerte sie sich an jene Tage in Maiernigg: Aus unerfindlichen Gründen hatte Mahler beschlossen, künftig im obersten Stock des Hauses und nicht in seinem »Komponierhäusl« zu arbeiten. Also mußte im ganzen Haus absolute Ruhe herrschen. Die Kinder wurden in ein Zimmer gesperrt, und der Köchin schärfte man ein, sich nur auf Zehenspitzen zu bewegen. »Ich habe nicht mehr Klavier gespielt, nicht mehr gesungen, ich habe mich überhaupt nicht mehr gerührt ... Ich hatte meine Existenz und meinen eigenen Willen komplett aufgegeben, auch wenn es mir unendlich schwer gefallen ist.«

Als sie später an diese Sommertage zurückdachte, notierte sie:
»Denn ich blieb ein Mädchen neben ihm, trotz Kindern und ewigen Schwangerschaften. Aber er sah nur mehr den Kameraden, die Mutter der Kinder, die Hausfrau, und sollte es zu spät erfahren, was er verloren hatte! Diese genialen Karnivoren, die meinen, Vegetarier zu sein!«

Hat sie ihn wirklich geliebt, diesen genialen Karnivoren? Mit Sicherheit, genauso wie sie ihn gehaßt hat!

Im Sommer 1904 vollendete Mahler seine Sechste Symphonie. Er wollte sie Alma in seinem Häuschen vorspielen. Und zum ersten Mal empfand sie etwas bei seiner Musik. Ihre Augen standen voll Tränen.

Im September kehrten sie nach Wien zurück, und eine Nachricht versetzte Alma einen Schock: Klimt heiratete.

»Klimt heiratet! Meine Jugend ist vorbei. Mama hat es mir gestern gesagt. Ich bin ganz ruhig geblieben. Ich gönne ihnen das Glück, das heißt, ein bißchen eifersüchtig bin ich schon. Er stand mir so nahe. Ihm gehört meine ganze Dankbarkeit, weil ich durch ihn wach geworden bin. Was sie betrifft [die Schneiderin Emilie Flöge]: Sie ist ohne Fehl und Tadel. Schönheit und Charme, es ist alles da. Doch sonst ist sie ein Nichts.*

---

* Die Heirat kam jedoch nicht zustande. (A.d.Ü.)

Dagegen ist bei mir nichts verwelkt, weder mein Gesicht, noch mein Geist, noch meine Begabung. Ich habe die Erkenntnis gewonnen, daß ich nicht glücklich, nicht unglücklich bin. Es ist mir auf einmal zum Bewußtsein gekommen, daß ich nur ein Scheinleben führe. Meine innere Unterdrücktheit ist groß: Mein Schiff ist im Hafen. Aber leck.«

Alma war 25 Jahre alt.

Ihre Ehe befand sich in einer tiefen Krise. Gustav Mahler verlor allmählich die Geduld mit seiner launischen Frau.

»Weil Deine Blütenträume sich nicht erfüllt haben?« fragte er sie sarkastisch. Sie schwankte zwischen Selbstvorwürfen und einem unbestimmten Groll. »...Gestern haben wir von der Vergangenheit gesprochen. Ich habe ihm gesagt, daß ich in der Zeit, als wir uns kennenlernten, seinen Geruch abstoßend fand. Er hat mir geantwortet: ›Das ist der Schlüssel zu vielem. Du hast gegen Deine Natur gehandelt.‹ Nur ich wußte, wie recht er hatte.«

Ein merkwürdiges Gespräch für Eheleute! Für ständigen Konfliktstoff sorgten auch die finanziellen Einschränkungen, die Alma beschlossen hatte. In Abwandlung der Worte, die Weber einem seiner Helden in den Mund legt, sang Mahler: »Ich vertraue auf Gott und auf Dich, daß Du unsere Schulden von uns abwenden mögest!« Aber bis dahin schlug sie weiterhin Einladungen aus, weil sie nichts Passendes zum Anziehen hatte, und er ärgerte sich, weil er jeden Heller umdrehen mußte.

Wann fing sie zu trinken an? Genau läßt sich das nicht sagen. Ihren Freunden fiel lediglich auf, daß sie bei Einladungen übermäßig viel Wein hinunterstürzte und dann völlig überdreht war. Erst einige Jahre später zeigte sich das volle Ausmaß ihres Alkoholmißbrauchs. Freilich, in der Öffentlichkeit sah man sie nie betrunken, höchstens ein bißchen beschwipst. Anscheinend hatte sie schon früh versucht, mit Alkohol ihre Ängste zu betäuben.

Im Winter 1905 gab sich Mahler redlich Mühe, ein wenig Abwechslung in das Leben seiner Frau zu bringen, obwohl ihn die Arbeit an der Oper und die Reisen sehr in Anspruch nahmen. Manchmal trällerte er eine Strophe aus einer Oper vor sich hin: »O selig, o selig, ein Schlosser zu sein!«

Mahlers nahmen jetzt häufiger Einladungen an. Die Gastgeberinnen rühmten sich: »Sie wissen doch: Er geht nie aus!« Aber meistens langweilte er sich, und dann »führte er sich auf, als ob eine Leiche unter dem Tisch läge«, schrieb Alma. Gerade wenn er schwieg, war seine Gegenwart beklemmend.

Aber es kam auch vor, daß sie unter dem Einfluß des Weins wie ein Wasserfall redete.

Sie empfingen jetzt öfter Besuch, vor allem Gerhart Hauptmann, obwohl Mahler dessen Frau Grete nicht besonders mochte.

»Der arme Hauptmann tut mir leid«, sagte er. »Er ist viel zu gut für sie. Wenn sie meine Frau wäre, müßte sie bald klein beigeben.«

Der gute Mahler. Er selbst war es, der bald klein beigeben sollte.

Aber zunächst einmal kam Pfitzner nach Wien, der junge Komponist, den Alma bei den Krefelder Festspielen ins Herz geschlossen hatte.

Mit vereinten Kräften hatten Alma und Bruno Walter Mahler doch noch dazu überredet, Pfitzners Oper *Die Rose vom Liebesgarten* in Wien aufzuführen. In dem Gefühl, eine bedeutende Persönlichkeit zu sein, reiste Pfitzner zu den Proben an – ein eigensinniger, unruhiger und eitler Charakter. Mahlers Musik fand er »zutiefst unsympathisch«, dessen Frau hingegen ganz bezaubernd.

Während der Proben für *Die Rose* packte ihn die Unternehmungslust. Als er einen Abend allein mit Alma verbrachte, hüpfte er aufgeregt wie ein Floh um sie herum, faßte sie bei den Schultern, küßte ihre Hände und strich über ihre Brüste. Sie wies ihn ab, wenn auch halbherzig. In ihr Tagebuch schrieb sie: »Natürlich schmeichelt es mir, daß dieser Mensch mich so sichtbar liebt, und ich wehre mich bei seinen Berührungen auch nicht des prikkelnden Reizes, den ich so lange nicht gefühlt hatte...«

Alma war eben eine Frau!

Mahler reagierte eifersüchtig. Er war »zugeknöpft und mürrisch. Er sagte, ich stehe immer auf seiten der anderen. Und er hat recht. Innerlich sind wir uns heute fremd. Er kam zu mir ins Bett. Wir verstanden beide nicht recht, warum es so gekommen war. Er sagte: ›Lies die *Kreutzersonate!*‹« Bekanntlich erdolcht darin ein betrogener Ehemann seine Frau.

In seiner Eifersucht benahm sich Mahler höchst merkwürdig: Wiederholt lud er Pfitzner ein, ging dann aber weg, um ihn mit Alma allein zu lassen. Wollte er ihr einen Liebhaber zuführen? Wollte er die Katastrophe heraufbeschwören?

Am 1. Mai kam es zu einem seltsamen Vorfall. Während Mahler in der Oper an der *Rose* arbeitete, verließ Pfitzner die Probe unter dem Vorwand einer dringenden Verabredung. In einem Blumenladen kaufte er eine rote Rose und machte sich auf den Weg zu Alma.

Auf der Ringstraße geriet er in den Demonstrationszug der Arbeiter, was ihn in hellste Aufregung versetzte: Das Proletariat marschierte! In der Auenbruggergasse stand ihm noch die Aufregung ins Gesicht geschrieben. Er schloß sich in Almas Zimmer ein, weil er felsenfest davon überzeugt war, daß die roten Horden ihn verfolgten.

Und dann kam Mahler. Er begriff sofort, was es mit Pfitzners dringender Verabredung auf sich hatte. Aber er war gut gelaunt und machte sich über Pfitzner lustig. Auch er war dem Demonstrationszug begegnet. Er hatte sich sogar kurz unter die Arbeiter gemischt, und sie hatten ihn brüderlich in ihrer Mitte aufgenommen! »Diesen Menschen«, sagte er, »gehört die Zukunft!«

»Und dann stritten die beiden Männer stundenlang ohne die geringste Bereitschaft zur Versöhnung, und ich stand zwischen ihnen«, kommentierte Alma.

Ohne Zweifel war Alma an jenem Tag auf Pfitzners Seite. Sie hatte nicht gerade eine soziale Ader. Mahlers Herz hingegen schlug immer links.

Im Mai reisten die Mahlers gemeinsam zu den Straßburger Festspielen, wo sie auch Richard Strauss wiedertrafen. Mahler sollte seine Fünfte Symphonie und Strauss seine *Sinfonia Dome-*

stica dirigieren. Einmal mehr benahm sich Strauss daneben. Über eine Sängerin, die etwas von Brahms vorgetragen hatte, fiel er mit folgenden Worten her: »Diese Seiltänzerbande! Soll in ›Venedig in Wien‹* singen, die Kuh, nicht in einem ernsten Konzert! Schluß wiederholen! Schluß wiederholen! Mir meine Oboisten ermüden, keiner kann mehr weiter! Aber natürlich, so ein Bonze wie der Brahms! Wenn ich so einen C-Dur-Dreiklang zum Schluß hinlegen tät', hätt' ich den gleichen Erfolg!«

Der Ehemann der Sängerin war außer sich und verlangte eine Ehrenerklärung. Die Affäre endete damit, daß ein Protokoll aufgesetzt wurde, das Alma und ihr Mann als Zeugen unterschreiben mußten.

Wesentlich erquicklichere Stunden verbrachten die Mahlers mit einer Gruppe begeisterter Musikliebhaber, die eigens aus Paris angereist waren: unter ihnen die Brüder Clemenceau, der Mathematiker und spätere Ministerpräsident Paul Painlevé sowie die beiden Generäle Picquart und Lallemand.

Picquart war eine in jeder Hinsicht bemerkenswerte Persönlichkeit. Er hatte Dokumente entdeckt, die Oberst Dreyfus entlasteten, und sich geweigert, sie wieder verschwinden zu lassen. Man hatte ihn verhaftet, eingesperrt, abgeurteilt, aus der Armee ausgeschlossen und schließlich rehabilitiert, nachdem sich Dreyfus' Unschuld herausgestellt hatte.

Picquart liebte Musik über alles und spielte Mahlers Symphonien vierhändig mit seinem Freund General Lallemand.

Im Gefängnis hatte er sich etwas geschworen: Sollte er jemals wieder freikommen, dann wollte er alle Städte bereisen, in denen sich Beethoven aufgehalten hatte; er verehrte Beethoven wie keinen anderen. Außerdem wollte er eine Aufführung von *Tristan und Isolde* besuchen, dirigiert von Gustav Mahler.

Dem zweiten Teil seines Gelübdes stellten sich unerwartete Schwierigkeiten in den Weg. 1906 besuchte er das Ehepaar Zukkerkandl in Wien. Er war glücklich, denn endlich sollte sein Wunsch

---

*Ein Unterhaltungsetablissement im Prater. (A.d.Ü.)

in Erfüllung gehen. Da erreichte Berta ein Telegramm von Georges Clemenceau: »Bitte sage Picquart, daß ich ihn soeben zum Kriegsminister ernannt habe. Er soll sofort zurückkommen.« Picquart war außer sich vor Wut. Er konnte gerade noch den ersten Akt des *Tristan* miterleben, dann mußte er eiligst zum Westbahnhof, um seinen Zug noch zu erwischen.

Picquart war ein charmanter Gesellschafter und sprach fließend deutsch. In Straßburg unternahm die kleine Gruppe Ausflüge, wandelte auf Goethes Spuren, redete über Literatur, Musik... Diese Tage bildeten einen der wenigen glücklichen Höhepunkte im sonst so tristen Alltag der Mahlers.

Richard Strauss hielt noch eine Überraschung für sie bereit. Er führte sie zu einem Straßburger Musikalienhändler, dessen Laden bis unters Dach mit Klavieren vollgestellt war. Während die Passanten neugierig ihre Nasen gegen die Scheiben drückten, sang und spielte er Passagen aus seiner dritten Oper *Salome*. Er träumte von einer Uraufführung in Wien. Die Mahlers waren wie betäubt, so fremdartig erschien ihnen diese Musik...

Am selben Abend dirigierte Mahler Beethovens Neunte Symphonie. Er hatte die Instrumentierung neu überarbeitet. »Die schönste Aufführung, die ich in meinem ganzen Leben gehört habe!« schwärmte Alma. Wenn ihr Mann keine eigenen Werke dirigierte, war sie stets bereit, Begeisterung zu zeigen. Das Publikum war hingerisssen von dieser Interpretation des Werkes, die durchaus auch ihre Kritiker fand. In Scharen strömten die Zuhörer hinter die Bühne, um Mahler persönlich zu gratulieren. Der Meister ergriff die Flucht. Picquart und Clemenceau holten ihn ein und schoben ihn in eine Kutsche. Der Abend endete ausgelassen in einem kleinen Lokal in der Altstadt.

Erfolge, Zerstreuung, interessante Gespräche: Mit den Festspielen in Straßburg durchbrach ein Sonnenstrahl die Wolken, die Almas Denken und Fühlen in letzter Zeit verdunkelt hatten.

Einen Monat später fuhr sie wieder nach Maiernigg. Gustav sollte nachkommen. In den Tagen, die sie allein mit den Kindern verbrachte, fühlte sie sich ruhig und ausgeglichen. »Ich arbeite den ganzen Tag. Ich kopiere für Gustav. Trennung macht sehend.

Ich lebe ja nur in ihm. Ich kopiere für ihn, ich spiele Klavier, um ihm zu imponieren, ich lerne griechisch, ich lese die Bücher, die er liebt... alles aus demselben Grund.

Aber kaum ist er hier, vergifte ich die meisten meiner Freuden durch Anfälle von Überempfindlichkeit. Das verdient wirklich Bestrafung!

Immer wieder bäumt es sich in mir auf, Stolz, Ehrgeiz, Ruhmsucht, statt daß ich trachte, nur ihm das Leben schön zu machen, wozu ich einzig auf der Welt bin...«

Wie man sieht, machte sich Alma über ihren Charakter keine Illusionen. Doch sie täuschte sich über die Fähigkeit eines Menschen, sich selbst zu verleugnen, ohne dabei Schaden zu nehmen, und bemühte sich aufrichtig, eine andere zu werden.

Sie schrieb ihm darüber wohl in einem Brief, denn er antwortete ihr:»Ich sehe, daß Du jetzt auf dem richtigen Weg bist...«

Doch kaum war er nach Maiernigg nachgekommen, fingen ihre Schwierigkeiten wieder an. Sie notierte:»Oft kann ich mit Gustav überhaupt nicht reden. Ich weiß nur zu gut, was er sagen wird, er braucht es gar nicht auszusprechen.«

Glücklicherweise bekamen sie in diesem Sommer viel Besuch.

Der Herbst war für Mahler ausgefüllt mit den Vorbereitungen zu einem Mozartzyklus und einem Galaabend, den der Kaiser für König Alfons XII. von Spanien veranstaltete. Auf dem Programm standen der erste Akt des *Lohengrin,* einige Szenen aus *Lakmé* und der erste Akt des Balletts *Excelsior.* Alma saß in der Direktionsloge und beobachtete betroffen die Sitten bei Hof, für sie eine völlig fremde Welt.

Obwohl alle Zuschauer bereits auf ihren Plätze saßen, mußte Mahler am Dirigentenpult warten, bis er von Fürst Montenuovo ein Zeichen erhielt, der seinerseits auf ein Zeichen des Oberzeremonienmeisters Wilhelm Nepallek wartete. Nepallek war übrigens Almas Onkel. Endlich kündigte der Oberzeremonienmeister mit seinem weißen Stab die Ankunft der Majestäten an.

»Ich hatte das Gefühl, einen Lakaien zum Manne zu haben«, sagte Alma nach dem Galaabend.

Während der gesamten Aufführung unterhielt sich der Kaiser

halblaut mit seinen Gästen... Das Galapublikum nahm die Künstler auf der Bühne und das Orchester nur beiläufig zur Kenntnis...
Alma verließ aufgebracht die Loge.
Allerdings machte Mahler dem Hof nur minimale Zugeständnisse. Alma berichtete, wie sich zum Beispiel Fürst Montenuovo einmal mit der Bitte an den Direktor der Hofoper wandte, die Sopranistin Ellen Forster-Brandt wieder zu engagieren. Ihre Stimme war zwar verbraucht, aber sie hatte eine kurze Affäre mit dem Kaiser hinter sich.
»Gut«, antwortete Mahler, »aber ich werde sie nicht auftreten lassen.«
Der Fürst ließ nicht locker und erklärte Mahler, der Kaiser habe der Sängerin dieses Engagement versprochen und werde ihre Gage aus der eigenen Schatulle bezahlen.
»So werde ich sie auftreten lassen«, sagte Mahler, »aber auf jedem Programm vermerken, ›Auf allerhöchsten Befehl Seiner Majestät des Kaisers‹.«
Mahler setzte sich durch.
In Wien kursierten unzählige Anekdoten dieser Art.
»Wenn ich mich bei ihm melden lasse«, sagte Mahler über sein Verhältnis zu Fürst Montenuovo, »weiß er genau, wie er sich zu verhalten hat, denn beim geringsten Widerstand biete ich ihm meinen Rücktritt an.«
Doch im Herbst 1906 war er den Ärger endgültig leid. Ein Großteil der Musiker warf ihm Rücksichtslosigkeit vor und haßte ihn. Von allen Seiten wurde er in nie dagewesener Schärfe attakkiert. Man kreidete ihm an, zu wenige neue Stücke aufzuführen und erinnerte ihn daran, daß er engagiert worden sei, um die Oper zu leiten und nicht um »sich im In- und Ausland für seine eigenen Werke einzusetzen.« Ein einflußreicher Musikkritiker schrieb: »Dieser Mann, der aufgrund seiner unbestreitbar genialen Begabung die Befähigung besitzt, das Opernhaus zu leiten, ist heute ein Opfer seiner Selbstgefälligkeit und nervösen Veranlagung. Die Leitung der Hofoper gebührt zu Recht einem geistig gesunden Mann und nicht einem überheblichen Künstler mit kränklicher Konstitution.«

Ein banaler Vorgang: Der Herr Direktor war nicht mehr in Mode, wie er selbst es ausdrückte. Wenigstens empfand er es so. Nach seinem Rücktritt schilderte er einem Journalisten seine Situation: »Hier war der Hof, dort die Presse, hier das Publikum, dort meine Familie und nicht zuletzt auch der Feind in meiner Brust. Das war oft sehr schlimm.«

Bei einem Konzert in Linz wurde seine Erste Symphonie so unfreundlich aufgenommen, so dümmlich kritisiert, daß er ein zweites Konzert absagte. An Alma schrieb er: »Warum muß man sich immer anpinkeln lassen? Bin ich denn ein Laternenpfahl?«

Als er nach Berlin reiste, hatte die dortige Presse nur ein Thema: seinen bevorstehenden Rücktritt. Da ihn der Kaiser engagiert hatte, konnte er nur durch Rücktritt aus dem Amt scheiden. Trotzdem beunruhigten ihn die Gerüchte.

»Es gibt also wieder einmal Leute, die mich lieber heute als morgen weg haben wollen... Ein Glück, daß wir uns wenigstens auf unsere Ersparnisse von 50 000 Gulden und die jährliche Pension von 5 000 verlassen können.«

Aus dieser Bemerkung wird deutlich, daß Almas Bemühungen von Erfolg gekrönt waren: Sie hatten keine Schulden mehr.

Nun zog auch die Wiener Presse hemmungslos über Gustav Mahler her. Nach seiner Rückkehr aus Berlin konnte er täglich Spekulationen über seinen Rücktritt lesen. Auf die Gerüchte angesprochen, versicherte Fürst Montenuovo, daß man ein Ausscheiden Mahlers noch nicht einmal in Erwägung gezogen habe.

Mahlers Position festigte sich wieder nach einer Aufführung der *Walküre,* zu der Alfred Roller, ein Secessionist, mit dem Mahler eng zusammenarbeitete, das Bühnenbild beigesteuert hatte.

Über diese *Walküre* schrieb der junge Dirigent Otto Klemperer: »Von dieser Aufführung läßt sich kaum mehr sagen, als daß sie den höchsten Grad der Perfektion erreicht hat, daß man sie mit Worten kaum beschreiben kann.«

Aber Mahler war am Ende.

In diesen bewegten Tagen schlüpfte Alma ganz in die Rolle der Kameradin, der einfühlsamen Partnerin, die in einer schweren

Zeit fest zu ihrem Mann steht. Schönberg war so schockiert über die Attacken der Presse gegen Mahler, daß er an Karl Kraus schrieb und ihn bat, Mahler zu verteidigen. Aber Kraus rührte keinen Finger.

Im Mai 1907 reichte Mahler seinen Rücktritt ein. Alma war nicht gerade glücklich, aber sehr erleichtert. Sie stürzte zum Telephon, um Berta Zuckerkandl die Neuigkeit zu unterbreiten. Und von dieser Stunde an machte sie ihren ganzen Einfluß geltend, um Gustavs Zukunftspläne zu beeinflussen. Sie hoffte, daß er aus der Fülle der Angebote, die seit Bekanntwerden seines Rücktritts ins Haus geflattert waren, das der Metropolitan Opera in New York annehmen würde.

Natürlich brachte Mahlers Rücktritt Turbulenzen mit sich. Das Publikum spaltete sich in zwei Parteien, die öffentlich für oder gegen ihn Stellung bezogen. Eine Gruppe von Künstlern und Intellektuellen überreichte Mahler eine *Dankadresse;* zu den Unterzeichnern gehörten Klimt, Schnitzler, Hofmannsthal, Stefan Zweig und Max Burckhard. Fürst Montenuovo setzte alles daran, den Direktor der Hofoper zum Bleiben zu bewegen, weil er keinen ebenbürtigen Nachfolger fand. Die größte Wiener Tageszeitung, die *Neue Freie Presse,* unterstützte die Bemühungen, Mahler zu halten, doch es war zu spät. Die Dinge hatten einen Punkt erreicht, von dem es kein Zurück mehr gab.

»Ich gehe, weil ich das Gesindel nicht mehr aushalten kann«, schrieb Mahler in einem Brief an seinen alten Freund, den Physiker Arnold Berliner. Hinzu kam, daß die Einkünfte, die man ihm in New York in Aussicht stellte, das, was er als Direktor der Hofoper verdient hatte, um ein Vielfaches überstiegen. Laut Vertrag sollte er ab November 1907 vier Jahre lang jährlich drei Monate an der Metropolitan Opera arbeiten. Da ihnen bis zum November noch einige Monate Zeit blieben, reisten die Mahlers erst einmal nach Maiernigg.

Und dort ereignete sich Ende Juni die Tragödie. Die ältere Tochter, die vierjährige Putzi, wurde krank. Diphterie. Einen Impfstoff gegen Diphterie gab es noch nicht. Die Erkrankung kam einem Todesurteil gleich. Putzi litt und kämpfte vierzehn schreckliche Tage lang. Eines Abends drohte sie zu ersticken. Der Arzt beschloß, ihr durch einen Kehlkopfschnitt Erleichterung zu verschaffen. Er führte die Operation an Ort und Stelle durch. Vierundzwanzig Stunden später war Putzi tot.

Alma nahm ihr totes Kind in die Arme und legte es in ihr Bett. Dann brach sie vor dem Bett zusammen. Sie war mit den Kräften am Ende. Mahler wurde von Weinkrämpfen geschüttelt und irrte ziellos durchs Haus. Schließlich stürzten sie zum Telephon, um Anna Moll zu verständigen. Anna kam, so schnell sie konnte, und fand die beiden in tiefster Verzweiflung vor. Die Nacht verbrachten die drei in einem Zimmer. Keiner konnte das Alleinsein ertragen.

Für Mahler war der Tod des Kindes eine Tragödie. Mit ihren schwarzen Locken und ihrem eigenwilligen Charakter war Putzi ganz dem Vater nachgeschlagen. Alma schrieb über die Beziehung zwischen Vater und Tochter: »Jeden Morgen ging unser älteres Kind in Mahlers Arbeitszimmer. Dort sprachen sie lange miteinander. Niemand weiß, was. Ich störte die beiden nie. Wir hatten eine penible Engländerin, die das Kind immer rein und wohlgepflegt an die Zimmertüre brachte. Nach langem kam Mahler, das Kind an der Hand, zurück. Meistens war sie dann von oben bis unten mit Marmelade angepatzt, und ich mußte nun erst die Engländerin beruhigen. Aber beide kamen so verbunden und befriedigt von ihren Gesprächen an, daß ich meine heimliche Freude daran hatte. Es war ganz sein Kind. Wunderschön und trotzig, unzugänglich zugleich, versprach es gefährlich zu werden. Schwarze Locken, große blaue Augen! War es ihr nicht vergönnt, lange zu leben, so war sie doch ausersehen, ein paar Jahre seine Freude gewesen zu sein, und das ist Ewigkeitswert an sich.«

Als zwei Tage später der kleine Sarg abgeholt wurde, erlitt Anna einen Schwächeanfall, Alma wurde ohnmächtig. Der Arzt untersuchte sie und verordnete Bettruhe. »Gehn's, Doktor, wollen Sie mich nicht auch untersuchen?« wandte sich Mahler an den Arzt. »Meine Frau hat immer Angst wegen meinem Herzen...«

Doktor Blumenthal kniete sich hin und untersuchte Mahler, der auf einem Sofa lag. Nachdem er sich wieder aufgerichtet hatte, sagte er mit besorgter Miene zu Mahler: »Na, auf dieses Herz brauchen Sie aber nicht stolz zu sein!«

Eine genauere Diagnose stellte er nicht. Alma und Gustav berieten sich mit Anna Moll. Und wenn der Arzt sich irrte? Oder einfach nur übertrieb? Sie beschlossen, so schnell wie möglich eine weitere Meinung einzuholen und Doktor Kovacs zu konsultieren, der Alma behandelt hatte. Danach wollten sie Maiernigg sofort verlassen, unabhängig vom Ergebnis der Untersuchung. Nach allem, was sie dort durchgemacht hatten, war ihnen der Anblick des Hauses unerträglich.

Man vereinbarte einen Termin mit Doktor Kovacs. Mahler fuhr allein nach Wien zurück und suchte ihn auf. Telegraphisch teilte er Alma die Diagnose mit: beidseitige Verengung der Mitralklappenöffnung. Aufgrund dieses Befundes hatte ihm der Arzt ab sofort jede körperliche Anstrengung verboten.

Für Mahler war das ein schwerer Schlag. Er liebte Spaziergänge, war ein begeisterter Schwimmer und ein geradezu fanatischer Radfahrer. Doch von nun an hatte er Angst vor jeder Bewegung, vor jedem Schritt.

Heute geht die Forschung davon aus, daß Mahler an Rheumatischem Fieber litt – Folge eines Streptokokkeninfekts, wahrscheinlich einer schweren Angina in seiner Kindheit. Aber damals steckte die Kardiologie noch in den Anfängen.

Erst der Tod der geliebten Putzi, dann das Gespenst des eigenen Todes und schließlich das Verbot jeder Form körperlicher Betätigung: Als Mahler mit Alma, Gucki und dem Kindermädchen Kärnten verließ, war er ein gebrochener Mann.

An dieser Stelle sei noch eingefügt, daß die kleine Gucki, Anna Mahler, – sie starb 1988 als alte Dame von über achtzig Jahren – den Verlust ihrer Schwester nie verwinden konnte und sich an ihrem Tod schuldig fühlte. So wenig es dafür einen Grund gab, so schwer war es für sie, damit weiterzuleben.

Mahler untersagte Alma, Trauerkleider zu tragen, denn er »hatte es sich verboten, daß ich etwas für die Herren Nachbarn tun solle.« Er sprach mit niemandem über Putzi.

Bruno Walter schrieb nach einer Begegnung mit Alma und

Gustav Mahler an seine Eltern: »... er ist vollkommen am Ende. Sie scheint es besser zu ertragen, tränenreich und schicksalsergeben.«

Brachte die Tragödie die Eheleute einander näher? Keineswegs. Insgeheim machte Mahler seiner Frau Vorwürfe, ohne diese jedoch auszusprechen. Aber vorübergehend vergaß Alma die anderen, vielschichtigen Gründe für ihre Verzweiflung.

Das Anwesen in Maiernigg wurde verkauft. Mahler erfüllte noch einige vertragliche Verpflichtungen und ging auf Konzertreise. Und dann kam der Tag, an dem sie Wien verlassen und nach New York ziehen sollten. Sein letzter Besuch galt den Zuckerkandls. Der Abschied fiel ihm schwer. Sie waren die einzigen Freunde, und er hätte sie am liebsten mitgenommen.

»Ich nehme ja meine Heimat mit mir«, sagte er ihnen. »Meine Alma, mein Kind. Und erst jetzt, da die schwere Arbeitslast von mir abfällt, weiß ich, was fortan meine schönste Aufgabe sein wird. Alma hat mir zehn Jahre ihrer Jugend geopfert. Niemand weiß und kann es je wissen, mit welcher absoluten Selbstlosigkeit sie ihr Leben mir, meinem Werk untergeordnet hat. Leichten Herzens ziehe ich mit ihr meinen Weg.«

Zur Überraschung der beiden fanden sich zum Abschied zahlreiche Menschen auf dem Westbahnhof ein, unter ihnen Schönberg, Alban Berg, Klimt und Webern, der alles organisiert hatte.

In Paris wurden sie von ihren französischen Freunden, den Clemenceaus, begrüßt. Und es gab ein Wiedersehen mit dem jungen russischen Pianisten Ossip Gabrilowitsch, den sie aus Sankt Petersburg kannten. »Er sieht aus wie ein Kischinever Jude nach einem Pogrom«, hatte Emil Zuckerkandl über Gabrilowitsch gesagt. Alles in seinem Gesicht stand schief. Er war ein glühender Bewunderer Mahlers, und natürlich erlag er in kürzester Zeit Almas fatalem Charme.

Einige Tage nach ihrer Ankunft in Paris kam er auf einen Besuch in die Hotelsuite der Familie. Gustav war nicht da, und Gabrilowitsch, außerstande, seine Gefühle länger für sich zu behalten, machte Alma eine recht ungewöhnliche Liebeserklärung:

»Ich muß Ihnen ein furchtbares Geständnis machen. Ich bin

dabei, mich Hals über Kopf in Sie zu verlieben. Schützen Sie mich vor mir selbst! Ich verehre Mahler, und ich möchte ihm auf keinen Fall wehtun.«

Und wie reagierte Alma?

»Also war ich doch liebenswert, nicht alt, nicht häßlich, wie ich mich damals sah! Er tastete im Finstern nach meiner Hand, das Licht zuckte auf, Mahler stand im Zimmer, voll Liebe und Güte, und der Spuk war verflogen. Mir aber half diese Szene eine Zeitlang über manchen Anfall von Kleinheitswahn hinweg.«

Was konnte dem Selbstbewußtsein förderlicher sein als das Gefühl, von einem Mann begehrt zu werden? Nach fünf Jahren an Mahlers Seite brauchte sie so etwas.

Ossip kreuzte später noch einmal ihren Weg. Aber nicht er, sondern ein anderer Mann war der Grund für Mahlers Leiden und Almas wundersame Genesung aus ihrer psychischen Krise, um nicht zu sagen: ihre Wiederauferstehung.

Doch zunächst war Alma noch voller Bewunderung für ihren schwierigen Ehemann, auch wenn sie sich über ihn ärgerte. Er verließ sich auf sie in allen Fragen des täglichen Lebens, und nicht nur das. Die junge Frau, damals gerade fünfundzwanzig, war für ihn der perfekte Mutterersatz.

In den turbulenten Wochen vor der Abreise hatte Alma keine Zeit für Selbstanklagen und Grübeleien über den Sinn des Lebens, die so viele Seiten in ihrem Tagebuch füllten. Als sie in Cherbourg an Bord gingen, war sie froh, aus Wien fortzukommen. Sie war aufgeregt und neugierig auf New York. Voller Optimismus begleitete sie ihren genialen Mann über den Atlantik. Er wurde seekrank, sie nicht.

6

Ob 1907 oder heute: Die Ankunft in New York mit dem Schiff – die Mahlers kamen mit der *Augusta Victoria* – ist immer überwältigend. Doch für touristische Freuden blieb wenig Zeit. Schon bald waren Gustavs Tage mit den Proben an der Metropolitan Opera ausgefüllt. Für sein Debüt hatte er Wagners *Tristan und Isolde* gewählt.

Und Alma war wieder allein. Schrecklich allein. So vergnüglich es auch war, Streifzüge durch Manhattan zu unternehmen, bald hatte sie genug davon. Außerdem sprach sie kein Wort Englisch; für Fremdsprachen besaß sie kein Talent. Und die kleine Gucki hatte sie in der Obhut ihrer Großmutter gelassen. Womit sollte sie also die endlosen Tage ausfüllen?

Die Mahlers wohnten in dem vornehmen Hotel Majestic, lebten aber völlig zurückgezogen. Gustav vermied jede körperliche Anstrengung und blieb morgens sehr lange im Bett. Die Mahlzeiten nahmen sie auf ihrem Zimmer ein. Die Rezeption stellte keine Telefongespräche zu ihnen durch, weil Gustav nicht die geringste Störung duldete.

Er hatte sich sehr verändert. Er war umgänglicher geworden, auch wenn er nach wie vor auf den Tisch trommelte, wie ein Wildschwein mit den Füßen scharrte und durch rücksichtslose Äußerungen manch peinlichen Zwischenfall verursachte.

Wie häufig in solchen Fällen hatte der Tod des geliebten Kindes auch Mahlers Einstellung zur Welt verändert. Im Angesicht des Todes verloren andere Dinge an Gewicht, sogar eine Aufführung des *Tristan*.

Alma hingegen glaubte in dieser klösterlichen Abgeschiedenheit zu ersticken und wurde krank. Im Grunde hatte sie eine robuste Gesundheit und starb schließlich hochbetagt, im Alter von fünfundachtzig Jahren an einer Lungenentzündung. Aber als junge Frau litt sie häufig unter mysteriösen Beschwerden, die sie selbst als Nerven- oder Herzleiden bezeichnete. Die Ärzte wußten keinen Rat. Aber bekanntlich können solche körperlichen Symptome Ausdruck dafür sein, daß der Geist rebelliert.

Diesmal war Alma allerdings wirklich krank: Sie hatte eine Fehlgeburt. Ihr psychischer Zustand verschlechterte sich dadurch noch weiter. Um Alma auf andere Gedanken zu bringen, nahm Mahler Einladungen an. Sie lernte eine Reihe von Amerikanern kennen, so etwa den Bankier Otto Kahn, einen Mäzen der Metropolitan Opera. Bei Otto Kahn trafen sie den Präsidenten der Gesellschaft für Neurologie, Dr. Fränkel, der bald zu ihren guten Freunden zählte. Später einmal hielt er sogar um Almas Hand an. Einer mehr.

Alma besuchte die Vorstellungen der Metropolitan Opera, begleitete Mahler zu einem Gastspiel nach Philadelphia und nahm Kontakt zu Wienern auf, die in New York lebten: Das Leben verlor etwas von seiner Eintönigkeit. Und seit Putzis Tod, der selbst in ihren Augen schwerer wog als ihre Angstzustände, hatte sie einen objektiven Grund zum Weinen. Er adelte sozusagen die Tränen, die sie nun vergoß.

Beide schrieben viele Briefe, vor allem an ihre Freunde in Wien. Von Heimweh ist darin nichts zu spüren, ganz im Gegenteil.

»Nach der gefühllosen Behandlung in Wien«, schrieb Mahler an seine Schwiegermutter, »überrascht es mich hier immer wieder, mit wieviel Wohlwollen und Dankbarkeit das wenige, was ich bisher leisten konnte, aufgenommen wird.

Ich führe ein Leben wie eine Primadonna. Ich fühle mich wie eine wichtige Persönlichkeit und hoffe, daß das von vielen so gefürchtete Amerika es weiterhin gut mit mir meint.«

Als Alma und Gustav nach der ersten Konzertsaison nach Europa reisten und im April 1908 in Hamburg eintrafen, bereitete ihnen der Gedanke an eine baldige Rückkehr nach New York keinerlei Unbehagen. Sie hatten Amerika inzwischen liebgewonnen.

Im Sommer 1908 komponierte Mahler das *Lied von der Erde,* sein vielleicht bedeutendstes Werk. Eigentlich handelte es sich dabei um seine »Neunte« Symphonie, aber aus Aberglauben vermied er diese Bezeichnung: Beethoven, Schubert und Bruckner waren jeweils nach ihrer Neunten Symphonie gestorben.

Nach langem Suchen hatten Alma und ihre Mutter in Toblach in Südtirol ein geräumiges Haus gefunden, wo die Familie gemeinsam die Sommermonate verbringen konnte. Der Besitzer vermietete ihnen den ersten Stock mit zehn Zimmern. Mit zwei Dienstmädchen, einem Kindermädchen und drei Klavieren zogen die Mahlers ein. Gustav bekam wieder ein »Komponierhäusl«. Das Haus lag in einer schönen Umgebung und bot einen wunderbaren Ausblick.

Über den Einzug notierte Alma folgendes:

»Köstlich war die Szene bei der Zimmerverteilung! Wir führten ihn stolz von einem Raum in den andern, und er suchte, nach vielem Hin und Her, die beiden größten und schönsten Zimmer für sich aus. Sodann wurde das größte Bett aus dem ganzen Haus aufgespürt und hineingestellt, obwohl er kleiner war als ich. Sein Egoismus war vollkommen naiv, und er wäre furchtbar erschrocken, wenn er ihn erkannt hätte. Meine Mutter und ich gingen hinter ihm drein und freuten uns seiner harmlosen Freude.

Wir ließen nun zwei Flügel und ein Pianino kommen, das in sein Gartenhaus gestellt wurde: das Arbeitszimmer. Jetzt endlich kam Ruhe über uns, die nur hie und da durch Gäste unterbrochen wurde.«

Die Gäste gaben sich buchstäblich die Türklinke in die Hand. Auch Ossip Gabrilowitsch, der junge russische Pianist, kam mit seinem Bruder zu Besuch. Natürlich war er immer noch in Alma verliebt. »Meine leerlaufenden Empfindungen verstrickten sich mit denen dieses jungen Menschen«, schrieb Alma. »Es war nur selbstverständlich, daß wir uns ein wenig verliebten. Wir wollten es nicht wahrhaben und kämpften strenge.«

Doch eines Abends war es dann soweit: Sie küßten einander im Mondschein. »Gabrilowitsch reiste nach diesem einzigen Kuß ab...«

Aber es sollte ein Wiedersehen geben. In New York.

In einer ihrer seltenen Anwandlungen von Mitleid besuchte Alma den schwer erkrankten Burckhard in St. Gilgen am Wolfgangssee. Er lebte zurückgezogen nahe seiner Villa in einem kleinen Haus, das rings von Wasser umgeben war. Er wollte keinen Menschen sehen. Alma begrüßte er mit den Worten: »Wie schlecht muß es mit mir stehen, wenn Mahler Ihnen erlaubt, zu mir zu fahren...«

Burckhard hatte Almas Geist gebildet – und verbildet. Mahler fürchtete den Einfluß dieses überzeugten Anhängers Nietzsches, der einmal erklärt hatte: »Wenn jemand Hilfe nötig hat, darf man sie ihm nicht geben. Denn dann ist er ihrer nicht würdig.« Jetzt rang Burckhard einsam mit dem Tode.

Trotz der vielen Besucher schrieb Alma über den Sommer 1908: »Dieser Sommer, voll Kummer um das verlorene Kind, voll Sorgen um Mahlers Gesundheit, war der schwerste und traurigste, den wir erlebt hatten und zusammen erleben sollten.«

Vor der Rückkehr nach Amerika mußte Mahler noch einige Konzerte dirigieren, darunter in Prag die Uraufführung seiner Siebenten Symphonie, zu der ihn Alma begleitete.

Nach wie vor war sie für die Musik ihres Mannes wenig empfänglich, und zweifellos merkte man ihr das auch an. Der Schweizer Journalist William Ritter beobachtete sie bei der Generalprobe und kam zu dem Schluß, daß die schöne Frau Mahler ihren Mann zwar »vergötterte«, doch weder sein Genie noch sein Werk verstehe. Gleichwohl »schmachtete er in Liebe zu ihr« und hatte die Symphonie »ganz und gar ihr gewidmet.«

Anschließend reiste Mahler nach München, von dort nach Hamburg. Während der Zugfahrt schrieb er an Alma: »Ich war traurig, daß ich Dich so leidend zurücklassen mußte, daß ich Dich überhaupt verlassen mußte. Diesmal war es nur wegen Deiner ›drei Tage‹, sonst hätte ich es um keinen Preis getan.«

Allem Anschein nach spielten diese monatlichen ›drei Tage‹ in Almas Leben eine große Rolle. Wir würden das heute übertrieben finden. Doch auch hier dürfte sich der Körper zum Sprachrohr der Seele gemacht haben.

Dann kam der Tag ihrer Abreise nach New York. Diesmal gingen sie in Cuxhaven an Bord. Gucki, inzwischen vier Jahre alt, und Miss Turner, ihr englisches Kindermädchen, fuhren mit nach Amerika. Auf der Barkasse, mit der sie zu dem großen Passagierdampfer übersetzten, geriet Gucki in hellste Aufregung, weil es so viel zu sehen gab. »*Don't get excited!*« beruhigte sie Miss Turner, »*don't get excited!*« Schließlich nahm Mahler Gucki auf den Arm, setzte sich mit ihr an die Reling und rief: »So und jetzt sei aufgeregt, aufgeregt sollst du sein!« Auf der anderen Seite des Ozeans erwartete sie New York.

Alles in allem verlief ihre zweite Saison in Amerika durchaus erfreulich.
    Diesmal stiegen die Mahlers im *Savoy* in der Fifth Avenue ab. Im *Savoy* wohnten eine Reihe von Künstlern der Metropolitan Opera, so auch Caruso, über den Alma schrieb, er sei »auch in menschlicher Hinsicht ein Genie« gewesen. Die Mahlers bezogen eine hübsche Suite im elften Stock. Und diesmal schotteten sie sich nicht ab!
    Mahler führte sich nicht so tyrannisch und despotisch auf wie in Wien und trat beruflichen Problemen mit mehr Gelassenheit entgegen. Die Metropolitan hatte zwei Star-Dirigenten: Mahler und Toscanini. Der heißblütige Italiener wollte das gesamte Repertoire dirigieren. Den *Tristan* hatte er Mahler bereits ›gestohlen‹. Kein Wunder also, daß Mahler und Toscanini einander nicht ausstehen konnten. Aber Mahler blieb relativ gleichmütig. Außerdem war er nicht mehr so besorgt um seine Gesundheit. Das Ehepaar Mahler stürzte sich mitten hinein ins mondäne Leben New Yorks.
    Wenn Alma später über die Saison 1908-1909 sprach, schwärmte sie immer von der amerikanischen Gastfreundschaft selbst bei alteingesessenen Familien, deren Stammbaum bis zu den Passagieren der *Mayflower* zurückreichte. Die Mahlers waren in diesen Kreisen ein paarmal zu Gast.
    »Mahler tat mit, wo es ihm Spaß machte, und es machte ihm

mehr Freude, als man annehmen konnte. Er ließ nie ein Dinner aus, die allerdings ganz anders vor sich gehen als bei uns... Um zehn Uhr ist man wieder zu Hause, ohne ermüdet zu sein, mit neuen Gesichtern und Typen beladen, die sich's nun ihrerseits nicht entgehen ließen, uns einzuladen, wodurch sich die Kette unserer Verpflichtungen ins Endlose ausbreitete.«

Kein Zweifel: Alma lebte etwas auf, und inzwischen fehlte es ihr auch nicht mehr an der passenden Garderobe. Aber im Grunde ihres Herzens...

Und da tauchte der häßliche Pianist Ossip Gabrilowitsch wieder auf. Was spielte sich zwischen ihnen ab? Allem Anschein nach nichts von Bedeutung. Der junge Mann war zutiefst aufgewühlt, aber er hatte Skrupel.

Eines Abends hatte er die Mahlers im Hotel besucht. Sie speisten zusammen. Dann zog sich Mahler ins Schlafzimmer zurück, und Alma blieb mit dem jungen Pianisten allein im Salon. Er spielte für sie das kleine Intermezzo in A-Dur von Johannes Brahms, das sie so liebte. Wieder fühlten sie sich magisch zueinander hingezogen und tauschten glühende Liebesworte aus. Aber nein, es war unmöglich, dazu hatten sie kein Recht. Und in der Musik fand die Begierde ihren sublimierten Ausdruck: Ein letztes Mal spielte er das kleine Intermezzo, als Abschiedsgruß gewissermaßen. Dann ging er.

Und auf einmal stand Mahler in der Tür. Er hatte alles mit angehört, war verletzt und quälte sie mit Fragen. Er wollte jetzt die Wahrheit wissen. Hatte Alma mit Ossip ein Verhältnis? Eine lange, hitzige Debatte entbrannte, in deren Verlauf es Alma schließlich gelang, Mahler von ihrer Unschuld zu überzeugen. Er beruhigte sich und ging zurück in sein Zimmer. Alma öffnete das Fenster im elften Stock, und während der Lärm der Straße zu ihr heraufdrang, spielte sie mit dem Gedanken, sich umzubringen... Springen, zerschmettert werden, dem Leben ein Ende machen... Die ganze Nacht stand sie am offenen Fenster.

»Doch immer wieder kommt ein Morgen, und als der milchige Nebel der New Yorker Herbstfrühe sich löste, fand ich mich wieder.«

Ein Jahr später heiratete Ossip Gabrilowitsch die Sängerin Clara Clemens, Mark Twains Tochter.

Inzwischen hatte Anna Moll Mahlers langem Drängen nachgeben und weilte zu Besuch in Amerika. Sie kam zum richtigen Zeitpunkt. Alles deutet darauf hin, daß Alma nach dem gesellschaftlichen Trubel wieder eine Fehlgeburt erlitten hatte. Mahler schrieb an Carl Moll:

»Alma ist sehr wohl – über ihren Zustand hat sie wohl selbst geschrieben. Sie ist von ihrer Last befreit. Diesmal tut es ihr aber selbst leid.«

Es sollte nicht ihre letzte Schwangerschaft bleiben, beileibe nicht. Aber die folgenden gehörten bereits zu einem anderen Leben.

Mahler selbst hatte gerade eine schwere Grippe hinter sich. Sie verließen New York, mit Komplimenten überschüttet und von der Presse gefeiert. Mahler hatte einen neuen Vertrag in der Tasche: Ein paar steinreiche und musikbesessene alte Damen hatten beschlossen, die Philharmonic Society of New York zu reorganisieren, ein ständiges Orchester zu gründen und Mahler dessen Leitung zu übertragen. Das war die Geburtsstunde der berühmten New Yorker Philharmoniker. Doch zunächst einmal reisten die Mahlers nach Paris, wo Anna und Carl Moll mit einer Überraschung auf sie warteten: Sie hatten bei Rodin eine Büste von Gustav Mahler in Auftrag gegeben.

Rodin und Mahler kannten einander nicht. Mahler war lediglich Rodins Wunsch zu Ohren gekommen, seinen Kopf zu modellieren. Die Clemenceaus hatten sich daraufhin mit Rodin in Verbindung gesetzt und einen maßvollen Preis ausgehandelt.

Alles ließ sich bestens an, doch nach neun oder zehn Sitzungen verlor Mahler die Geduld und ging, versprach aber, wiederzukommen. Sie reisten nach Wien weiter.

Es wäre zu simpel, ja sogar lächerlich, wollte man in Alma nur eine junge Frau sehen, die sich langweilte und nach Abwechslung sehnte. Wäre dem so gewesen, hätten eine glanzvolle Saison in New York und einige Vergnügungen in Paris schon völlig ausgereicht, das Problem zu lösen.

Ablenkungen taten ihr gut, gewiß, doch sie waren völlig ungeeignet, den tiefen Widerspruch, unter dem sie unvermindert litt, zu lösen: den Widerspruch zwischen dem Wunsch nach Selbstverwirklichung und dem Zwang, sich Mahlers Bedürfnissen unterzuordnen. Von Almas sexuellem Notstand ganz zu schweigen.

Wieder in Wien, schrieb sie dem befreundeten Musikwissenschaftler Guido Adler folgende Zeilen, um sich dafür zu entschuldigen, daß sie lange nichts von sich hatte hören lassen: »In dem soeben zu Ende gegangenen Jahr ist es mir sehr schlecht ergangen; ich habe eine ganze Reihe von Schmerzen durchlitten.«

Auch wenn man berücksichtigt, daß sie zu Übertreibungen neigte, sobald sie einen Stift in die Hand nahm: Aus diesen Sätzen spricht gewiß keine zufriedene Frau. Machten ihr vielleicht sogenannte Frauenleiden zu schaffen, die sich nur allzu oft in einer gedrückten Stimmung niederschlagen? Jedenfalls schickte man sie zur Kur nach Levico, unweit von Trient. Gucki und Miss Turner begleiteten sie. Mahler wurde für die Zeit in Toblach untergebracht. Seine Sorgen wuchsen, als ihn aus Levico nur kurze, traurige Briefe erreichten, die auf keinerlei Besserung in Almas Gesundheitszustand hindeuteten.

In einem Brief stellte er fest, daß die Kur in Levico »nicht geeignet ist, Deine Nervenanspannung zu beruhigen« und fügte den pathetischen Satz hinzu: »Trotz meiner inständigen Bitten und Beschwörungen habe ich nie erfahren, worin Dein Leiden eigentlich besteht!« Unschwer, sich auszumalen, wie oft er ihr in den Wochen davor immer wieder die eine Frage gestellt hatte: »Was ist denn nur mit Dir los?« Ein eheliches Thema in hundert Variationen.

Alma langweilte sich in Levico zu Tode. Mahler schickte ihr weitschweifige Briefe mit philosophisch-moralischen Betrachtungen, die sie vollends an den Rand der Depression brachten. Hatte sie sich bei ihm darüber beklagt, daß sie nicht mehr komponieren durfte? Zweifellos, denn er antwortete wie folgt: »Nun freilich sage ich nicht, daß das Schaffen überflüssig sei. Es ist dem Menschen nötig zum Wachsen und zur Freude, die auch ein

Symptom der Gesundheit und der Schaffenskraft ist. – Aber warum müssen es gerade Noten sein?«

Mit anderen Worten: Würde sich Alma auf die Malerei verlegen, hätte er nichts dagegen einzuwenden! Der Brief diente nur dem einen Zweck, der jungen Frau die Vergänglichkeit menschlicher Werke auseinanderzusetzen. Von Dauer sei allein das, »was der Mensch durch Kämpfe und unermüdliche Aktivität aus sich selbst macht.«

Wie schrieb er in einem späteren Brief an Alma: »Wir haben korrespondiert, aber nur über abstrakte Themen.«

Allein in Toblach, machte er der Köchin und vor allem dem Zimmermädchen Kathi das Leben schwer. Schließlich beschwerte sich Kathi brieflich bei Alma. Alma war aufgebracht, Mahler nicht minder. Wie Alma sehr richtig feststellte, tun sich die eifrigsten Verfechter der Menschenrechte oft am schwersten, wenn es darum geht, Untergebene korrekt zu behandeln.

Immer noch leidend kehrte sie nach Toblach zurück. Richard und Pauline Strauss waren gerade auf der Durchreise und luden die Mahlers zum Abendessen in ihr Hotel ein. Pauline erwartete sie an der Tür und rief ihnen entgegen: »No, wie geht's, Mahler? Wie war's in Amerika? Dreckig, was? Haben'S hoffentlich viel zurückgelegt?« Pauline war einfach unnachahmlich.

Bei Tisch sollten Mahler und Pauline nebeneinander sitzen, aber Pauline protestierte lautstark: »Aber nur, wenn'S net wieder so zappeln, denn dös vertrag i net!«

Ein schreckliches Paar, Strauss und seine Gemahlin. Aber derselbe Richard Strauss arbeitete in jenem Sommer an seinem *Rosenkavalier*, für den Hofmannsthal das Libretto geschrieben hatte. Das Mysterium der Kreativität ist unergründlich.

Im Oktober unterbrachen die Mahlers die Rückreise in die Vereinigten Staaten für einen Kurzaufenthalt in Paris, damit Rodin Mahlers Büste vollenden konnte. Sie stiegen im *Majestic,* einem der besten Hotels, ab. Mahler saß Rodin noch drei- oder viermal Modell. Im November fuhr Carl Moll nach Paris, um mit Rodin den Gipsabguß auszusuchen, der für die Bronzeplastik verwendet werden sollte.

Alma Maria Schindler

Almas Eltern im Garten des Schlosses Plankenberg. Schindler am Tisch sitzend, rechts seine Frau, dahinter stehend Carl Moll, Almas späterer Stiefvater.

Emil Jakob Schindler, 1842 – 1892

Anna Schindler-Moll, geb. Bergen, mit ihren Töchtern Alma (links) und Grete (rechts)

Alma im Schulalter

Alma wird erwachsen

Max Burckhard, Burgtheaterdirektor
Alexander v. Zemlinsky, Komponist
Bertha Zuckerkandl, geb. Szeps
Gustav Klimt (Bild rechts)

Gustav Mahler, 1907

Alma mit ihren Töchtern Maria (links) und Anna (rechts), 1907

Im Garten der Villa Moll, Wien, Hohe Warte. V.l.n.r.: Max Reinhardt, Gustav Mahler, Carl Moll, Hans Pfitzner und vermutlich Josef Hoffmann.

Ehepaar Mahler *Alma, 1909, im Atelier d'Ora Benda* (Bild rechts)

Oskar Kokoschka, 1908

Walter Gropius, 1931   *Franz Werfel, 1920*

Alma im Garten der „Casa Mahler", Venedig

Villa Werfel, Breitenstein am Semmering
Almas Handschrift

Alma und Franz Werfel, 1935

Max Reinhardt, Franz Werfel und Gattin Alma in New York

New York 1945.

V.l.n.r.: Friedrich Torberg, Oscar Karlweis, Alma Mahler und Marietta Torberg.

Und dann hatte sie das mondäne New Yorker Leben wieder. Eines Abends dinierten die Mahlers bei dem Bankier Kahn. Auch Doktor Fränkel war geladen. Der Gastgeber führte sie zu dem bekannten Medium Eusapia Palladino, einer Italienerin, die in ihrem Haus merkwürdigen Aktivitäten nachging. Die Gäste des Bankiers Kahn sahen »phosphoreszierende Luftkörper« durch den Raum schweben... Eine Mandoline begann zu spielen... der Tisch hob sich... Gegenstände fielen um... und die Palladino murmelte, Gustav Mahler sei in Gefahr.

Mahler erschauerte und verließ fluchtartig die Gesellschaft, zutiefst verstört.

Was auch immer von solchen Experimenten zu halten ist, der Wahrheit halber muß doch erwähnt werden, daß einige Jahre zuvor Pierre und Marie Curie zusammen mit Jean Perrin aus Neugier der Palladino einen Besuch abgestattet hatten. Auch an jenem Abend schwebten Ektoplasmen durch den Raum... Gegenstände setzten sich in Bewegung... Aber der Schwindel war rasch entlarvt worden. Dennoch lehnte Pierre Curie den Spiritismus nicht prinzipiell ab, sondern betrachtete derartige Phänomene mit lebhaftem Interesse. Und Eusapia Palladino machte eine glänzende internationale Karriere.

Allem Anschein nach verlief die Saison in New York ohne betrübliche Zwischenfälle. Mahler schrieb an Carl Moll: »Ich sehe blühend aus, habe Normalgewicht und vertrage die viele Arbeit hervorragend. Alma geht es dieses Jahr auch *viel* besser. In den letzten Tagen hatte sie zwar wieder ein paar Schwächeanfälle (zum ersten Mal dieses Jahr), aber sie waren längst nicht so schlimm wie voriges Jahr.«

Sie besuchten das Chinesenviertel und wagten sich sogar bis in die Spielhöllen und Opiumhöhlen vor. »In den stinkigen Gassen schlüpften diese langbezopften Ratten schnell und behende die Mauern entlang«, schrieb Alma. »Mahler sagte: ›Da fällt es mir schwer zu glauben, daß das meine Brüder sind.‹«

Dann durchstreiften sie das Judenviertel: »Der Rassenunterschied war ungeheuer, aber die Juden arbeiten hier mit Tag- und Nachtschicht, um keine Stunde zu versäumen. Die ganze Stadt war durch alte Kleider und Hadern verunstaltet. Die Luft hing voller Speisegerüche. Ich fragte Mahler leise mit seinen Worten: ›Sind *das* unsere Brüder?‹ Er schüttelte verzweifelt den Kopf. Aufatmend bogen wir endlich in eine lichte Gasse für unseresgleichen ein. Sollte es doch nur Klassen- und keine Rassenunterschiede geben?«

Auch Milliardäre zählten zu den Gastgebern der Mahlers. So waren sie eines Abends bei Louis Tiffany eingeladen, dem Sohn des berühmten Juweliers. Zahlreiche Gäste waren anwesend. Die Szenerie verschlug ihnen die Sprache. Jemand spielte das *Parsifal*-Vorspiel auf der Orgel. Der Gastgeber rauchte Haschisch und erging sich in dunklen Betrachtungen. Das ganze Haus wirkte verhext.

»Lautlos gingen Diener umher mit schönen Gläsern voller Champagner auf Tabletts, die nicht klirrten. Palmen, Sofas, schöne Frauen in merkwürdigen flimmernden Gewändern: Wir waren wie im Traum. Tausend und Eine Nacht in New York.«

Es ist nicht überliefert, ob die Mahlers sich auch an diesem Abend fragten: »Sind das unsere Brüder?«

Es gibt viele Anekdoten über das gesellschaftliche Leben der Mahlers in New York, und immer erscheint Gustav darin als der komische Kauz, der beim Essen einfach aufstand und nach Hause ging, die wunderlichsten Dinge sagte oder sich in hartnäckiges Schweigen hüllte. Trotzdem rissen sich die New Yorker um ihn.

Von dem Pianisten Samuel Chotzinoff stammt folgender Bericht: Nach jedem Konzert schlüpfte er hinter die Bühne, um »bewundernde Blicken auf Mahler zu werfen«, wagte aber nie, ihn anzusprechen. »Oft war seine Frau bei ihm. Für mich war sie die schönste Frau, die ich je gesehen hatte. In gewisser Weise erschien es mir nur gerecht, daß Mahler, der selbst nicht besonders gut aussah und eine Brille trug, durch die Kraft seines Genies eine so schöne Frau gewonnen hatte...«

Wieder in Europa, reisten die Mahlers zunächst zu einem Konzert nach Paris. Gabriel Pierné gab ihnen zu Ehren ein Abendessen. Bei Tisch saß Alma zwischen Debussy, der keinen Bissen anrührte, und Paul Dukas, der ihr die berühmte Geschichte von dem mißglückten Selbstmordversuch der ersten Madame Debussy erzählte. Schon halb bewußtlos hatte sie bemerkt, wie ihr Mann auf sie zukam, ihre Taschen durchwühlte und ihr Geld einsteckte. Dann erst rief er einen Arzt. Kaum war sie wieder auf den Beinen, reichte sie die Scheidung ein – verständlicherweise.

Alma berichtete später, Mahler habe sich den ganzen Abend über unbehaglich und unwohl gefühlt. Beide sprachen nur ein paar Brocken französisch. So konnte kein vernünftiges Gespräch in Gang kommen.

Am darauffolgenden Sonntag war der Saal des Théâtre Châtelet bis auf den letzten Platz gefüllt. Zu Mahlers Konzert hatte sich ein erlesenes Publikum eingefunden: die Gräfinnen Greffulhe und de Béarn, die Prinzessin von Arenberg, die Clemenceaus, selbstverständlich die beiden Generäle, das Ehepaar Debussy, Paul Dukas, André Messager und viele andere.

Mahler dirigierte seine Zweite Symphonie. Alma – deren Version allerdings bestritten wird – berichtet über den Abend wie folgt: »Plötzlich sah ich mitten im zweiten Satz von Mahlers Zweiter Symphonie, wie Debussy, Dukas und Pierné sich erhoben und weggingen. Dies war deutlich genug.«

Mehr als deutlich und, zumindest was Debussy angeht, keineswegs überraschend, denn der Franzose hielt nicht viel von Höflichkeit und reagierte auf alles Deutsche allergisch. Und Mahlers Musik war durch und durch deutsch.

Das übrige Publikum nahm das Konzert begeistert auf. Aber Mahler fühlte sich durch das Verhalten seiner französischen Musikerkollegen zutiefst verletzt.

In Wien quartierten sich die Mahlers bei Anna und Carl Moll ein, die inzwischen ein neues Haus bezogen hatten, wieder auf der Hohen Warte. Doch die schlechten Nachrichten rissen nicht ab:

Ihr lieber Freund Emil Zuckerkandl war im Mai an Krebs gestorben. Siegfried Lipiner, den Mahler noch einmal getroffen hatte, litt ebenfalls an Krebs. Und um Max Burckhard stand es sehr schlecht.

Mahler wollte ein Haus in der Umgebung von Wien kaufen und begab sich mit Carl Moll auf die Suche. Alma klagte wieder über ›nervöse Beschwerden‹, und da die Ärzte keinen anderen Rat wußten, schickten sie die junge Frau in das damals sehr beliebte Tobelbad zur Kur.

Freilich konnten die Ärzte nicht ahnen, daß Alma dort tatsächlich Heilung finden würde. Allerdings nicht in den Thermalquellen.

Alle Ehepaare, auch die glücklichsten, erleben schwere Zeiten, Phasen der Entfremdung, die sich zu beiderseitigem Haß steigern kann.

Viele gemeinsame Erfahrungen hatten Alma und Gustav Mahler zusammengeschweißt, in erster Linie natürlich die Musik, in der sich beide in ihrem Element fühlten, die ihr Lebenselixier war. Mahler hatte rückhaltloses Vertrauen in Almas musikalisches Gespür, und sie wiederum bewunderte in ihm den Dirigenten. Er konnte nur komponieren, wenn sie in seiner Nähe war. Sie tauschten Gedanken über intellektuelle Themen aus, auch wenn ihre Vorlieben in Philosophie und Literatur weiterhin auseinanderklafften und Alma Goethe immer noch den Vorzug vor Dostojewsky gab. Mahler war nicht mehr so despotisch wie früher, und Alma war nachsichtiger, geduldiger geworden... Bei jedem anderen Ehepaar hätte man gesagt: Nach sieben Ehejahren verbindet sie nun eine tiefe Zuneigung.

Aber der Verzicht, den Mahler ihr abverlangt hatte – und den er gelegentlich auch durchaus zu würdigen wußte –, wurde Alma unerträglich. Der Zwang zur Selbstverleugnung, das Gefühl, von ihm aufgesaugt zu werden, seine Neigung, in ihr mehr ein abstraktes Prinzip zu sehen als eine Frau aus Fleisch und Blut: Sie weigerte sich, das alles noch länger zu ertragen. Ihr Ausbruch aus dem bisherigen Leben kam einer Explosion gleich.

7

Alles begann in Tobelbad, wo Alma mit ihrer Tochter und Miss Turner zur Kur weilte. Ihre Mutter kam wenig später nach. Mahler schrieb ihr einen Brief, aus dem ganz der zärtliche Ehemann sprach:

»Du bist vor allem eine dumme Gans. Warum quälst Du Dich mit solchen Hirngespinsten? Du hast mir nie zuvor, ja wirklich niemals so gefallen wie jetzt. Erhole Dich gut, meine Lux, damit wir dann endlich wie zwei gute Kameraden diese Welt genießen können...«

Mahler arbeitete. Und reiste nach Leipzig, nach München... Was mag sie ihm wohl geschrieben haben, daß er sich veranlaßt sah, ihr mit einer langen Abhandlung über Plato zu antworten? In gewohnt schulmeisterlichem Ton schrieb er: »Im Plato bist Du nun richtig auf den springenden Punkt geraten. In den Reden des Sokrates spricht Plato seine eigene Weltanschauung aus, die als mißverstandene ›platonische Liebe‹ sich durch die Jahrhunderte bis zu den untersten Intellektuellen geschwungen hat...«

Lange Ausführungen schlossen sich an, dann hieß es weiter:

»Der Vergleich zwischen ihm und Christus liegt sehr nahe und ist zu allen Zeiten unwillkürlich gezogen worden... Eros in beiden Fällen als Schöpfer der Welt!«

Im realen Leben war Eros gerade dabei, ihm einen Streich zu spielen.

Er erschien in Tobelbad in der prachtvollen Gestalt eines jungen Deutschen aus angesehener preußischer Familie, siebenundzwanzig Jahre alt, blond, helläugig. Sein Name war Walter Gropius. Er verbrachte seine Ferien in Tobelbad.

Später wurde er berühmt als Begründer des Bauhauses, der bekanntesten Kunstakademie der Welt, die angefangen von Fertigbauteilen über Stahlrohrsessel bis hin zu Glaswänden so vieles hervorbrachte, was uns heute vertraut ist. Im Sommer 1910 stand er erst am Anfang seiner Karriere als Architekt, doch er hatte schon sehr genaue Vorstellungen von dem, was er einmal realisieren wollte, und hielt Vorträge darüber, daß die Produktivität in den Fabriken durch bessere äußere Bedingungen am Arbeitsplatz gesteigert werden könnte. Für die Fagus-Werke baute er 1911 in Alfeld eine Schuhleistenfabrik aus Beton, Eisen, Glas und gelbem Klinker, ein revolutionäres Gebäude.

Auch diesmal trog Almas Instinkt nicht. Gropius war nicht irgendein junger Mann. Zielsicher hatte sie ihn sich unter all den Männern in Tobelbad herausgepickt.

Unterzog er sich auch einer Kur? Kuren waren damals sehr in Mode, und zudem hatte er gerade eine schwere Grippe überstanden. Aus welchem Grund auch immer: Jedenfalls war er in Tobelbad und wohnte im selben Hotel wie Alma. Alles weitere ergab sich offenbar sehr schnell. Und Anna Moll hielt schützend ihre Hand über das Paar: Sie hatte ihre eigenen Vorstellungen davon, was ihre Tochter brauchte, um von ihrem Nervenleiden zu genesen.

Von Anfang Juni bis Mitte Juli ließen Alma und Gropius einander nicht mehr aus den Augen. Sie waren leidenschaftlich verliebt. »Einmal verbrachte ich eine Nacht«, schrieb Alma später, »die erst durch die Morgendämmerung und den süßen Gesang der Nachtigall gestört wurde. An meiner Seite lag ein schöner junger Mann. Und in dieser Nacht hatten sich zwei Seelen gefunden, und zwei Körper hatten sich dabei vergessen.«

Wie gesagt, dichterisches Talent besaß sie nicht! Aber bei aller Geschwollenheit des Stils: Das Wesentliche wird doch erkennbar.

Natürlich plagten sie Gewissensbisse. Wen hätten sie nicht geplagt? Sie fühlte sich schuldig, natürlich.

Nachts schlief sie mit Gropius, tagsüber schrieb sie ihrem Mann »kurze traurige Briefe«. Er war beunruhigt: »Verbirgst Du mir etwas? Denn ich glaube immer etwas zwischen den Zeilen herauszufinden.«

Zweifellos. Unbewußt beschäftigte sie wohl dauernd der Gedanke, daß Mahler es einmal erfahren mußte. Zwei Tage lang schrieb sie ihm gar nicht. Er war besorgt, schließlich verärgert. »Ich verstehe nicht, warum Du mir nicht wenigstens ab und zu eine Karte schreiben kannst! Was soll man nur mit einer solchen Kind-Frau machen?«

Alma eine Kind-Frau!

Er schrieb seiner Schwiegermutter, daß er sich wegen Alma und der »quälenden Leiden«, die sie erdulden müsse, große Sorgen mache, und suchte Trost in den Worten: »Was für ein Glück, daß wir Dich haben!« Der Inbegriff eines gehörnten Ehemannes.

Aus ihrem Tagebuch und ihrer Lebensbeschreibung hat Alma jeden Hinweis auf die Anfänge ihrer Beziehung zu Gropius getilgt. Sie spricht nur von einem gewissen X., der sich bei gemeinsamen Spaziergängen in Tobelbad unglücklicherweise in sie verliebt habe. Von Tobelbad aus reiste sie zu Mahler nach Toblach, und dort erreichte sie »... nach acht Tagen ungefähr ein Brief von diesem jungen Mann, in dem er mir schreibt, daß er ohne mich nicht leben könne, und daß ich, wenn ich nur das geringste Gefühl für ihn hätte, alles verlassen und zu ihm kommen möge.«

All das ist gelogen. Seit ihrer Abreise aus Tobelbad hatten Alma und Gropius regelmäßig korrespondiert, postlagernd. Bis zu dem Tag, an dem dem jungen Mann eine unglaubliche Fehlleistung unterlief: Er schrieb Alma einen leidenschaftlichen Liebesbrief, in dem er sie beschwor, zu ihm zu kommen ... und adressierte ihn an Mahler. An Herrn Direktor Mahler.

Diese Fehlleistung, für die Gropius auch später nie eine befriedigende Erklärung geben konnte, war so unerklärlich, daß über ihr Zustandekommen viel gerätselt wurde. Gropius hatte stets eine besondere Vorliebe für verheiratete Frauen gezeigt, deren Ehemänner ihn interessierten. War vielleicht Gustav Mahler der Grund für seine Liebe zu Alma? Oder wollte er ihn mit diesem fehlgeleiteten Brief unbewußt bitten, ihm Alma zu überlassen? Das Geheimnis um Gropius' ›Zerstreutheit‹ wird wohl nie ganz gelüftet werden; ein bloßer Zufall war sie jedenfalls nicht, daran besteht kein Zweifel.

Und wie ging es weiter? Der Brief lag auf dem Flügel. Mahler entdeckte ihn, als er aus seinem ›Komponierhäusl‹ zurückkam, öffnete ihn, las ihn, rief nach Alma... »Was ist das?« fragte er sie. Sie las... und dann brach alles aus ihr heraus. Was er zu hören bekam, war entsetzlich, auch wenn sie ruhig blieb und keine Szene machte. Jawohl, sie hatte ihn betrogen, und mit gutem Grund. Sie, die Löwin, hielt ihn jetzt in ihren Pranken. Sieben Jahre lang hatte er sie unterdrückt, frustriert, ihr die Luft zum Atmen genommen und sie wie ein körperloses Wesen behandelt. Blind für alles, was außerhalb seiner Kunst existierte, hatte er ihre Individualität einfach ausgelöscht. Jahrelang hatte sie sich mit Selbstvorwürfen gequält, sich schuldig gefühlt, weil sie ihn auf seinen Höhenflügen nicht begleitete. Sie hatte ihre Aggressionen gegen ihn mühsam im Zaum gehalten, oder schlimmer noch: Sie hatte sie gegen sich selbst gewendet. Und diese Aggressionen brachen sich jetzt Bahn. »Endlich konnte ich ihm alles sagen!«

Er reagierte weder verärgert noch verbittert und machte der Ehebrecherin keinerlei Vorwürfe. Was sich in ihm abspielte, glich einem schleichenden Auflösungsprozeß. Würde sie ihrem Geliebten folgen und ihn verlassen? Sie zögerte keine Sekunde mit der Antwort: Nein. Schuldgefühle stiegen in ihm auf. Er hatte eine viel zu junge Frau an sich gekettet. Aber nein! Er war jetzt fünfzig, sie dreißig. Das konnte doch nicht der Kern des Problems sein. Aber was dann? Was war eigentlich geschehen? Und wie sollte es weitergehen? Wie in solchen Ehekrisen üblich, redeten sie in dieser Nacht stundenlang. Mahler schlug sich schuldbewußt an die Brust, zählte alles auf, worauf Alma um seinetwillen hatte verzichten müssen... Er war so erschüttert, daß er seine Schwiegermutter zu Hilfe rief. Von nun an wich er Alma nicht mehr von der Seite. Auf alles und jeden war er eifersüchtig. Nachts mußten sogar ihre Zimmertüren offenbleiben, damit er sie atmen hören konnte. Manchmal, wenn sie aufwachte, stand er neben ihrem Bett und betrachtete sie. Einmal fand sie ihn ohnmächtig im Flur.

Bei diesem Prozeß der inneren Auflösung quälte Mahler nur ein Gedanke: Alma zu verlieren, von ihr verlassen zu werden.

Der Schlüssel zu Mahlers Verhältnis gegenüber Frauen liegt

vermutlich in seinen frühen Kindheitserfahrungen: Wie ein Kind, das Angst hat, die Mutter zu verlieren, litt Mahler unter Schuldgefühlen und Ängsten, verlassen zu werden. Aber was hätte es ihm in seiner Situation genützt, den Schlüssel zu kennen... Er litt, er wand sich in Qualen. In seinem Häuschen warf er sich schluchzend auf den Boden...

Und eines Tages kam Gropius!

Zwei Tage nach dem Vorfall mit dem Brief hatte Alma ihm geschrieben und ihn beschworen, auf keinen Fall nach Toblach zu kommen. »Da es [der Seitensprung] quasi durch Zufall herausgekommen ist und nicht durch ein offenes Geständnis von meiner Seite, hat er jedes Vertrauen, jeden Glauben an mich verloren...«

Aber Gropius hörte nicht auf sie. Er stieg aus dem Zug, irrte eine Weile im Dorf umher und näherte sich dann ihrem Grundstück. Der Wachhund vertrieb ihn... Später ging Alma mit Mahler spazieren, und plötzlich entdeckte sie Gropius. Er hatte sich unter einer Brücke versteckt. Wie reagierte sie? Sie machte Mahler auf ihn aufmerksam.

»Ich werde zu ihm gehen!« sagte Mahler. Und das tat er dann auch. »Kommen Sie«, forderte er Gropius auf.

Die Nacht brach herein. Die beiden Mäner gingen lange schweigend durch die Dunkelheit. Einer schritt hinter dem anderen her. Wieder im Haus, rief Mahler Alma herunter und ließ sie im Wohnzimmer mit Gropius allein. Nach einer Weile wurde sie unruhig und suchte Mahler. Sie fand ihn über die Bibel gebeugt. Ganz ruhig sagte er zu ihr: »Was Du tust, wird recht getan sein. Entscheide Dich!«

Sollte sie ihren Ehemann verlassen? Und jetzt, auf der Stelle, dem Wunsch ihres Geliebten nachgeben und ihm folgen? Ausgeschlossen. Sie teilte Gropius ihre Entscheidung mit und bat ihn, sich zu verabschieden.

Mahler nahm seinen Hut, leuchtete Gropius mit einer Laterne und begleitete ihn wortlos bis an die Grenze des Grundstücks. Später bedankte sich Gropius schriftlich für Mahlers Verhalten.

Hatte Alma diese Szene genossen? Ganz sicher. Sie sollte später ähnliche Situationen heraufbeschwören.

Am nächsten Tag fuhr sie nach Toblach und verabschiedete sich von ihrem Geliebten. Ob sie wohl im Hotel mit ihm geschlafen hat? Wahrscheinlich. Sie brachte ihn zum Zug. Gropius telegraphierte ihr von jeder Station.

Alma schrieb in ihrem Tagebuch:

»Lange Anrufe folgten und Beschwörungen, und Mahler verwendete dies alles in den wunderschönen Gedichten aus jener Zeit. (...) Er aber war im Innersten aufgewühlt. Damals schrieb er alle jene Ausrufe und Worte an mich in die Partiturskizze der Zehnten Symphonie.«

Die Kritzeleien auf der Partiturskizze der Zehnten Symphonie legen Zeugnis ab von Mahlers psychischer Verfassung in jenen Tagen: »Oh Gott, oh Gott, warum hast Du mich verlassen!« Aber auch: »Du allein weißt, was es bedeutet!... Ach! Ach! Ach! Leb wohl, mein Saitenspiel!...« Schließlich: »Für Dich leben! Für Dich sterben, Almschi!«

Zwanzig Jahre später konnten Almas Gäste die Partiturskizze in ihrem Wiener Salon bewundern: Wie eine Jagdtrophäe stellte sie sie zur Schau.

Aufgewühlt durch die Begegnung mit Gropius und zutiefst überzeugt, Alma zu verlieren, erfuhr Mahler die schlimmste Demütigung: Er wurde impotent. Das Leben an der Seite seiner jungen Frau, die direkt aus den Armen ihres Liebhabers zu ihm kam, wurde für ihn damit endgültig zur Hölle. In dieser verzweifelten Situation faßte er den Entschluß, Sigmund Freud zu konsultieren.

Freud hielt sich gerade in Holland auf, wo er mit seiner Familie den Urlaub verbrachte. Der Neurologe Richard Nepallek, ein Verwandter Almas, nahm Kontakt zu Freud auf, um einen Termin zu vereinbaren. Briefe gingen hin und her. Inzwischen versank Mahler in einer bedenklichen Regression. Wenn Alma morgens aufstand, fand sie auf ihrem Nachttisch Nachrichten wie:

»Mein Lebensatem! Ich habe die Pantöffelchen tausendmal abgeküßt und bin in Sehnsucht an Deiner Türe gestanden. Du hast Dich meiner erbarmt, Du Herrliche, aber mich haben die Dämonen wieder gestraft, weil ich wieder an mich und nicht an Dich, Du Teuere, gedacht habe.

Ich kann nicht weg von Deiner Türe und möchte so lange davor stehen, bis ich Deines Lebens und Atmens süßen Laut empfunden.

Sei gesegnet, Du Geliebte – was mir von Dir beschieden ist – jeder Herzschlag ist für Dich.«

Das klang nun freilich ganz anders als seine Ausführungen über Platon.

Ein andermal fand sie diesen Zettel: »Mein Almschilitzili, geh' bleib heute den Tag im Bett – das wird das beste Ausruhen für Dich; ich setze mich zu Dir und gehe den ganzen Tag nicht fort.« Oder sie las: »Nicht zu mir kommen, denn es ist zu naß und Deine kleinen Füße könnten feucht werden – oder Galoschen anziehen.«

Bislang hatte ihre Ehe darauf gegründet, daß *er* bestimmte und *sie* sich fügte. Dieses Verhältnis kehrte sich vollkommen um. Von nun an war sie die grausame Herrscherin und er der gefügige Untertan.

Er unterwarf sich bedingungslos, bis zur Selbstverleugnung. Als sie eines Tages von einem Spaziergang mit Gucki nach Hause kam, hörte sie zu ihrer Überraschung, daß er ihre Lieder auf dem Klavier spielte und dazu sang.

Sie trat in das hellerleuchtete Zimmer. Mahler saß am Flügel und spielte ihre Kompositionen. Als er sie sah, rief er ihr entgegen: »Was habe ich getan! Deine Sachen sind ja gut! Jetzt mußt Du sofort weiterarbeiten. Ein Heft suchen wir gleich aus. Es muß sofort gedruckt werden. Ich werde keine Ruhe geben, bis Du nicht fertig bist! Mein Gott! Wie verbohrt war ich doch!«

Immer und immer wieder spielte er ihre Stücke. Spät genug. Einige Tage später notierte er: »Sie liebt mich! Inbegriff meines Lebens ist dieses Wort! Wenn ich das nicht mehr sagen darf, bin ich tot! Wenn ich heute heraufkomme, bist Du nicht da.

Wie ich mich sehne, Dich zu sehen und in meine Arme zu schließen, Du Teuere, innigst Geliebte! Meine lieben Lieder, die wonnevollen Herolde eines göttlichen Wesens sollen meine Sterne sein, bis meine Lebenssonne an meinem Firmament erscheint!«

Es war wirklich höchste Zeit, daß Freud auf Nepalleks Schreiben reagierte. Schließlich erklärte er sich mit einem Besuch Mahlers einverstanden, trotz der Ferien, aber der Patient mußte sich zu ihm nach Holland bemühen. Mahler suchte nach Ausflüchten, zweimal verschob er den Termin... und setzte sich endlich in den Zug nach Leiden.

Von der Begegnung zwischen Freud und Mahler gibt es verschiedene Zeugnisse: Da sind einmal die Aufzeichnungen des Freud-Biographen Ernest Jones; dann der Bericht, den Freud eigenhändig für seine Schülerin Marie Bonaparte schrieb; und schließlich ein Brief Freuds an den Psychoanalytiker Theodor Reik, der Mahler glühend verehrte. Freud und Mahler trafen einander in einem Hotel und unternahmen von dort aus einen vierstündigen Spaziergang durch Leiden. Mahler wußte gar nichts über die Psychoanalyse, und obwohl damals noch nicht alle Welt mit der größten Selbstverständlichkeit über den Ödipuskomplex und seine Folgen diskutierte wie heute, zeugte das dennoch von einer bemerkenswerten Unkenntnis. Wie ein Blitz traf ihn daher folgende Bemerkung Freuds: »Ich nehme an, daß Ihre Mutter Marie hieß. Ich möchte es aus verschiedenen Andeutungen in Ihrem Gespräch schließen. Wie kommt es dann, daß Sie jemanden mit einem anderen Namen, Alma, geheiratet haben?«

Da fiel Mahler ein, daß er Alma immer mit ihrem zweiten Vornamen hatte anreden wollen und der war... Maria.

Mahler redete und redete, stundenlang. Am Ende konnte ihn Freud beruhigen. Er kannte Alma. Der Altersunterschied, der Mahler so erschrecke, sei gerade das, was ihn für die junge Frau so attraktiv gemacht habe. Sie habe ihren Vater geliebt und könne sich nur an einen väterlichen Mann binden. Mahler wiederum habe eine Frau nach dem Abbild seiner Mutter gesucht.

»Ihre Mutter war vergrämt und leidend, dies wollen Sie unbewußt auch von Ihrer Frau!«

Mahler erzählte Alma in groben Zügen von seinem Besuch bei Freud. In ihrem Tagebuch ergänzte sie: »Und wie recht hatte er [Freud] in diesen beiden Fällen! Als er mich kennenlernte, wollte er mich ›verlitterner‹ haben – dies seine Worte. (...) Ich wieder habe wirklich immer den kleinen, untersetzten Mann mit Weisheit und mit geistiger Überlegenheit gesucht, als den ich meinen Vater gekannt und geliebt hatte.«

Freud – der sich für Musik nicht interessierte – teilte Marie Bonaparte eine Beobachtung mit, die noch heute die Gemüter der Musikwissenschaftler in Wallung bringt:

»Im Laufe des Gesprächs sagte Mahler plötzlich, daß er jetzt verstünde, warum seine Musik bei den edelsten Stellen, gerade bei denen, die von den tiefsten Gefühlen inspiriert seien, nie die angestrebte Vollkommenheit erreichen könne, weil irgendeine vulgäre Melodie dazwischentrete und alles verderbe. Sein Vater, anscheinend ein brutaler Mensch, hatte seine Frau sehr schlecht behandelt, und als Mahler noch ein kleiner Junge war, hatte sich zwischen ihnen einmal eine besonders peinliche Szene abgespielt. Dem Kleinen war es unerträglich geworden, und er rannte von zu Hause fort. Doch in demselben Augenblick ertönte gerade aus einem Leierkasten das bekannte Wiener Lied O *du lieber Augustin*. Mahler meinte nun, von dem Moment an hätten sich in seiner Seele tiefe Tragik und oberflächliche Unterhaltung unlösbar verknüpft, und die eine Stimmung zöge unweigerlich die andere mit sich.«

Ob Mahler in diesem Moment tatsächlich den Prozeß seines künstlerischen Schaffens durchschaut hat, mag dahingestellt bleiben; auf jeden Fall verfehlten die vier Stunden ›wilder Psychoanalyse‹ ihre Wirkung nicht. Freud berichtete später Theodor Reik: »Ich habe Mahler im Jahr 1912 (oder 13?) einen Nachmittag lang in Leiden analysiert und wenn ich den Berichten glauben darf, sehr viel bei ihm ausgerichtet.* Sein Besuch erschien ihm notwendig, weil seine Frau sich damals gegen die Abwendung seiner Libido von ihr auflehnte. Wir haben in höchst interessanten Streifzügen durch sein Leben seine Liebesbedingungen, insbesondere seinen Marienkomplex (Mutterbindung) aufgedeckt; ich hatte Anlaß, die geniale Verständnisfähigkeit des Mannes zu bewundern. Auf die symptomatische Fassade seiner Zwangsneurose fiel kein Licht. Es war, wie wenn man einen einzigen, tiefen Schacht durch ein rätselhaftes Bauwerk graben würde.«

---

* Freud irrte, es war 1910. Mahler starb 1911. (A.d.Ü.)

Ein vierstündiges Gespräch, auch mit Sigmund Freud persönlich, ist natürlich noch keine Analyse. Dennoch verschaffte es Mahler Erleichterung und verhalf ihm sogar wieder zu der erwähnten »Libido«. Mit anderen Worten: Er konnte wieder mit seiner Frau schlafen, die sich gegen seine Impotenz »aufgelehnt« hatte.

Alma hingegen war zutiefst verwirrt. In den Briefen, die sie Gropius regelmäßig aus Toblach schrieb, berichtete sie von Mahlers Veränderung; er überschüttete sie nun förmlich mit Liebesbezeugungen. »Ich erlebe etwas an meiner Seite, das ich nicht für möglich gehalten hätte. Nämlich, daß Liebe so grenzenlos ist, daß mein Bleiben – trotz allem, was geschehen ist – ihm Leben und mein Scheiden ihm Tod sein wird... Gustav ist wie ein krankes, herrliches Kind.«

Sie grübelte über ihre Situation nach, wollte ein Entscheidung treffen, konnte es aber nicht. Schließlich bat sie ihren Geliebten um Rat: »Wie [würdest] Du es einrichten – was [würde] mit mir geschehen, wenn ich mich für das Liebesleben mit Dir entscheide. Ach Du – hilf mir – ich weiß nicht, was ich tun soll, wozu ich das Recht habe.«

Recht... Alma wäre kein Kind ihrer Zeit gewesen, wenn ihr der Ehebruch keine Gewissensbisse verursacht hätte. Auch wenn sie sich die Freiheit nahm, einen Liebhaber zu haben, so war sie doch davon überzeugt, daß eine Frau durch außereheliche Beziehungen Schuld auf sich lud und manchmal auch dafür bestraft wurde. Aber im Verbot lag zugleich ein nicht zu unterschätzender Reiz.

Sie wollte sogar die Mutter von Gropius kennenlernen. Anna Moll, die weiterhin »verständnisvoll, geduldig und diskret« über ihrer Beziehung wachte, leitete die Briefe weiter. Dank Annas Komplizenschaft scheint es Alma gelungen zu sein, einen Abstecher nach Wien zu unternehmen und sich dort mit ihrem Geliebten zu treffen.

In den letzten Tagen dieser Sommerfrische im Gebirge arbeitete Mahler wie besessen, aber gleichzeitig schien er innerlich zu zerfallen.

»Seine abgöttische Verehrung und die Bewunderung, die er nun für mich hegt, sind ganz und gar nicht normal«, schrieb Alma an Gropius.

Sie war ganz vernarrt in ihren gutaussehenden Geliebten. Sie sagte es ihm auch und rechtfertigte ihm gegenüber ihren Ehebruch.

»Ich glaube an meinem Organismus bemerkt zu haben, daß für das Herz und alle anderen Organe nichts schlechter ist als erzwungene Askese. Ich meine nicht nur die Sinnenlust damit, deren Entbehren mich vorzeitig fast zur weltfremden, resignierten, alten Frau gemacht haben, sondern auch das fortwährende Ruhen für meinen Körper...

Jetzt liege ich im Bett... und ich bin bei Dir, so intensiv, daß Du mich fühlen mußt.«

An anderer Stelle beschrieb sie ihre Sehnsüchte noch deutlicher:

»Wann wird die Zeit kommen, wo Du nackt an meinem Leib liegst, wo uns nichts trennen kann als höchstens der Schlaf?...Ich weiß, daß ich nur für die Zeit lebe, wenn ich ganz und gar die Deine werden kann.«

Diesen Brief unterzeichnete sie mit »Dein Weib«, andere auch mit »Deine Verlobte«.

Dabei drängt sich natürlich eine Frage auf: Warum verließ sie Mahler nicht? Denn sie blieb tatsächlich bei ihm. Gropius heiratete sie erst sehr viel später, und ehe es soweit war, erlebte sie noch andere denkwürdige Beziehungen.

Sie spielte nicht wirklich mit dem Gedanken, Mahler zu verlassen. Warum nicht? Eine mögliche Erklärung: Sie wußte, daß sie ihn damit töten würde. Denkbar wäre aber auch ein andere: Jetzt, da sich die Machtverhältnisse verkehrt hatten und der Despot zum Sklaven geworden war, kostete sie die Ehe in vollen Zügen aus. Endlich wurde ihr die ersehnte Beachtung zuteil, endlich wurden ihre Herrschaftsgelüste befriedigt.

Vielleicht treffen beide Erklärungen zu.

Die Mahlers kehrten nach Wien zurück. Alma traf sich selbstverständlich mit Gropius, wieder im geheimen Einverständnis mit ihrer Mutter. Alma schrieb ihm:»Mein Walter...von Dir will ich ein Kind.« Diesen Wunsch, der wohl ganz natürlich ist bei einer verliebten Frau, äußerte sie bei jedem ihrer Liebhaber. »Schreibe mir, ob das heute Dein Wunsch noch eben so stark ist wie vor einem Monat...«

Er antwortete ihr in poetischen Zeilen:»Mein Lebensglück!(...) Auf den Knien bin ich vor Dir gelegen, Du Wahrheit, und habe dankerfüllt zu Dir aufgeschaut...«

Anfang September reiste Mahler zu Festspielen nach München und dirigierte dort seine Achte Symphonie. In den 48 Stunden, die er von Alma getrennt war, schrieb er ihr:

»Glaube mir, ich bin krank vor Liebe! Wenn Du eine ganze Woche noch ausbleibst, so bin ich gestorben. Almschili, wenn Du damals von mir weggegangen wärst, so wäre ich einfach ausgelöscht, wie eine Fackel ohne Luft.«

Krank vor Liebe, das war genau das richtige Wort.

Alma besuchte ihn im Hotel Continental; ein Meer von Rosen erwartete sie in seiner Suite. Viele Freunde waren da. Alma beklagte sich über das »unfreundliche« Benehmen von Justi und Gräfin Wydenbruck, einer alten Bekannten Gustavs. Sofort komplimentierte Mahler die beiden hinaus. Alma nahm das mit Genugtuung zur Kenntnis:

»Mahler war nicht mehr so unaufmerksam. Im Gegenteil, er achtete nun mit brennender Ungeduld darauf, daß man mich mit der gebührenden Rücksicht und Freundlichkeit behandelte.«

Bei solchen Sätzen überläuft den Leser unwillkürlich ein Schauer.

Während Mahler seine Proben leitete, traf sich Alma mit ihrem Geliebten im Regina Palast Hotel. Sie nutzten Mahlers Proben weidlich aus. Das Konzert war ein triumphaler Erfolg. Alma erlebte ihn an der Seite ihres Mannes. Auch Gropius war unbemerkt in den Zuschauerraum geschlüpft. Mahlers Musik wühlte ihn auf.

Im November gingen die Mahlers in Cherbourg zum viertenmal an Bord eines Schiffes, das sie in die Vereinigten Staaten bringen sollte.

Mahler war aus Bremen angereist, Alma aus Paris. Welchen

Vorwand mag sie sich zusammen mit ihrer Mutter ausgedacht haben, um nach Paris fahren zu können? Letztlich ist das unwichtig. Sie traf sich mit Gropius im Orient-Expreß. Er kam aus Berlin, sie aus Wien.

Auf dem Münchner Bahnhof hielt sie ungeduldig nach ihrem Geliebten Ausschau. Nervös zerknüllte sie ein kleines Taschentuch in ihrem Muff. Ihr Gesicht hatte sie unter einem Hutschleier verborgen. Und wenn er nicht käme? Oder Mahler plötzlich auftauchte? Sie hatte Gropius geraten, unter falschem Namen einen Platz zu reservieren, aber Eifersucht macht erfinderisch... Sie setzte sich in ihr Schlafwagenabteil Nummer 13, lauschte angestrengt auf den Lärm der Waggons, die angehängt wurden, auf die Schreie und Schritte auf dem Bahnsteig... Und dann ging die Tür des Abteils auf, und er stand vor ihr!

Gibt es etwas Romantischeres als den Orient-Expreß? Etwas Erotischeres als einen Schlafwagen? Sie vergaßen alles um sich herum, versanken in ihrem Glück und genossen es noch vier weitere Tage in Paris.

»Die Tage in Paris – entzückend – voll ungetrübter Stimmung...«

Und doch mußte sie weiterfahren, sich von ihm losreißen...

»Wann werde ich Dich physisch wieder vor mir haben! Wann werde ich Dich wieder so sehen, wie ein Gott – denn nur ein solcher kann so etwas zustande bringen – Dich erschaffen hat. Deine ganze Schöne will ich in mich aufnehmen. Unser beider Vollendetes muß einen Halbgott erstehen lassen...«, schrieb sie ihm aus New York. Das war bei ihr eine fixe Idee. Früher schon hatte sie über Mahler gesagt: »Ein Kind von ihm haben: sein Geist, mein Körper!«

Im März trafen sich Alma und Walter Gropius in Paris. Die Mahlers hatten vereinbart, daß Alma vor Gustav nach Europa zurückkehren sollte, um sich um das Haus zu kümmern, das sie auf dem Semmering bauen wollten.

Anna Moll machte sich berechtigte Sorgen um ihre Tochter und schrieb an Gropius, der vor Sehnsucht verging:

»Ich glaube fest, daß bei Euch beiden Eure Liebe alles überdauern wird. Ich habe so unbegrenztes Vertrauen zu Ihnen und bin fest überzeugt, Sie haben mein Kind so lieb, daß Sie alles tun werden, um sie nicht noch unglücklicher zu machen.«

Gropius verdiente Annas Vertrauen. Was auch geschah, Alma konnte immer auf ihn zählen.

In New York wurde Mahler von der Arbeit an der Metropolitan und mit den Philharmonikern förmlich verschlungen.

Zu Weihnachten bereitete er für seine Frau eine kleine Feier vor. Er schmückte das Zimmer mit rosa Rosen und türmte Geschenke auf einem Tisch auf. Er hatte sogar Parfum für sie gekauft, obwohl er Parfum nicht ausstehen konnte.

Zu seinen Geschenken gehörten zwei Gutscheine.

BON

*zur Vergütung von 40 Dollar
auf einen schönen Bummel
durch die Fifth Avenue
für
Herrn Gustav Mahler mit seinem Almschili
lustwandelnd durch die Gefilde
seiner Almschi in der Natur.*

BON

*zum Ankauf eines
Solitärs
im Werte von über 1 000 Dollar
Gustav Mahler
New York
Weihnachten 1910*

Sie freute sich über die Geschenke. Aber er war so unglücklich, daß sie ihn trösten mußte.

Einige Tage später bekamen die Mahlers Besuch von der Sängerin Frances Alda, die bei einem ihrer nächsten Konzerte ein Lied von Alma singen wollte. Mahler war sofort Feuer und

Flamme. Er wollte die Alda sogar dazu überreden, gleich fünf Lieder zu singen, aber das Programm stand schon fest.

Mahler beschloß, die Proben selbst in die Hand zu nehmen. Zusammen mit Alma fuhr er zu Frances Alda ins Waldorf-Astoria und studierte das Lied mit ihr ein.

Er feilte an jeder einzelnen Note. Frances Alda fügte sich seinen Anweisungen. »Möchtest du es so haben?« fragte Mahler immer wieder seine Frau. »Und an dieser Stelle? Ist das gut so?« Doch Alma, plötzlich wie gelähmt vor Unsicherheit, brachte kaum einen Satz heraus und sagte schließlich: »Frag' mich so etwas nicht! Das weißt Du doch besser als ich!«

Als sie später von dieser Szene berichtete, fügte sie noch hinzu: »Wir waren sehr eins damals.« Mit anderen Worten: Seitdem sie in der Ehe das Zepter schwang, war sie bester Stimmung. Sie trank nicht mehr und hatte sogar wieder angefangen zu komponieren, was Mahler voller Stolz seiner Schwiegermutter mitteilte: »Wunderbare Lieder.« Er drängte sie, ihren angekündigen Besuch nicht länger hinauszuschieben. Bei ihrer Ankunft fand Anna eine aufgeblühte Alma vor.

Doch eines Morgens klagte Mahler über heftige Halsschmerzen. Gegen den Rat Dr. Fränkels ging er aus dem Haus. Am nächsten Tag stieg das Fieber. Angina. Trotzdem wollte er unbedingt in die Carnegie Hall, um ein Konzert zu dirigieren. Ein paar Tage lang schien sich sein Zustand zu bessern, dann stieg das Fieber wieder. Jetzt mußte er das Bett hüten.

In den Wochen davor war es zu Differenzen mit den Gesellschaftern der New Yorker Philharmoniker gekommen – denn Mahler war zwar ruhiger, aber keineswegs nachgiebiger geworden –, und die Journalisten ergingen sich in den abenteuerlichsten Spekulationen über seine plötzliche Erkrankung; viele hielten ihn schlichtweg für einen Simulanten.

In Wahrheit hatte Mahler nur noch knapp drei Monate zu leben.

Daran dachte freilich niemand, höchstens Dr. Fränkel. Mahler litt an einer *Endocarditis lenta*, einer subakuten Entzündung der Herzinnenhaut, verursacht durch eine Streptokokkenansiedlung. Die Diagnose wurde von dem bedeutendsten Spezialisten auf diesem Gebiet gestellt.

Die folgenden Wochen waren entsetzlich: Jeder Temperaturrückgang nährte die Hoffnung auf Genesung, jeder Temperaturanstieg gab Anlaß zu den schlimmsten Befürchtungen. Alma konsultierte einen Spezialisten nach dem anderen. Zunächst wollte sie die Wahrheit nicht wahrhaben. Doch allmählich mußte sie sich damit abfinden, daß jeder scheinbare Fortschritt in Mahlers Befinden nur von vorübergehender Dauer war.

An manchen Tagen war Mahler felsenfest von seiner Genesung überzeugt. Dann wieder fiel er in tiefe Verzweiflung, durchlitt Todesängste.

Wenn er sich besser fühlte, scherzte er: »Wenn ich abkratze, dann bist du jetzt eine gute Partie, jung bist du, schön bist du, also wen werden wir heiraten?« Er zählte alle Kandidaten für Alma auf und kam zu dem Ergebnis:

»Aber es ist doch besser, ich bleibe bei Dir.«

In diesen qualvollen Wochen ging Alma ganz in der Rolle der aufopfernden Ehefrau auf. Nach wie vor korrespondierte sie mit Walter Gropius, den sie über alles auf dem laufenden hielt. Aber in erster Linie kümmerte sie sich aufmerksam und liebevoll um Mahler, dem sie jeden Wunsch von den Augen ablas. Sie setzte kaum noch einen Fuß vor das Hotel, und Mahler stand nur noch auf, um sich vom Bett zum Sofa zu schleppen.

Ende März schrieb Alma an Gropius: »Zu meinem größten Erstaunen konnte ich Unmenschliches leisten. Ich war buchstäblich zwölf Tage nicht aus den Kleidern. Ich war *nurse,* Mutter, Hausfrau, alles – und über allem voll von Leid, Angst und Sorgen. Momentan ist meine Empfindung erstarrt, aber ich weiß, wenn ich Dich sehe, wird alles in mir aufleben – aufblühen. Liebe mich! Mit den Empfindungen, die mich so überglücklich gemacht haben. Ich will Dich!!! Aber Du?? – Du – auch – mich?«

Auf Drängen Dr. Fränkels floh sie für einen Tag aus dem Krankenzimmer und hörte in der Mendelssohn Hall das Konzert, bei dem Frances Alda ihr Lied vortrug. Anschließend bestürmte sie Mahler mit Fragen und sagte, daß er »bei einer eigenen Premiere nie so aufgeregt war«. Als er hörte, daß Almas Lied sogar wiederholt werden mußte, murmelte er: »Gott sei Dank!«

Alma war inzwischen klar geworden, wie ernst es um Mahler stand, und hatte ihre Mutter zu Hilfe gerufen. Die gute Anna machte sich sofort auf den Weg nach Amerika, obwohl Maria, ihre dritte, sehr viel jüngere Tochter, in Wien ihre Pflege brauchte. Sie vertraute sie der Fürsorge ihrer Nachbarn an und kam nach New York.

»Wir wußten, sie werde keine Strapazen, keine Mühe scheuen, um zu Mahler zu kommen, wenn er sie rufe«, schrieb Alma. »Die Beziehung Mahlers zu meiner Mutter und umgekehrt war eine derart innige, daß ich in früheren Jahren immer den Witz gemacht hatte, wenn Mahler zu Mama käme und sagte: ›Du, ich habe Alma umbringen müssen‹, sie einfach geantwortet hätte: ›Hast sicher recht gehabt, Gustav‹, ohne zu fragen, warum.«

Anna löste Alma tagsüber am Krankenbett ab, Alma übernahm weiterhin die Nachtwachen. Mahler duldete nicht, daß Krankenschwestern oder Pflegerinnen eingestellt wurden. Alma fütterte ihn mit dem Löffel, und er empfand das als besondere Zärtlichkeit. »Du, wenn ich gesund werde, das wollen wir beibehalten«, sagte er zu ihr. »Du wirst mich immer so füttern, es ist zu angenehm.«

Die Tage verstrichen. Er konnte nicht aufstehen, und »ein seltsames, verhängnisvolles Fieber verzehrte ihn«. Tief in seinem Inneren wußte er, daß er sterben würde. Um ihm Hoffnung zu machen, schlug Dr. Fränkel vor, mit einigen bekannten europäischen Bakteriologen Kontakt aufzunehmen. Er kümmerte sich persönlich darum. Und Mahler schöpfte wieder Hoffnung. Alma begann ihre vierzig Koffer zu packen.

Der Tag der Abreise kam. Mahler wollte keine Bahre. Gestützt auf Dr. Fränkel schleppte er sich bis zum Aufzug. Der Liftboy wandte sein Gesicht ab, damit Mahler seine Tränen nicht sehen konnte. Der Hoteldirektor ließ das Foyer räumen, um dem Kranken die neugierigen Blicke der übrigen Gäste zu ersparen.

Nach langer Anfahrt erreichten sie endlich das Schiff. Mahler glühte und legte sich sofort ins Bett. Im Zielhafen Cherbourg sorgte der Kapitän dafür, daß sie unbehelligt an Land gelangten: In dem Boot, das sie ans Ufer brachte, wurden sie durch einen Schutzwall aus Gepäckstücken abgeschirmt. Aus Mahlers Gesicht war alle Farbe gewichen. Es dauerte lange, qualvolle Minuten, bis sie endlich an Land waren. Noch auf dem Schiff hatte ihnen ein junger Mann seine Hilfe angetragen, der bei der Ankunft aber plötzlich verschwunden war. Alma entdeckte ihn erst wieder im Zug, wo er Gucki eine Geschichte nach der anderen erzählte. Dieser junge Mann war der Schriftsteller Stefan Zweig, dessen Kunst vor Almas Augen keine Gnade fand. Er schrieb über die Begegnung mit Mahler: »Er lag da, bleich wie ein Sterbender, unbewegt, mit geschlossenen Lidern ... Zum erstenmal sah ich ihn, den Feurigen, schwach. Aber diese seine Silhouette – unvergeßlich, unvergeßlich! – war gegen eine graue Unendlichkeit gestellt von Himmel und Meer, grenzenlose Trauer war in diesem Anblick, aber auch etwas, das durch Größe verklärte, etwas, das ins Erhabene verklang wie Musik.«

Endlich langten die Mahlers, Anna, Miss Turner und Gucki in Paris an, wo sie Carl Moll bereits erwartete. Er hatte Zimmer im Palace Hotel Élysée reserviert. Keiner der Bakteriologen, zu denen Fränkel von New York aus Kontakt aufgenommen hatte, hielt sich in Paris auf. Es war Ostern. Ein Bakteriologe vom Pasteur-Institut erklärte sich schließlich bereit, seine Ferien abzubrechen. Er ließ Mahler sofort in die Klinik bringen. Die Ärzte leiteten eine Serumbehandlung ein. Die Öffentlichkeit wurde darüber auf dem laufenden gehalten. Seit Mahlers Ankunft in Europa berichtete die Wiener *Neue Freie Presse* täglich in allen Einzelheiten über den Zustand und die Behandlung des Kranken.

Aus Wien reiste Justi an, auch Bruno Walter eilte ans Krankenbett. Alma rechnete offenbar damit, daß sich die Behandlung in Paris lange hinziehen würde, denn Ende April schrieb sie an Walter Gropius und schlug ihm vor, zu ihr nach Paris zu kommen.

Sie träumte von seinen »teuren, heißen und so zärtlichen Händen« und bat ihn, seine Antwort an Anna Moll zu schicken. Ob er tatsächlich nach Paris kam, ist nicht bekannt. In einem anderen Brief bedankte sie sich für ein Foto, das er ihr geschickt hatte: »Du über alles geliebter Mensch, drück' mich ganz fest, als Deine Geliebte küsse ich Deine Hände.«

Nach einer vorübergehenden Besserung verschlimmerte sich Mahlers Zustand Anfang Mai rapide. Eilends wurde aus Triest ein weiterer Arzt, Professor Chvostek, herbeigerufen. Er überzeugte Mahler davon, daß er ihn heilen könne; dazu müsse er ihn allerdings nach Wien bringen. »Nur den Kopf nicht hängen lassen«, sagte Professor Chvostek, »es ist kein Grund dazu. Das kommt vom vielen Arbeiten.«

Mahler schöpfte neue Hoffnung. Doch gleichzeitig bereitete Chvostek Alma auf das Schlimmste vor: Es gab keine Rettung mehr für Mahler. Mit dem Zug wurde er in ein Wiener Krankenhaus überführt. Am 18. Mai 1911 war sein Leidensweg zu Ende. Er starb friedlich im Alter von einundfünfzig Jahren. Seine Zehnte Symphonie blieb unvollendet.

Äußerlich war Alma kein Zeichen von Trauer oder Schmerz anzumerken, aber Mahlers dreimonatiger Todeskampf hatte ihre Kräfte aufgezehrt. Anna Moll nahm sie zu sich. Die Ärzte beschlossen, sie einige Tage lang zu beobachten, und verboten ihr die Teilnahme an Mahlers Beerdigung. Sie fügte sich.

Heute käme niemand mehr auf die Idee, eine Frau wie ein rohes Ei zu behandeln. Aber damals war so etwas durchaus üblich. Carl Moll hielt die Totenwache. Mahler hatte verfügt, daß man ihm das Herz durchstoßen solle. Und das geschah auch. Er wollte eine Beerdigung ohne Musik und Grabreden. Gemäß seinem Wunsch wurde er auf dem kleinen Friedhof von Grinzing neben seiner Tochter Putzi beigesetzt. Die Wiener gedachten seiner mit einer prunkvollen Trauerfeier. Alle kamen: seine Freunde, seine Feinde, Menschen von der Straße. Ein Berg von Blumen bedeckte das Grab. Es regnete. Ein Priester segnete den Sarg. Und dann war es vorbei.

Mahler erging es wie vielen anderen: Die schärfsten Kritiker, die zu seinen Lebzeiten keine Gelegenheit versäumt hatten, ihn zu schmähen, entdeckten jetzt, da er tot war, seine Genialität und überschütteten ihn mit Lob. Die Zeitungen quollen über von rühmenden Nachrufen. Berta Zuckerkandl, die aus Abscheu vor allen

Konventionen der Beerdigung ferngeblieben war, empfand darüber späte Genugtuung. Aber dazu bestand kein Grund. Die Lebenden fürchten sich immer vor den Toten. Nur deshalb sagen sie ausschließlich Gutes über die Verstorbenen. Selbst Karl Kraus stimmte in den Chor der Lobredner mit ein.

Noch fünfzig Jahre später hieß es, Alma habe Gustav Mahler ins Grab gebracht. Sie habe seine psychische Verfassung und seine Abwehrkräfte so geschwächt, daß sich sein Körper gegen die Krankheit nicht habe wehren können. Diese Vermutung scheint weit hergeholt, handelte es sich bei Mahlers Leiden doch um eine Infektionskrankheit. Hätte es damals schon das Penicillin gegeben, wäre Mahler wahrscheinlich gerettet worden.

Aber wenn es stimmt, daß man an der Liebe sterben kann, ja, dann ist er an ihr gestorben.

8

Nun war Alma allein und wohnte bei ihrer Mutter auf der Hohen Warte. Sie fühlte sich befreit, ohne Zweifel, aber mit Mahler hatte sie auch ein Stück ihrer selbst verloren. Noch lange blieb Mahler gegenwärtig: in ihren Träumen, in ihren Gedanken und in ihrem Tagebuch, wenn sie über den Sinn des Lebens nachsann. Sie hatte etwas verloren, aber zugleich ihre Freiheit gewonnen.

Die junge, noch nicht ganz zweiunddreißigjährige Witwe, die auf ausdrücklichen Wunsch des Verstorbenen keine Trauerkleider trug, stand nicht mittellos da. Mahler hatte ihr in New York 100 000 Dollar und in Wien 139 000 Kronen hinterlassen, dazu das Grundstück auf dem Semmering. Außerdem zahlte ihr die Oper eine Pension. Damit war sie zwar nicht ausgesprochen reich, aber frei von allen Geldsorgen. Mit Rücksicht auf die Konventionen ging sie ein halbes Jahr lang nicht aus dem Haus. Doch dann betrat eine neue Figur die gesellschaftliche Bühne dieser Stadt, die sich noch immer an Kultur, Festen und Kunst berauschte: die Witwe Gustav Mahlers.

Wir kennen Alma inzwischen gut genug, um ermessen zu können, wie sie die Aufmerksamkeit und Verehrung, die ihr nun zuteil wurden, genossen haben muß. Eine überaus verführerische Frau war sie schon immer gewesen, doch nun umgab sie eine weitere reizvolle Aura: Sie hatte einem berühmten Mann gehört. Das machte sie vollends unwiderstehlich.

Gropius eilte nach Wien, selbst noch erschüttert über den Tod seines Vaters, an dem er sehr gehangen hatte. Es gab ein rührendes Wiedersehen, bei dem Tränen flossen. Aber auch Sehnsucht und Begierde brannten unvermindert weiter. Seit Monaten hatten

sie einander nicht gesehen, es gab tausend Dinge zu erzählen...
Niemand stand mehr zwischen ihnen. Der Zeitpunkt war gekommen, die Konsequenz aus ihren Gefühlen zu ziehen, über eine gemeinsame Zukunft nachzudenken, kurz, den Termin für die Hochzeit festzulegen, die Gropius so sehnlichst wünschte.

Doch als sie im Hotelzimmer glücklich nebeneinanderlagen und ihr Verlangen gestillt hatten, zeigte Alma wieder jenes merkwürdige Verhalten, das wir schon von ihr kennen. Von ihrem Geliebten mit Fragen nach ihrer Beziehung zu Mahler bedrängt, flüchtete sie sich nicht etwa in eine fromme Lüge, sondern antwortete ihm ganz offen: Ja, in all den Monaten hatte sie mit Mahler geschlafen, wenn er es wollte; ja, sie hatte ihm all die Zärtlichkeit gegeben, die er brauchte, selbstverständlich.

Alma log nie. Ob sie zu stolz dazu war oder nur Eifersuchtsszenen provozieren wollte, ist schwer zu sagen.

Gropius reagierte sehr heftig auf dieses Geständnis. Er fühlte sich hintergangen, betrogen, verraten.

Später schrieb er ihr folgende Zeilen: »Eine schwere Frage, die Du mir beantworten sollst, bitte! Wann bist Du zum erstenmale wieder seine G. geworden?...«

Welche Phantasie Verliebte doch entwickeln, wenn es darum geht, sich zu quälen...

Als er Wien Mitte August 1911 verließ und gekränkt nach Berlin zurückkehrte, wo viel Arbeit auf ihn wartete, hatte sich die Beziehung zu Alma abgekühlt. Alles deutete auf eine bevorstehende Trennung hin. Unfähig, einen klaren Gedanken zu fassen, schrieb sie ihm, man könne doch nicht einfach so auseinandergehen. Er antwortete. Briefe wanderten hin und her. Und da Gropius die eigentümliche Gewohnheit hatte, Abschriften seiner Liebesbriefe aufzubewahren, läßt sich sehr genau verfolgen, wie er versuchte, von Alma loszukommen, und wie schwer ihm das fiel. Er schützte sogar gesundheitliche Probleme vor, um sich in ihrer Pariser Wohnung nicht mit ihr treffen zu müssen.

Eine Lösung der Beziehung schien nur noch eine Frage der Zeit. Doch bald schon sollte sich zeigen, daß kein Mann so leicht von Alma lassen konnte.

Doch zunächst einmal trat ein neuer schmachtender Verehrer auf den Plan: der gute Doktor Fränkel. Auch er wollte Alma heiraten! Sie willigte ein, ihn auf einer Kreuzfahrt nach Korfu zu begleiten. Die herrschende Auffassung von Sitte und Anstand kümmerte sie wenig. Er war lustig, geistreich, steckte voller Ideen... Und da er aus Wien stammte, konnte er ihr auf deutsch den Hof machen. »Prometheus hat den Menschen nicht das Feuer gebracht, damit sie nur Streichhölzer anzünden«, lautete einer seiner beliebten Aussprüche. Almas amüsanter Begleiter hatte nur einen Fehler: Sie empfand nicht das Geringste für ihn. Aber zumindest eine Erinnerung brachte sie von ihrer gemeinsamen Reise mit nach Hause: Eines Tages war ein albanischer Minister an Bord gekommen und hatte im Verlauf der Unterhaltung ein Sprichwort aus seiner Heimat zitiert: »Nicht der Mörder ist der Schuldige, sondern der Ermordete.« Dieser Grundsatz war wie für Alma geschaffen. Sie vergaß ihn nie wieder.

Im Herbst zog Alma bei den Molls aus und nahm mit ihrer Tochter eine Wohnung in der Elisabethstraße. Zum ersten Mal konnte sie sich ganz nach ihrem Geschmack einrichten. In der Auenbruggergasse und später in Maiernigg hatte sie eine von Mahler möblierte Wohnung vorgefunden. Umso größeres Vergnügen bereitete es ihr jetzt, ihr neues Heim ganz im Stil der Secession einzurichten. In ihrem roten Musiksalon, der vierundzwanzig Gästen Platz bot, pflegte sie künftig in einem langen Kleid aus Goldlamé ihre Besucher zu empfangen.

Ein halbes Jahr nach Mahlers Tod zeigte sie sich erstmals wieder in der Öffentlichkeit. Sie reiste nach München, wo Bruno Walter das *Lied von der Erde* dirigierte.

Eigentlich mochte sie Bruno Walter nicht. Die Vertraulichkeit zwischem ihm und Mahler hatte sie immer eifersüchtig beobachtet. Als Bruno Walter später ein Buch über Mahler veröffentlichte, schäumte sie: »Ich komme einfach nicht vor... Noch immer hassen sie mich, die Tatsache, daß ich eine reine, schöne Christin bin.« Aber bei dem Konzert in München nahm sie gnädig alle Huldigungen entgegen und präsentierte sich zum ersten Mal in der

Rolle, die sie noch häufig spielen sollte: die Witwe des großen Mannes.

Auf der Rückfahrt nach Wien traf sie im Zug einen Mann, der schon einmal ihren Weg gekreuzt hatte, den Biologen und Musikliebhaber Paul Kammerer. Und was geschah? Er verliebte sich gleich zweimal: in Alma und in Mahlers Schatten.

Kammerer war verheiratet, fand aber Mittel und Wege, sich dennoch mit Alma zu treffen: Er überredete sie, in seinem Labor zu arbeiten. Sie stimmte zu und fand sogar Gefallen an der Arbeit. Vor allem aber genoß sie es, daß er ihr zu Füßen lag. Obwohl er sie täglich sah, schrieb er ihr endlose Briefe.

Darunter auch die folgenden bemerkenswerten Zeilen:
»Ich weiß, daß mir jedes Treffen mit Alma Mahler neuen Auftrieb für meine Arbeit gibt. Wenn ich mit ihr beisammen bin, speichere ich die Energie, die ich brauche, um etwas hervorzubringen.«

Darin lag Almas Geheimnis. Es gab schönere, intelligentere, bessere Frauen als sie. Aber nur sie hatte die Gabe, für die Männer so etwas wie Brennstoff zu sein.

Es dauerte nicht lange, bis Kammerer sie duzte, seine »geliebte Alma« nannte und ihr drohte, sich an Mahlers Grab umzubringen, falls sie seine Werbung nicht erhörte.

Sie gestand ihm, daß sie mit dem Gedanken an eine zweite Ehe spiele, ohne allerdings zu verraten, mit wem, und sie dachte laut darüber nach, ob ihr Auserwählter überhaupt in der Lage sei, »ihr zu gehören.«

Im Januar 1912 fuhr sie zu Gropius nach Berlin, und auf einmal hatte sie an allem etwas auszusetzen. Zuerst an der Stadt – aber das war nur eine Nebensächlichkeit – und dann Gropius' Verhalten. Er wollte Alma seiner Mutter und seiner Schwester vorstellen. Gropius war ein aufmerksamer und zärtlicher Sohn, und dieser Umstand erregte natürlich sofort Almas Argwohn und Eifersucht. Seine Mutter war eine hochgewachsene Frau aus dem preußischen Bürgertum, mit deren Umgangsformen, Lebensweise und Sprache sich Alma nicht anfreunden konnte. Frau Gropius wiederum ließ sich nicht im mindesten von der Aura beeindrucken, die Alma in Wien umgab. Sie sah in ihr vor allem eine ausländische Person, die dem Sohn des Hauses den Kopf verdreht hatte und obendrein vier Jahre älter war als er.

Alma und Frau Gropius waren einander vom ersten Augenblick an unsympathisch. Es knisterte zwischen ihnen. Alma fühlte sich falsch beurteilt und wurde ausfallend, wie schon Jahre zuvor gegen Mahlers Freunde. Sie behandelte Frau Gropius von oben herab und sagte ihr ins Gesicht, daß ihr die »Engstirnigkeit« im Hause Gropius zutiefst zuwider sei. Frau Gropius und ihre Tochter erstarrten zu Salzsäulen...

Die Briefe, die Alma nach diesem Besuch an Gropius schrieb, blieben lange unbeantwortet. Schließlich teilte er ihr mit: »Nein, nichts kann mehr so sein wie früher. Alles hat sich grundsätzlich verändert.«

Sie tauschten weiterhin regelmäßig Briefe aus, wenn auch ohne rechte Begeisterung. Sie lebte also allein und wußte nicht, wie es um ihre Beziehung zu Gropius stand, als Carl Moll sie bei einem Essen mit einem jungen Maler bekanntmachte, der in letzter Zeit von sich reden gemacht hatte: Oskar Kokoschka.

Kokoschka war groß und eher häßlich mit seinen schräg stehenden Augen, die das ganze Gesicht auszufüllen schienen, seinen abstehenden Ohren und seinen roten Händen. Aber sein ungezwungenes Auftreten verlieh ihm einen gewissen Charme.

Ein interessanter junger Mann. Er erzählte, er habe von seiner Mutter und seiner Großmutter die Gabe des Zweiten Gesichtes geerbt. Das stimmte. Wenn er ein Porträt malte, pflegte er zu sagen: »Wie mit einem Büchsenöffner bringe ich eine Persönlichkeit ans Licht, die bisher in der Konvention eingeschlossen war.« Auch das stimmte.

Leider bekam er nur wenige Aufträge. Sein gewaltsamer, geradezu brutaler Malstil flößte Angst ein. Seine Welt hatte denkbar wenig mit den entrückten Grazien eines Gustav Klimt gemein.

Kokoschka, in Pöchlarn in Niederösterreich geboren, war in einem Wiener Vorort aufgewachsen. Er konnte Shakespeare rezitieren, war gewalttätig, ungezügelt, von Natur aus aufsässig. Er studierte an der Wiener Kunstgewerbeschule, die damals als besonders fortschrittlich galt, um Zeichenlehrer zu werden.

Einmal schwenkte er das Messer seines Großvaters und drohte öffentlich damit, sich umzubringen, falls man ihm das Stipendium nicht gewähre, das ihm einer seiner Lehrer mit der Begründung verweigerte, er verbreite Unruhe unter der Studentenschaft. Ein anderer Lehrer rettete ihn durch die Erklärung: »Er ist der geborene Künstler.«

Im Sommer 1908 organisierten die *Wiener Werkstätten* zusammen mit der Kunstgewerbeschule und einer Gruppe von Künstlern, die sich nach der Spaltung der Secessionisten der Gruppe um Gustav Klimt angeschlossen hatten, eine große internationale Ausstellung. Diese Ausstellung, die sogenannte *Kunstschau,* fand im Rahmen der Feierlichkeiten zum sechzigsten Regierungsjubiläum des Kaisers statt, die ganz Wien in einen Festestaumel versetzten.

Die Regierung hatte den Organisatoren der *Kunstschau* einen Zuschuß von 30 000 Kronen gewährt und ihnen ein ausgedehntes Gelände am Ring überlassen. Dort hatte Josef Hoffmann fünfundvierzig Ausstellungspavillons errichtet, die durch Gärten und Terrassen voneinander getrennt waren.

Klimt stellte sechzehn hervorragende Gemälde aus. Frankreich war mit mehreren modernen Malern vertreten: Gauguin, Bonnard, Matisse, Vlaminck, Vuillard und Van Gogh. Die Besucher drängten sich, um diese einmalige Sammlung zeitgenössischer Kunst zu erleben. Nur der Hartnäckigkeit zweier Lehrer hatte es Kokoschka zu verdanken, daß ihm ein kleiner Raum reserviert wurde. Eine Jury unter Klimts Vorsitz sollte entscheiden, ob die von Kokoschka eingereichten Arbeiten gut genug waren, um ausgestellt zu werden. Aber Kokoschka versperrte ganz einfach den Zugang zu seinem Saal.

»Ich öffne die Tür nicht«, erklärte er, »bevor mir nicht zugebilligt wird, daß meine Arbeit der Öffentlichkeit ohne Jury gezeigt wird.«

Klimt meinte dazu nur: »Laßt den Kerl von der Presse in der Luft zerreißen, wenn er es so wünscht.« Und Kokoschka durfte seine Bilder ausstellen.

Neben Zeichnungen und anderen Arbeiten stellte Kokoschka

unter dem Titel *Die Traumtragenden* einen Gobelinentwurf aus, den er auf vier Leinwänden gemalt hatte, sowie eine Büste aus bemaltem Lehm mit dem Titel *Der Krieger* – eigentlich ein Selbstportrait mit einem zum Schrei aufgerissenen Mund.

Die Presse verhöhnte ihn als »Oberwildling« und »verrückt gewordenen Gauguin«. Sein Ausstellungsraum wurde als »Schrekkenskabinett« zum Gespött. Doch ein bekannter Kunstsammler erklärte: »Ansonsten ist Kokoschka der Krach der Kunstschau« und kaufte *Die Traumtragenden*. Der Architekt Adolf Loos erwarb den *Krieger*. Loos wurde Kokoschkas bester Freund.

Ein Jahr später, im Sommer 1909, wurde in den Gärten des Kunstschau-Geländes eine Freilichtbühne für Ballett- und Konzertveranstaltungen aufgebaut.

Kokoschka hatte ein Theaterstück mit dem Titel *Mörder, Hoffnung der Frauen* geschrieben und wollte es auf dieser Freilichtbühne aufführen. Er bekam die Erlaubnis, Plakate für das Stück zu drucken. Das Theaterplakat – es zeigt einen roten Mann, der an der Brust einer weißen Frau liegt; die Farbe Rot steht für das Leben, Weiß für den Tod – gehört heute zu den bekanntesten Bildern jener Zeit. Es gibt kaum eine Veröffentlichung über Kokoschka, kaum ein Buch über diese Epoche, in der es nicht abgedruckt wäre, oft sogar auf dem Einband. Es wurde zum Inbegriff dessen, was man später Expressionismus nannte, eine seiner ersten Manifestationen. Das Theaterstück selbst fiel durch. Im Namen des Autors verlasen die Schauspieler einen provokanten Text. Das Publikum reagierte empört, ein Tumult brach los, es kam zu Handgreiflichkeiten.

Loos und Karl Kraus, die der Premiere beiwohnten, riefen den Polizeipräsidenten an, dem es mit Hilfe von Ordnungskräften gelang, die Ruhe wiederherzustellen.

Am nächsten Tag fielen die Zeitungen erbarmungslos über Kokoschka her: »Degenerierter Künstler«, »Jugendverderber«, »Zuchthauspflanze«...

»Ich wollte ja nur Theater spielen, weil ich damals nicht genug Geld hatte, um ins Theater zu gehen«, rechtfertigte sich Kokoschka. Auf Drängen des Unterrichtsministers strich der damalige Direktor der Kunstschule, Alfred Roller, – jener Roller, der als Bühnenbildner für Mahler gearbeitet hatte – Kokoschkas Stipendium. Im Gegenzug rasierte sich Kokoschka den Schädel kahl, um aller Welt zu demonstrieren, »daß ich ein vom Schicksal gezeichneter Mensch bin.« Um seinen Lebensunterhalt zu bestreiten, schleppte er seine Bilder ins Café Central und versuchte, sie an die Stammgäste zu verhökern. Damals war er gerade zweiundzwanzig.

Zum Glück war da noch Adolf Loos. Loos war fünfundzwanzig Jahre älter als Kokoschka und genoß als Architekt einen hervorragenden Ruf. Er setzte sich persönlich für Kokoschka ein. Er beschaffte ihm nicht nur Porträtaufträge, sondern führte ihn auch in einen anregenden Kreis von Intellektuellen und damit in ein Milieu ein, das Kokoschka noch fremd war. Loos war ein Secessionist der ersten Stunde gewesen, hatte jedoch sehr schnell wieder mit der Bewegung gebrochen, weil ihn die Dekorationsmalerei ebenso störte wie der Hang der Secessionisten, jedes Haus, jedes Zimmer in ein Kunstwerk zu verwandeln. Kurz und gut, er lehnte den Ästhetizismus ab.

So wie sein Freund Karl Kraus die Sprache von allen falschen Tönen reinigen wollte und sich davon eine unerhörte Wirkung auf das Denken versprach, so wollte Loos in Architektur, Landschaftplanung und Städtebau der Sachlichkeit zum Durchbruch verhelfen, ja sogar Möbel und Kleider von allen Schnörkeln und ornamentalen Elementen befreien.

Kokoschka stürzte sich mit Feuereifer auf das »psychologische Porträt«: Von jedem Modell, so Kokoschka, gehe ein Lebensstrom aus, der das Bewußtsein des Künstlers durchdringe und auf der Leinwand seinen sichtbaren Ausdruck finde. Über Loos bekam er Kontakt zu Karl Kraus. Kraus pflegte tagsüber zu schlafen und arbeitete nachts, nachdem er im Kaffeehaus zu Abend gegessen hatte. Kokoschka wurde ein seltenes Privileg zuteil: Er durfte sich Karl Kraus' Hofstaat anschließen, saß beim Abendessen an dessen Tisch und durfte zu diesem oder jenem Artikel, der gerade in der *Fackel* erschienen war oder erscheinen sollte, seine Meinung äußern. Kokoschka malte ein sehr eindrucksvolles Porträt von

Karl Kraus, das ihn jung, lebensfroh und mit blitzenden Augen zeigt.

Ein weiterer Anhänger stilistischer Strenge war Arnold Schönberg. 1911 hatte die Aufführung eines seiner atonalen Werke einen solchen Aufruhr unter den Zuhörern verursacht, daß die Rettung gerufen werden mußte.

Ebenso wie Kokoschka fühlte sich ein weiterer junger Maler dem Expressionismus verpflichtet: Egon Schiele. Auch er wurde von Loos unterstützt; aber auch Klimt war sein Förderer. Als 22jähriger wurde er zu vierundzwanzig Tagen Haft verurteilt, weil er pornographische Bilder gemalt hatte. Ein Schülerstreich, nichts weiter.

Die Werke dieser jungen Künstler deuteten bereits auf das Ende des Wiener Ästhetizismus hin; es beschäftigte sie die soziale Funktion der Kunst. Aber die Wiener Gesellschaft verschloß vor dieser Tendenz genauso die Augen wie vor den Entdeckungen Sigmund Freuds, die nur eine Handvoll Schriftsteller, allen voran Hofmannsthal und Schnitzler, begriffen und aufgriffen.

»Wir müssen das süße Leben, unter dem wir verkümmern, überwinden«, schrieb Hofmannsthal. »Das Leben, das wir führen, ist nicht gut. Intellektuell leben wir wie Kokotten, die nur französische Salate und Sorbets essen.«

Der Romancier Robert Musil schrieb später: »Das Antlitz Österreichs lächelte, weil es keine Gesichtsmuskeln mehr hatte...«

Im Jahr 1911 veranstaltete eine Künstlergruppe, die sich den Namen Hagenbund gegeben hatte, eine Ausstellung. Kokoschka war mit mehreren Bildern vertreten. Bei der Vernissage ging plötzlich ein Raunen durch die Reihen der geladenen Persönlichkeiten des öffentlichen Lebens. Und da erschien er: Erzherzog Franz Ferdinand, der Thronfolger.

Schweigend schritt er zunächst von einem Bild zum anderen und sah sich jedes genau an. Dann trat er in die Mitte des Saales und schrie: »Schweinereien!« Und noch einmal: »Schweinereien!« Er trat drei Schritte zur Seite und deutete auf ein Bild von Kokoschka: »Diesem Mann sollte man jeden Knochen im Leibe brechen!«

Kurz darauf wurde die Ausstellung auf Anordnung seiner Kaiserlichen Hoheit, des Thronfolgers, geschlossen. Aber der Kaiser hatte Franz Ferdinands Übereifer Einhalt geboten.

Das war also der junge Maler Oskar Kokoschka, dem Carl Moll auf Drängen von Adolf Loos den Auftrag gab, sein Porträt zu malen. Moll lud ihn zusammen mit seiner Stieftochter zum Mittagessen in sein schönes Haus auf der Hohen Warte ein, das Hoffmann eingerichtet hatte.

Alma und Kokoschka gaben von dieser ersten Begegnung sehr unterschiedliche Berichte.

Nach Almas Tagebuch trug er einen zerschlissenen Anzug, ausgetretene Schuhe, und das Taschentuch, das er sich beim Husten vor den Mund hielt, war voller Blutflecken. Er habe rauhes Papier mitgebracht, um sie zu zeichnen. Sie sei ihm kurz Modell gesessen und dann ans Klavier gegangen... Plötzlich sei er aufgesprungen und habe sie stürmisch umarmt. Sie aber sei kalt wie Marmor geblieben und habe sich sofort aus seiner Umarmung befreit. Soweit Almas Version.

Beim nächsten Mal kam Kokoschka elegant gekleidet; er folgte damit einem Rat seines Freundes Loos, der sich den englischen Gentleman zum Vorbild genommen hatte. Kokoschka und Loos hatten einen Weg gefunden, zu eleganter Kleidung zu kommen: Loos richtete die Geschäfte der besten Wiener Schneider ein, und Kokoschka porträtierte deren Besitzer gegen Bezahlung in tadellos geschnittenen Anzügen.

Kokoschka und Alma... Wenn man der Version des Malers glauben will, führte ihn Alma, keinen Widerspruch duldend, nach dem Essen ins Nebenzimmer, wo das Klavier stand. Und dort sang sie *Isoldes Liebestod,* und zwar nur für ihn, wie Kokoschka ausdrücklich betonte.

»Ich war fasziniert von ihrer Erscheinung«, erzählte er später, »jung, in Trauer ergreifend, weil sie so schön und einsam war.«

Und er fuhr fort:

»Als sie mir den Vorschlag machte, sie nun in ihrer Wohnung zu malen, war ich beglückt und bedrückt zugleich. Erstens hatte ich bisher noch nie ein weibliches Wesen gemalt, das auf den ersten

Blick in mich verliebt zu sein schien, und andererseits hatte ich eine gewisse Scheu: Wie konnte einer Glück erwarten, da kurz vorher ein anderer gestorben war?«

Kurz und gut: Alma habe die plötzliche Umarmung bewußt provoziert.

Wie auch immer diese erste Begegnung verlaufen war: Am nächsten Tag ließ Kokoschka Alma einen Brief überbringen, seinen ersten Brief, dem viele andere folgen sollten. Er fiel mit der Tür ins Haus:

»Wenn Sie mich achten können und so rein sein wollen, wie Sie es gestern waren..., so bringen Sie mir ein wirkliches Opfer und werden Sie meine Frau, im Geheimen, solange ich arm bin.«

Von Scheu ist in diesen Zeilen nichts zu spüren. Er wollte sie zur Frau. Ganz einfach. Er kannte sie gerade vierundzwanzig Stunden. Er fuhr fort:

»Sie sollen mich bewahren, bis ich wirklich Ihnen der sein kann, der Sie nicht herunterzerrt, sondern Sie erhebt.

Seitdem Sie mich gestern so baten, glaubte ich an Sie, als ich noch niemandem glaubte außer mir.«

Worum hatte sie ihn gebeten? Bestimmt nicht darum, sie auf dem Flügel zu vergewaltigen.

»Ich strebte nur nach Ruhe und Konzentration«, schrieb Alma über diesen Abschnitt ihres Lebens. Damit nimmt sie ihrer Autobiographie auch noch den letzten Rest an Glaubwürdigkeit.

Von »Ruhe und Konzentration« konnte keine Rede sein. Sie stürzte sich in eine leidenschaftliche Affäre, zu der sie den Anstoß gegeben hatte und an der sie entschlossen festhielt, auch wenn sie damit gegen alle Konventionen ihrer Zeit verstieß.

Alma war inzwischen zweiunddreißig, Kokoschka fünfundzwanzig Jahre alt. Sie fühlten sich vor allem körperlich zueinander hingezogen und entwickelten eine intensive sexuelle Beziehung. Wenn er sie nicht liebte, malte er sie, er malte sie immer wieder. Er war besitzergreifend, fordernd und eifersüchtig.

Kokoschka hatte in der Stadt ein winziges Zimmer und ein Atelier mit schwarz gestrichenen Wänden. Dort saß sie ihm stundenlang, tagelang Modell.

Manchmal kam er auch zu ihr. Sie wohnte in einem Haus, das ein großer Garten säumte. Wenn er sie spät abends verließ, patrouillierte er oft bis drei oder vier Uhr morgens vor ihren Fenstern auf und ab, um sich zu vergewissern, daß sie keinen Besuch mehr empfing.

Sie hatten heftige Auseinandersetzungen. Doch jedesmal kam er reumütig zurück, brachte Berge von Blumen und verteilte sie auf ihrem Bett. Sie zweifelte keinen Augenblick an seinem Talent, war überzeugt von seiner genialen Begabung und hatte sich vorgenommen, ihn so lange finanziell zu unterstützen, bis er in der Kunstwelt volle Anerkennung gefunden hatte. An Geld fehlte es ihr nicht. Wenn sie zusammen verreisten, bezahlte sie meist die Fahrkarten und das Hotel. Hier zeigte sie sich von ihrer besten Seite: Die Kunst hatte für sie absoluten Vorrang, der Künstler war ihr heilig.

Die andere Alma brachte Oskar und Adolf Loos, der ihre Beziehung mißbilligte, auseinander, ohne daß sie den Maler in einen neuen Freundeskreis einführte. Man muß allerdings auch sagen, daß mit einem so eigenwilligen Menschen nicht leicht auszukommen war. So schrieb er ihr beispielsweise:

»Alma, ich bin um 10 Uhr vor Deinem Haus vorbeigekommen, zufällig, und hätte vor Zorn weinen können, weil Du es aushältst, Dich mit Satelliten zu umgeben, und ich wieder in den schmutzigen Winkel zurückgehe... Ich warne Dich also jetzt, Dich zu entschließen, ob Du von mir willst oder in mich. Ich hätte dich merkwürdig stark geliebt.«

Er unterschrieb mit seinem und ihrem Vornamen: Alma Oskar Kokoschka, als wolle er ihr zeigen, daß sie beide zu einer Identität verschmolzen waren.

Im Jahr 1912 fuhr Alma mit ihrer Freundin Lili Leiser nach Paris. Sie schloß selten Freundschaft mit Frauen, und auch diese Beziehung war etwas merkwürdig, denn Lili Leiser, die gerne ihren Reichtum zur Schau stellte, war lesbisch. Es gibt jedoch keine Hinweise darauf, daß auch Alma Neigungen in dieser Richtung verspürt hätte.

Kokoschka schrieb ihr täglich und beschwor sie, ihn zu heiraten: »Sei ewig einig mit mir und unauflöslich mit mir zusammengebunden zu einer ewigen Freude.«

Wenn alle Männer so versessen darauf waren, sie zu heiraten, dann nicht nur aus Liebe zu ihr, sondern weil sie gleichzeitig hofften, durch eine Ehe Gustav Mahler endgültig aus ihrem Leben zu verbannen. Kokoschkas verschlingende Leidenschaft verwandelte sich bald in Unterwerfung, seine Eifersucht in Besessenheit. In den Augen ihres Geliebten war Alma der Inbegriff des Ewig-Weiblichen, wie es bei Goethe heißt. Und wenn zum sinnlichen Vergnügen auch noch Unterwerfung hinzukam, dann war sie durchaus bereit, einen Mann zu lieben. Wer hätte einen solchen Mann nicht geliebt?

Sie verbrachten einige gemeinsame Wochen in Neapel. »Eine volle, reiche Zeit«, schrieb Alma.

Es scheint, als habe sie in dieser Zeit vorbehaltlos die Rolle der Frau akzeptiert, die ihre Erfüllung in der Liebe sucht und nicht in der Verwirklichung eigener Pläne und Projekte. Ihre Ambitionen gab sie vorläufig auf; ihr Narzißmus fand eine Ersatzbefriedigung in der Arbeit Kokoschkas, der sie unablässig malte; und die Wollust machte sie träge. Sie war ausgeglichen und zufrieden.

In jeder leidenschaftlichen Beziehung gibt es Ruhepunkte. Dann verstummen alle Widersprüche, die Farbe des Himmels verschmilzt mit der Stimmung der Liebenden, und beide fühlen sich mit gleicher Macht zueinander hingezogen: Das sind die seltenen Augenblicke unsagbaren Glücks. Aber gerade Frauen versinken in solchen Momenten oft in Melancholie, denn sie quält der Gedanke, die Harmonie könnte nicht von Dauer sein. Nun, Alma besaß eine ausgeprägte männliche Seite, die sie vor solchen Ängsten bewahrte. Sie gehörte nicht zu den Frauen, die unablässig fragen: »Wirst Du mich immer so lieben?« Daran zweifelte sie keine Sekunde.

Ihre italienische Reise – für Kokoschka eine ungemein produktive Zeit – ging also zu Ende. Alma mußte zurück nach Wien, wo Gucki schon darauf wartete, mit ihrer Mutter nach Holland zu fahren. Lili Leiser begleitete sie.

Kaum war Alma abgereist, begann Kokoschka zu jammern.

»Alma, für mich ist es unfaßbar, daß ich Dich wochenlang nicht sehen kann, ich bin es nicht gewöhnt, daß mich eine äußere Schwierigkeit aufhalten soll...«

Was mag sie ihm wohl darauf geschrieben haben? Er antwortete:

»Ich bin am Boden zerstört, wenn Du mich für einen solchen Narren hältst, daß ich Dir Deine Reise gönne. Hast Du so etwas auch zu Deinem ersten Mann gesagt? Wie kann Dich das, was die jüdische, freidenkende Welt um Dich herum sagt, überhaupt berühren, wenn Du so sicher bist, daß ich nur Gutes denke?«

»Die jüdische Welt«, die Alma umgab, dürfte ihr Verhältnis zu Kokoschka mit einigem Befremden aufgenommen haben. Die Molls hingegen hatten den jungen Maler ins Herz geschlossen.

Im darauffolgenden Sommer mußte sich Alma entscheiden, ob sie dem drängenden Werben Lili Leisers oder den Beschwörungen Kokoschkas nachgeben sollte. Ihre Wahl fiel auf Kokoschka. Sie traf sich mit ihm in München. Von dort fuhren sie in die Schweiz nach Mürren.

Auf dem Balkon des Hotels saß sie ihm stundenlang Modell. Und dann reiste sie von einem Tag auf den anderen ab. Lili Leiser mußte Gucki nach Wien zurückholen.

Alma war schwanger und ging zu einer Abtreibung ins Krankenhaus. Anschließend klagte sie wochenlang über Unwohlsein. Damit hielt sie Kokoschka eine Weile auf Distanz. Aber konnte man ihn überhaupt auf Distanz halten? Und wollte sie das wirklich? Offenbar nicht, denn etwa zur gleichen Zeit beschloß sie, auf dem Grundstück am Semmering, inmitten einer grandiosen Landschaft, für sich und Kokoschka ein Haus zu bauen. Kokoschka brütete gemeinsam mit Carl Moll über den Bauplänen. Das Haus sollte relativ klein sein und nicht mehr als acht Zimmer umfassen. Die Strecke Wien-Semmering war mit dem Zug in knappen zwei Stunden zu bewältigen.

Lili Leiser erwies sich als ebenso beharrlich wie Kokoschka, auch wenn sie andere Argumente ins Feld führte. Sie versuchte, das Nachbargrundstück zu kaufen, allem Anschein nach jedoch ohne Erfolg.

Inzwischen benahm sich Kokoschka wie ein Verrückter. Während Alma in Franzensbad zur Kur weilte, durchstöberte er ihre Papiere, förderte eine Geburtsurkunde zu Tage und bestellte das Aufgebot. Sie kam zurück, tobte wie eine Furie, beschimpfte und bestrafte ihn: Künftig durfte er sie nur alle drei Tage sehen.

Wie bereits erwähnt, war ihr Briefwechsel mit Gropius während dieser Zeit nie abgerissen. Selbstverständlich erwähnte sie ihm gegenüber Kokoschka mit keiner Silbe. War dem Architekten trotzdem etwas zu Ohren gekommen? Auf jeden Fall erkannte er im Frühjahr 1913 Alma auf einem Gemälde Kokoschkas wieder, einem Doppelporträt von ihm und ihr, das in Berlin ausgestellt wurde. Diesmal brach Gropius endgültig mit ihr. Alma nahm seinen Brief ungerührt zur Kenntnis. Sie war in ihrer Leidenschaft für Kokoschka untergetaucht.

Im August fuhren sie zusammen in die Dolomiten. Er arbeitete, und sie erholte sich. Was war aus der Alma geworden, die wir bisher kannten, aus der Frau, die sich mit Selbstvorwürfen quälte und die Seiten ihres Tagebuchs mit Klagen füllte? Seit sie an der Seite eines Mannes lebte, dessen Talent sie bewunderte und der ihre sinnliche Lust befriedigte, hatte sie ihr Gleichgewicht wieder. »Ich habe in mir jene Harmonie wiedergefunden, die ich als Kind besessen habe. Damals ahnungslos«, schrieb sie. »Die Erde will reinstes Glück, man sieht es nur nicht, denn man nimmt sich selbst zu wichtig. (...) Die wichtigsten Ideen sind im tiefsten Unterbewußtsein – und im Oberbewußtsein kann ein Wachsen nicht entdeckt oder verstanden werden. Das Unterbewußtsein ist das Feuer der Welt!«

Der gute Doktor Freud hätte daran seine Freude gehabt. Obwohl er Gustav Mahler geholfen hatte, war Alma übrigens zeitlebens nicht gut auf ihn zu sprechen: »Er ist ein Dummkopf.« Sie verzieh ihm nie, daß er ihr nach dem Tod seines Patienten, den er nur einen Tag behandelt hatte, eine Rechnung geschickt hatte.

Alma ging es also gut, und sie genoß Kokoschkas Liebe. Er hingegen fühlte sich in dem Maße unbehaglicher, je deutlicher ihm seine Abhängigkeit bewußt wurde. Er versuchte, Abstand zu gewinnen, und trennte sich eine Zeitlang von ihr. Es war nicht das einzige Mal, daß sie sich trennten, nur um sich anschließend umso stürmischer in die Arme zu fallen.

Und dann betrat Kokoschkas Mutter die Bühne.

Sie haßte Alma, diese »Frau von Welt«, die drauf und dran war, die Zukunft ihres Sohnes zu ruinieren. Sie schrieb ihr unverblümt: »Wenn Sie Oskar wiedersehen, werde ich Sie erschießen.«

Frau Gropius hätte so etwas nie gesagt. Aber beide spürten mit dem untrüglichen Instinkt der Mutter, daß diese Frau ihren Söhnen Leid zufügen würde. Tatsache war, daß Alma wirklich nicht dem Typ der idealen Schwiegertochter entsprach.

Eines Morgens stand Frau Kokoschka vor Almas Tür. Alma beobachtete sie durch einen Fensterspalt. Oskar überraschte seine Mutter dabei, wie sie auf und ab lief und mit einem verdächtigen Gegenstand in ihrer Manteltasche hantierte, als habe sie dort eine Waffe versteckt. Aber alles war ganz harmlos: Die vermeintliche Waffe entpuppte sich als ein Stück Holz. Er führte sie weg. Und kehrte freiwillig in sein Gefängnis zurück.

Bei den Wiener Musikfestwochen im Jahr 1912 dirigierte Bruno Walter die Welturaufführung von Mahlers Neunter Symphonie. Selbstverständlich besuchte Alma das Konzert. Sie hatte Kokoschka gebeten, ebenfalls zu kommen. Er litt Qualen:

»Alma, ich kann nicht in Dir zum Frieden kommen, solange ich einen Fremden, ob tot oder lebendig, in Dir weiß. Warum hast Du mich zu einem Totentanz eingeladen und willst, daß ich stumm stundenlang Dir zusehe, wie Du, geistiger Sklave, dem Rhythmus des Mannes gehorchst, der Dir fremd war und sein muß? Ich darf Dich an jenem Tag nicht sehen, den Du der Erinnerung an diesen Mann bestimmst, weil ich nie mich diesem starren Gefühlskomplex in Dir assimilieren kann, der mir am fremdesten ist.

Du mußt mit mir ein grundneues Leben beginnen, Dein Mädchenleben, wenn wir glücklich und ewig einig sein wollen, Alma.«

Aber Alma hatte keineswegs die Absicht, Mahlers Geist aus ihrem Leben zu verbannen. Ganz im Gegenteil: Sie spielte diesen Teil ihrer Vergangenheit aus, um noch begehrenswerter zu erscheinen. Kann es eine quälendere Form der Eifersucht geben als jene, die einem Toten gilt?

Oskar schrieb ihr einen Brief nach dem anderen. Er seufzte und flehte.

»Ich muß Dich bald zur Frau haben, sonst geht meine große Begabung elend zugrunde. Du mußt mich in der Nacht wie ein Zaubertrank neu beleben... Am Tage brauche ich Dich nicht von Deinen Kreisen wegzunehmen, ich kann den ganzen Tag arbeiten und ausgeben, was ich in der Nacht eingesogen habe...«

Wieder dieses Bild: Alma als Energiequell des Künstlers.

»Almi, glaube mir! Du bist die Frau und ich der Künstler, und wie wir uns gegenseitig suchen und verlangen und notwendig haben, damit das Schicksal...sich erfüllen kann... Nutzlose Menschen belebst du, mir bist Du bestimmt worden, und ich soll arm sein?«

Almas Reaktion auf sein Drängen war bemerkenswert: »Ich werde dich heiraten«, versprach sie, »wenn du ein Meisterwerk geschaffen hast.«

Und er schuf ein Meisterwerk! Das Bild trägt den Titel *Die Windsbraut* und hängt heute im Museum in Basel. Es stellt ein Paar dar, das ausgestreckt in einem Kahn liegt. Die Frau hat ihr Haar gelöst und den Kopf gegen die Schulter des Mannes gelehnt. Die friedliche ruhende Frau ist Alma. Der Mann mit dem ängstlichen Ausdruck in den Augen ist der Maler.

Solange er an diesem Bild arbeitete, hielt Alma an der Idee eines Tauschhandels fest: Ehe gegen Meisterwerk. Aber Anfang 1914 reiste sie wieder ohne ihn nach Paris. Sie hielt es nie lange an einem Ort aus. Oskar war verärgert: »Wenn Du wirklich meine Frau sein willst und wirst«, schrieb er ihr, »so mußt Du Dich ein wenig gewöhnen, mir zu folgen! Almi bitte gib kein Geld für mich aus. Du weißt, ich habe nicht gerne Luxus, für den mir die Voraussetzung fehlt.«

Sie sandte ihm trotzdem ein Geschenk, über das er sich aber nicht recht freuen konnte: »Unser Himmel ist derselbe, aber unsere Welt eine verschiedene.«

Die Windsbraut, die 1914 enstand, wurde zur selben Zeit fertig wie das Haus auf dem Semmering, in das Alma mit Kokoschka einziehen wollte.

Alma war wieder schwanger, doch diesmal schien sie sich darüber zu freuen. Kokoschka, ganz verrückt vor Glück, nahm ihre Reaktion als Versprechen, bald zu heiraten. Während sich jeder eifrig im neuen Haus betätigte und Anna Moll mit den Dienstmädchen letzte Hand an die Einrichtung legte, Vorhänge anbrachte, Bücher einordnete, die Küche aufräumte, malte er über dem Kamin im Wohnzimmer ein großes Fresko. Das Bild zeigte Alma, die, von den Flammen verzehrt, zum Paradies aufsteigt, während der Maler, von Schlangen umringt, in der Hölle zurückbleibt.

Mitten in das häusliche Glück platzte der Postbote mit einem Paket: Mahlers Totenmaske. Kokoschka brach in einen Schreikrampf aus. Er brüllte, daß er in einem Haus, das ihn ständig an Almas Vergangenheit erinnere, nichts verloren habe. Alma blieb hart und stellte die Totenmaske an einen gut sichtbaren Platz. Er rebellierte, aber Alma dachte nicht daran, nachzugeben. Er warf ihr schreckliche Dinge an den Kopf. Und sie zahlte mit gleicher Münze zurück. Ein Wort gab das andere. Der Streit wühlte beide bis ins Innerste auf. Einige Tage später ging Alma ins Krankenhaus zu einer erneuten Abtreibung. Kokoschka war ein gebrochener Mann.

»So, auch das wäre vorüber«, schrieb Alma im Mai 1914. »Etwas, das ich für dauernd hielt.«

Ihr Verhältnis war von nun an gespannt und quälend. Sie waren verbittert, doch sie kamen nicht voneinander los. Da schreckte am 22. Juni eine furchtbare Nachricht die Welt auf: In Sarajevo waren der Thronfolger Franz Ferdinand und seine Frau ermordet worden.

Man kann nicht sagen, daß Alma die Tragweite dieses Ereignisses auch nur andeutungsweise begriff. Sie war nicht einmal beunruhigt. Im allgemeinen kümmerte sie sich herzlich wenig um das, was in der Welt um sie herum geschah.

An dem Tag, an dem Österreich Serbien den Krieg erklärte, schrieb sie auf dem Semmering in ihr Tagebuch: »[Ich bin] ganz ruhig und friedlich hier, und genau das habe ich mir am meisten gewünscht... Er hat mein Leben erfüllt und zerstört, zur gleichen Zeit. Ich weiß nicht, wohin ich gehen soll. Warum, oh warum habe ich die ruhige Menge gegen einen feurigen Hochofen eingetauscht?... Aber liebe ich diesen Mann noch? Oder hasse ich ihn schon? Warum bin ich so beunruhigt?«

Und als sie von der Kriegserklärung erfuhr, schrieb sie diesen bemerkenswerten Satz: »Ich bilde mir manchmal ein, daß ich diesen ganzen Umbruch verursacht habe...«

Kokoschka arbeitete in seinem Atelier und hörte Zeitungsjungen ein Extrablatt ausrufen. Er ging ins Café, um sich zu informieren. Als erste Reaktion schoß ihm durch den Kopf: »Ich bin achtundzwanzig, wozu also warten, bis ich einberufen werde? Ich werde mich als Freiwilliger melden.« (Doch damit ließ er sich bis Januar 1915 Zeit.)

Von nun an verschlechterte sich das Verhältnis zu Alma zusehends. Sie hatte von ihm genug, das war klar. Sie schickte ihm Geld, weil sie wußte, daß es ihm finanziell schlecht ging, und das ärgerte ihn. Er drängte sie, ihre Papiere in Ordnung zu bringen, um notfalls in die Schweiz fliehen zu können, doch sie lehnte kategorisch ab.

Bei allen Problemen mußte ihr aber an Kokoschka nach wie vor etwas gelegen sein. Wenn sie in Wien waren, übernachtete er bei ihr, und sie verbrachten viele gemeinsame Tage auf dem Semmering. Aber für Alma war die Zeit, in der der Geliebte ihre Welt ausfüllte, vorüber.

Kurz nach ihrem fünfunddreißigsten Geburtstag, im August 1914, notierte sie: »Ich möchte von Oskar loskommen. Er paßt nicht mehr in mein Leben. Er nimmt mir meine Antriebskraft. (...) Wir müssen Schluß machen. Aber er gefällt mir immer noch so sehr – zu sehr!«

Dann folgen Betrachtungen über die Musik. »Ich weiß jetzt, daß ich erst im Tode wieder singen kann. Ich werde nie mehr die Sklavin eines Mannes sein, weil ich künftig nur für mein eigenes Wohlergehen und für die Verwirklichung meiner Ziele Sorge tragen werde.«

Da ist er wieder, der brennende Wunsch nach Selbstverwirklichung, der sich immer dann zu Wort meldete, wenn sie in einer Krise steckte. Drei Jahre lang war davon nie die Rede gewesen.

Wenig später schrieb sie:

»Ich möchte einen anderen Mann finden, aber einen, der weggeht, aus meinem Leben verschwindet, ehe alles auseinanderbricht. Gestern abend bin ich Oskar weggelaufen.«

Zusammen mit Lili Leiser hatte sie den Abend bei dem Sammler Karl Reininghaus verbracht und dabei Freunde getroffen, unter ihnen Klimt und ein bekannter Archäologe. »Mit diesen beiden, umwimmelt von einer Menschenmenge, sprach ich bis drei Uhr morgens. Ich war fast glücklich diese Nacht – nach der langen Isolierung der letzten Jahre durch Oskar Kokoschka. Dieser Abend war wie eine Kur für mich...« Als sei sie wieder aus der Versenkung aufgetaucht... Von nun an sollte sie keinen Grund mehr haben, über Isolierung zu klagen.

Wie üblich ließen die Bewerber nicht lange auf sich warten. Da war zunächst der unausstehliche Hans Pfitzner, der zu den Proben für seine Oper *Palestrina* nach Wien kam. Eines Tages stand er mit seinem Gepäck vor ihrer Tür. Als er das Bild erblickte, das Kokoschka von ihr gemalt hatte, verlor er völlig die Fassung. Er fand es entsetzlich. Und dann umarmte er sie plötzlich auf dem Sofa... Aber Alma lachte ihn nur aus. Er war beleidigt und warf ihr vor, sie habe ihn ermutigt, sie spiele nur mit ihm. Womit er sicher recht hatte.

Auch danach ging er bei ihr ein und aus, verzichtete aber auf weitere Annäherungsversuche.

Kokoschka gab jedoch nicht auf. Und Alma wußte nicht recht, ob sie ihn behalten oder lieber loswerden wollte. Sie feierten gemeinsam Silvester, und Oskar schrieb ihr:

»Wie Du mich wieder in Dein Bett hingezogen hast, warst du unvergeßlich schön und unvergeßlich erhaben.«

Aber gleichzeitig bedrängte sie ihn solange, nicht die Einberufung abzuwarten, bis es Oskar nicht mehr aushielt und sich freiwillig meldete. Die Infanterie lehnte ihn ab: zu schwache Konstitution. Die Artillerie lehnte ihn ab: zu schwach in Mathematik. Einmal mehr kam ihm Adolf Loos zu Hilfe und brachte ihn bei der Kavallerie unter, einer Waffengattung, die im Kaiserreich besonderes Ansehen genoß. Loos sah es nicht ungern, wenn

Kokoschka fürs erste von Alma getrennt war. Jahrelang hatte er Almas Feindseligkeit ertragen müssen.

Aber ein Kavallerist mußte mit Pferd einrücken und sich auf eigene Kosten einkleiden. Oskar besorgte sich das nötige Geld durch den Verkauf der *Windsbraut* an einen Hamburger Apotheker. Danach ging seine Mutter zusammen mit Loos zu einem Pferdehändler und kaufte für Oskar eine Stute. Nun fehlte noch die Uniform. Sie wurde von einem Schneider gefertigt, der eine Schwäche für die Malerei hatte.

Oskar zog ins Feld, nachdem sich Alma halbherzig und fast ein wenig zerstreut von ihm verabschiedet hatte. Beim Abschied übergab er seiner Mutter eine rote Perlenhalskette, ein Geschenk Almas, das sie als Erinnerung an seine Liebe aufbewahren sollte.

Woran dachte Alma, als ihr Liebhaber an die Front aufbrach – in einen Krieg, der bis dahin schon Tausende von Opfern gefordert hatte? Sie dachte daran, ihre Beziehung zu Walter Gropius wieder aufzufrischen.

Im Januar erfuhr sie, daß Gropius, der bereits in den ersten Kriegstagen einberufen worden war, verwundet im Lazarett lag. Sie schrieb ihm. Er antwortete. Und am 2. Februar 1915 notierte sie ihn ihr Tagebuch:

»Ich habe das Gefühl, Gropius liebt mich nicht mehr. Er sieht mich als eine andere Frau. Ich hätte viel zur Vorbereitung tun müssen, um in seinen Augen immer verfügbar zu sein (...) Dieser Deutsche wird mir nicht untreu werden wie Oskar Kokoschka.«

Und sie schloß mit den Worten:

»Ich werde nicht lange dazu brauchen, um ihn zu besiegen.«

Und in der Tat...

In Begleitung Lili Leisers traf sie in Berlin ein, wo sich alles zunächst schwieriger anließ, als sie erwartet hatte. Über ihre Bemühungen, Gropius zurückzuerobern, schrieb sie:

»Ich fuhr nach Berlin in der schändlichen Absicht, diesen großbürgerlichen Musensohn wiederzusehen.«

Die Tage »wurden weinend verfragt, Nächte weinend beantwortet. Walter Gropius kommt über meine Bindung mit Oskar Kokoschka nicht hinweg.«

An ihrem letzten Abend gingen sie ins Restaurant. Sie tranken ein bißchen zu viel. Der Gedanke an die bevorstehende Trennung bedrückte sie. Bevor er wieder an die Front mußte, wollte Gropius seine Mutter in Hannover besuchen. Alma begleitete ihn zum Bahnhof. Und dort umarmte er sie bei der Abfahrt des Zuges so fest, daß sie mit ihm einsteigen mußte.

»Ohne ein Nachthemd oder sonst irgend etwas mitzuhaben, fast mit Gewalt, war ich die Beute dieses Mannes geworden. Ich muß sagen, es gefiel mir sehr wohl.«

Am nächsten Tag fuhr sie zurück nach Berlin, wo Lili Leiser schon sehnsüchtig auf sie wartete. Lili hatte die Hoffnung noch nicht aufgegeben, daß Alma eines Nachts, auf einer ihrer gemeinsamen Reisen, doch noch der Versuchung erliegen würde, an Freuden zu kosten, die süßer waren als die Umarmung eines Mannes. Lili und Alma besuchten Schönberg, der inzwischen in der Nähe von Berlin wohnte. Der junge Komponist litt größte materielle Not.

Alma hatte Mahler versprochen, sich um Schönberg zu kümmern. Im allgemeinen war sie immer sehr aktiv und großzügig, wenn es darum ging, einen jungen Musiker zu unterstützen. Sie würde Alban Bergs *Wozzeck* drucken lassen, den ihr der Komponist aus Dankbarkeit widmete, und sorgte dafür, daß Schönberg den Preis der Gustav-Mahler-Stiftung erhielt. Bei ihrem Besuch in Berlin schlug sie ihm nun vor, zu einem Konzert nach Wien zu kommen und dort Beethovens Neunte Symphonie in der Instrumentierung von Gustav Mahler zu dirigieren.

Das Konzert fand später auch statt – vor fast leeren Zuschauerreihen. Schönberg erhielt trotzdem die volle Gage. Alma glich den Fehlbetrag aus eigener Tasche aus.

Vor ihrer Abreise aus Berlin traf sie sich noch einmal mit Gropius. In seiner Leutnantsuniform beeindruckte er sie. »Er benahm sich plötzlich wie ein Ehegatte – er setzte alles daran, mich zu einer Heirat zu bringen, und ich bebe immer noch bei dem Gedanken, daß es passieren könnte«, schrieb sie nach ihrer Rückkehr nach Wien.

Was wollte sie eigentlich? Sie hatte sich vorgenommen, »diesen

Deutschen zu besiegen«, und zwar bald. Und jetzt hatte sie ihn wieder in ihren Bann geschlagen. Das bereitete ihr höchsten Genuß. Aber sie liebte ihn nicht. Sie liebte ihn nicht mehr, sofern sie ihn überhaupt je geliebt hatte. Sie wollte ihn, weil er durch und durch arisch war, aber sein geistiger Horizont blieb ihr verschlossen.

In ihrem Tagebuch kommentierte sie einen Brief, den ihr Gropius von der Front schickte und aus dem noch einmal seine Eifersucht auf Kokoschka sprach: »Oskar hat ein Recht, unbedacht zu sein, aber dieser Mann hat das nicht, nicht dieser kleine, gewöhnliche Mann!« Walter Gropius, ein gewöhnlicher Mann? Sie wußte nur zu gut, daß das nicht stimmen konnte. Aber wenn es um Kunst ging, sprachen sie keine gemeinsame Sprache. Wenn sie von der Schönheit der Wolkenkratzer in New York schwärmte, interessierte ihn das überhaupt nicht. Und wenn er ihr erklärte, daß man mit dem *l'art pour l'art* Schluß machen und Architektur und Kunst wieder in der sozialen Wirklichkeit verwurzeln müsse, dann hätte er ihr genauso gut einen Vortrag auf chinesisch halten können.

Sie war ein Wiener Kind ihrer Zeit, taub für die Veränderungen in der Welt, die sich mit einem Grollen ankündigten. Er war ein Mann der Zukunft.

Beide Liebhaber an der Front, sie allein zu Hause: Sie begann wieder zu komponieren und bearbeitete vier ihrer Lieder. Mahlers Verleger zeigte jedoch kein Interesse, und so gab sie die Musik wieder auf. Vielleicht hätte sie in diesem Augenblick einen Alexander Zemlinsky gebraucht, der sie ermutigt und angeleitet und ihr das Selbstvertrauen in ihre Fähigkeiten zurückgegeben hätte. Vielleicht hätte sie dann ihre Schaffenskraft und den nötigen Willen wiedergefunden... Statt dessen fuhr sie zur Kur nach Franzensbad und beantwortete die Briefe, die ihr Gropius und Kokoschka aus ihren jeweiligen Quartieren schickten.

»Ich liebe Dich und ich halte Dich, was weißt Du, wer Du bist und wo Du bist«, schrieb ihr Kokoschka. Das klang anders als bei Gropius, aber der hatte wohl die überzeugenderen Argumente: Am 18. August 1915 erhielt Leutnant Walter Gropius zwei Tage

Sonderurlaub, um in Berlin Alma Schindler, verwitwete Mahler, zu ehelichen. Anschließend kehrte er an die Front zurück. Die Hochzeit wurde fürs erste geheimgehalten. Frau Gropius, die diesen Tag schon lange gefürchtet hatte, wurde nicht informiert.

Wirklich eine seltsame Verbindung: Sie war sechsunddreißig, er einunddreißig Jahre alt, und im Grunde hatten sie nicht das Geringste gemein.

Am 19. August schrieb sie in ihr Tagebuch:

»Am 18. August habe ich Walter Gropius geheiratet. Nichts soll mich fortan aus meiner Bahn schleudern. Klar ist mein Wollen... nichts will ich, als diesen Menschen glücklich machen. Ich bin gefeit, ruhig, erregt wie nie zuvor. Gott erhalte mir meine Liebe!« Damit war selbst Gott überfordert.

Alma sah ihren Mann nur wenig, denn Gropius bekam selten Urlaub, doch sie genoß ihre neue Position als verheiratete Frau. Sie wurde wieder schwanger – zum siebenten Mal – und freute sich darüber. Diese Neuigkeit veränderte schlagartig das Verhältnis zu ihrer Schwiegermutter.

Frau Gropius reiste gerührt von Berlin auf den Semmering. Mit einem Mal erschien ihr Alma in einem ganz anderen Licht: Sie trug ein Kind von ihrem Sohn unter dem Herzen! Alma, die ihre neue Rolle auskostete, war reizend und bot all ihren Charme auf. Die Damen begruben das Kriegsbeil. Die Zeitungen meldeten, daß Kokoschka auf dem Schlachtfeld gefallen sei. Und wie reagierte Alma? Sie stürzte in sein Atelier, zu dem sie immer noch einen Schlüssel besaß, und holte ihre Briefe zurück. Bei dieser Gelegenheit nahm sie gleich noch einige Hundert Zeichnungen und Skizzen mit.

Doch Kokoschka war nicht tot. Bei einem Zusammenstoß mit einem Kosaken-Spähtrupp hatte er einen Schuß in den Kopf und einen Bajonettstich in die Lunge bekommen. Man hatte ihn für tot gehalten. Aber er hatte überlebt und lag nun in einem Wiener Krankenhaus. Dort erfuhr er von Almas Heirat.

Er flehte seinen alten Freund Loos an, Alma aufzusuchen und sie zu bitten, ihn zu besuchen. Loos übernahm diesen Auftrag sicherlich nur höchst ungern, aber Kokoschkas Leben hing nur noch an einem seidenen Faden.

Alma wies seine Bitte hochmütig ab und ließ sich durch nichts umstimmen, getreu der Maxime, die ihr der Nietzsche-Verehrer Burckhard eingebläut hatte und die ihr wie auf den Leib geschneidert war: »Jemand, der Hilfe braucht, ist ihrer nicht wert.«

Kokoschka erholte sich wieder und wurde aus dem Krankenhaus entlassen. Von dort ging er geradewegs zu seiner Mutter und fragte sie nach der roten Halskette, die er ihr anvertraut hatte. Frau Kokoschka griff nach einem Blumentopf, warf ihn zu Boden und zog zwischen den Scherben die Kette hervor. Kokoschka sah darin ein Symbol: Er hatte Alma verloren.

Er kehrte zurück an die Front.

In Ungarn wurde er bei der Sprengung einer Brücke erneut schwer verwundet. Und wieder kam er nach Wien ins Krankenhaus.

Loos traf Alma zufällig bei einem Konzert und sprach sie an. Warum sie sich so viel Zeit lasse mit ihrem Besuch bei Oskar? Ohne sie sei er verloren. Er könne nicht mehr arbeiten. Es sei ihre Pflicht, zu ihm zu gehen.

Aber von Pflichten gegenüber Künstlern, die sie liebten, hatte Alma ein für allemal genug. In ihr Tagebuch schrieb sie: »Oskar Kokoschka ist mir ein fremder Schatten geworden... nichts interessiert mich mehr an seinem Leben. Und ich habe ihn doch geliebt!«

Und er sie!

Bis an sein Lebensende brach er den Kontakt zu ihr nie ganz ab. Er schrieb ihr, telegraphierte, schickte ihr Blumen und eine Einladung zu seinem Theaterstück *Orpheus und Eurydike,* das in Frankfurt aufgeführt wurde. Einmal traf er sie in Venedig, als er 1922 bei der Biennale seine Bilder ausstellte. Er verabredete sich mit ihr im Café Florian, kam dann aber nicht. Später sandte er ihr sibyllinische Botschaften und Postkarten in gebieterischem Tonfall.

»Immerhin machte es mir einige Jahre lang Vergnügen, was vielleicht nicht zu entschuldigen ist, in der Asche eines verglühten Schmerzes zu stöbern...«

Am meisten Aufsehen erregte eine Aktion in Dresden. Zu der

Zeit arbeitete er schon längst in Deutschland, weil er nicht mehr in einer Stadt mit Alma leben wollte. In Dresden bewohnte er die Etage eines Gartenhauses. Bei einer Kunsthandwerkerin gab er eine lebensgroße Puppe aus Stoff und Holzwolle in Auftrag, die ein genaues Abbild Almas darstellte. Er achtete streng darauf, daß auch das kleinste Detail stimmte. Während er auf die Anlieferung der Puppe wartete, kaufte er für sie französische Unterwäsche und ein paar Kleider. Schließlich standen zwei Männer an der Tür und übergaben ihm eine große Kiste. Darin lag, auf Sägespäne gebettet, die Puppe. Als der Hausdiener Kokoschkas seinen Dienstgeber mit der Puppe sah, traf ihn beinahe der Schlag. Kaum hatte er sich wieder einigermaßen erholt, kündigte er.

Zusammen mit dem Dienstmädchen Reserl zog Kokoschka die Puppe an und taufte sie *Die stille Frau*. Reserl bekam den Auftrag, in der Stadt Gerüchte über den Charme und die mysteriöse Herkunft der *Stillen Frau* zu verbreiten und zu erzählen, Oskar fahre an sonnigen Tagen mit ihr in einer Droschke spazieren und miete bisweilen eine Loge in der Oper, um sie vorzuzeigen.

Doch dann kam der Tag, an dem Oskar die Existenz seiner merkwürdigen Gefährtin beendete.

Er verschickte Einladungen und bestellte ein Kammerorchester. Es war eine milde Nacht. Die Musiker spielten neben dem barocken Brunnen im Garten, Fackeln brannten, der Wein floß in Strömen, und die Gäste betrachteten fasziniert die *Stille Frau*, die von Reserl wie ein Mannequin herumgereicht wurde.

Das Trinkgelage uferte zur Orgie aus. Almas Ebenbild wurde mit Rotwein übergossen und einen Kopf kürzer gemacht.

Am nächsten Morgen stand die Polizei vor Kokoschkas Tür und verlangte die Herausgabe der Leiche. Kokoschka führte sie in den Garten und zeigte ihnen die Puppe, die ohne Kopf und wie blutüberströmt im Gras lag.

»Die Müllabfuhr hat im grauen Morgen den Traum der Wiederkehr der Eurydike abgeholt«, kommentierte Kokoschka.

Seinen letzten Brief schickte er Alma zu ihrem siebzigsten Geburtstag nach New York.

Zu diesem Zeitpunkt war er schon eine Berühmtheit und lebte

in der Schweiz. Er war nach London emigriert, als er sich vor den Nazis, die seine Bilder zur »entarteten Kunst« erklärt hatten, nicht mehr sicher fühlte. Zuerst hatte er in den Straßen der Stadt Prag ein Plakat geklebt, auf dem er forderte, Kinder aus Guernica in böhmischen Familien unterzubringen. Über den deutschen Rundfunk drohte man ihm daraufhin: »Wenn wir nach Prag kommen, wirst du am nächsten Laternenpfahl aufgeknüpft.« Kokoschka wartete nicht, bis sie kamen. Er floh mit seiner Frau Olda, nachdem ihm Jan Masaryk einen Paß besorgt hatte. In London erlebte er dann die Bombardierung durch die deutsche Luftwaffe.

Nach all diesen schweren Jahren griff er also noch einmal zur Feder und schrieb Alma nach Amerika:

»Meine liebe Alma! Du bist immer noch ein wildes Geschöpf, gerade so wie damals, als Du zuerst von *Tristan und Isolde* hingerissen warst und einen Federkiel benutztest, um Deine Bemerkungen über Nietzsche in Dein Tagebuch zu kritzeln, in derselben fliegenden, unleserlichen Schrift, die ich nur entziffern kann, weil ich Deinen Rhythmus kenne.«

Er bat sie, nach einem amerikanische Dichter Ausschau zu halten, »der die Gemütsskala von Zärtlichkeit bis zur lasterhaftesten Sinnlichkeit kennt«, um sein Stück *Orpheus und Eurydike* ins Amerikanische zu übersetzen, »damit wir der Welt sagen können, was wir beide mit uns und gegen uns getan haben und die lebende Botschaft unserer Liebe der Nachwelt übermitteln können. Seit dem Mittelalter hat es nichts Gleichartiges gegeben, denn kein Liebespaar hat je so leidenschaftliche in sich hineingeatmet.«

In diesem Tonfall ging es weiter. Der Brief schloß mit den Worten: »Wir zwei werden immer auf der Bühne des Lebens sein, wenn widerliche Banalität, das triviale Bild der zeitgenössischen Welt, einer aus Leidenschaft geborenen Pracht weichen muß. Sieh Dir die öden und prosaischen Gesichter um Dich herum an – nicht eines hat die Spannung des Kämpfers mit dem Leben gekannt, des Genießens, selbst des Todes, des Lächelns über die Kugel im Schädel, das Messer in der Lunge. Nicht einer – außer Deinem Geliebten, den Du einst in Deine Geheimnisse einweihtest. Denke daran, daß dieses Liebesspiel das einzige Kind ist, das wir haben.

Nimm Dich in acht und verbringe Deinen Geburtstag ohne Katzenjammer. Dein Oskar.«

Er konnte Alma nie vergessen...

9

Im September 1916 hatte der unerbittliche Stellungskrieg vor Verdun bereits Tausende von Opfern gefordert. Als Offizier der Kavallerie kämpfte Walter Gropius in vorderster Front. All das erwähnt Alma mit keiner Silbe in ihrem Tagebuch.

Wie viele andere Frauen verfügte sie über die wunderbare Gabe, durch jeden Mann neu und anders wiedergeboren zu werden. Jetzt ging sie in ihrer Rolle als junge, schwangere Ehefrau aus dem Bürgertum auf. Sie zog sich in ihr Haus auf dem Semmering zurück, wo sie sich ganz gegen ihre bisherige Gewohnheit nur noch mit Frauen umgab und ständig Frau X oder Frau Y zu Besuch hatte. In ihr Tagebuch schrieb sie von Herzen kommende Dummheiten wie:

»Die Juden haben uns den Geist gegeben, aber unser Herz verschlungen.« Oder: »Jeder Mann ist Priester seiner eigenen Kirche. Die Frau ist sein Pfarrkind, sie kommt, um in seiner Kirche zu beten.« Als hätte sie das jemals getan!

Am 5. Oktober 1916 brachte sie ein Mädchen zur Welt, das vom ersten Augenblick an alle in seinen Bann zog. Alma nannte es nach ihrer Schwiegermutter Manon.

Gropius konnte nicht kommen: Urlaubssperre. Aber er ließ ihr ein Geschenk schicken, von dem er wußte, daß es ihr sehr gefiel: das Gemälde *Mitternachtssonne* von Edvard Munch. Das Bild stammte aus dem Besitz des Sammlers Karl Reininghaus, mit dem sie beide befreundet waren. Gropius hatte ihn gebeten, das Bild zu verkaufen, und Reininghaus hatte eingewilligt, nachdem er den Grund erfahren hatte.

Das Leben einer Soldatenfrau war ganz und gar nicht nach

Almas Geschmack. Der Ehemann in der Ferne verlor allmählich seinen Platz in ihrem Herzen.

»Dieses Provisorium-Leben habe ich nun bald satt«, schrieb sie in dieser Zeit. »Manchmal juckt's mich, und ich möchte etwas Böses tun. Es gibt soviel Böses, das sich zu tun verlohnte. Ach, nur ein wenig Böses! Meine Empfindung für Walter Gropius war einer müden Dämmerehe gewichen. Man kann keine Ehe auf Distanz führen.«

Kaum hatte sie das Wochenbett verlassen, scharte sie wieder ihre Freunde um sich: Alban Berg, die Schönbergs, Klimt... Man traf sich sonntags in ihrem Wiener Salon oder auf dem Semmering. Verstärkt lud sie auch Schriftsteller ein, die sie in ihren Bannkreis ziehen wollte. Auch Arthur Schnitzler und Hofmannsthal kamen gelegentlich. Olga Schnitzler sollte nach der Trennung von ihrem Mann zeitweilig Zuflucht in Almas Haus finden.

Über den Verleger Jakob Hegner, bei dem Alma zehn Exemplare von Claudels *Goldhaupt* bestellt hatte und der sie daraufhin besucht hatte, weil er wissen wollte, wie seine Kundin aussah, lernte sie den jungen Dichter Franz Blei kennen. Blei war unausstehlich und fesselnd zugleich. Als Gropius einmal auf Heimaturlaub weilte, konnte er sich einen ganzen Abend lang nicht von ihm losreißen. Alma scheint sich ernsthaft gefragt zu haben, ob sie seinem Charme erliegen solle, ließ es dann aber. Das Los traf einen anderen Schriftsteller, den Blei bei Alma einführte.

Sein Name war Franz Werfel. Er war siebenundzwanzig Jahre alt. Sein erster Auftritt im Leben der Familie Gropius war reif für das Boulevardtheater.

Zu seinen Lebzeiten genoß Werfel in Mitteleuropa und über den deutschsprachigen Raum hinaus einen hervorragenden Ruf als Schriftsteller. Wie schon gesagt: Seine Romane wurden mit den Werken Thomas Manns verglichen.

Als Blei ihn Alma vorstellte, hatte er gerade seinen Gedichtband *Der Weltfreund* veröffentlicht und galt seither als einer der führenden Köpfe des literarischen Expressionismus. In seinen Gedichten sang er ein Loblied auf die Brüderlichkeit. Wie andere große deutsche Lyriker seiner Zeit veranstaltete er Lesungen und trug seine Werke mit einem unverkennbaren Sinn für das Dramatische vor.

Werfels Vater besaß in Prag eine große Handschuhfabrik. Trotz seiner Prager Herkunft war Werfel ein »typischer Wiener«: Gemütlich und gesprächig, allen Freuden des Lebens zugetan, verbrachte er seine Tage in den Kaffeehäusern, rauchte eine Zigarette nach der anderen, sprach kräftig dem Wein zu, liebte die Frauen und die Musik, ganz besonders die Oper. Kurz und gut: Er genoß das Leben in vollen Zügen.

Im Jahr 1914 war er als Unteroffizier zur Artillerie eingezogen worden. Während eines Heimaturlaubs sprang er aus einer Drahtseilbahn und verletzte sich dabei schwer. Wegen Selbstverstümmelung kam er vors Kriegsgericht und sollte an die russische Front strafversetzt werden. Doch dank der unerwarteten Fürsprache des Grafen Kessler, der seine Lyrik bewunderte, blieb Werfel die Versetzung nach Rußland erspart. Wieder einmal hatte sich die Protektion bewährt. Statt dessen trat Werfel im Wiener Kriegspressequartier einen ruhigen Posten an. Er wohnte im Hotel Bristol und hatte viel freie Zeit.

Was gibt es sonst noch über ihn zu berichten? Er war Sozialdemokrat – zu Almas Entsetzen. Manchmal sagte er: »Wie kann ich glücklich sein, wenn ein Geschöpf auf Erden noch leidet?« Und Alma kommentierte: »Diese Phrasen hatte ich wörtlich schon einmal von einem Egozentriker par excellence, nämlich Gustav Mahler, gehört.«

Leider war er Jude!

Aber er war auch »ein untersetzter Mann, mit sinnlichen Lippen und wunderschönen großen blauen Augen unter einer Goetheschen Stirn«. Zumindest beschrieb sie ihn so. Der »untersetzte« Mann war um einiges kleiner als sie, und auch er trug unverkennbar die Züge ihres Vaters. Andere fanden Werfel häßlich, mit einem fatalen Hang zur Fettleibigkeit, schätzten aber seinen Charme.

Werfel war ein brillanter und unerschöpflicher Unterhalter. Er kannte Verdis Werk auswendig und gab bei jeder sich bietenden Gelegenheit Kostproben seiner schönen Tenorstimme. Außerdem liebte er Mahlers Musik ... Das war also Franz Werfel.

Es dauerte nicht lange, und er ging im Hause Gropius ein und aus. An einem Abend im November – Gropius war gerade auf Heimaturlaub – verbrachte Alma »wunderbare Augenblicke, eine holdselige Nacht... Werfel, Blei, Gropius.«

Sie hatten zusammen musiziert und gesungen, »und so verquickt waren wir sofort durch dies unser ureigenstes Element, daß wir alles rundherum vergaßen und vor den Augen der ganzen Welt quasi musikalisch-geistigen Ehebruch trieben. Franz Werfel ist ein wunderbares Wunder!«

Ein Schneesturm hielt die Gäste bei Alma fest. Zwei Klappbetten wurden für sie aufgestellt. »Ich war mit den sonderbarsten Empfindungen mit meinem Mann in mein Schlafzimmer gegangen. Musikberauscht schlief ich, an der Seite eines mir merkwürdig fremd Gewordenen, ein.« Von da an hatte der junge Ehemann nicht mehr viel Freude an ihr.

Sie wollte Franz, und sie sollte ihn auch bekommen. Er war ihr bereits ins Netz gegangen, ohne auch nur im entferntesten zu ahnen, worauf er sich da einließ.

Anfang 1917 kam der berühmte holländische Dirigent Willem Mengelberg, der viel für Mahler getan hatte, für mehrere Konzerte nach Wien. Alma gab ein Essen für die Mengelbergs, zu dem sie siebzig Gäste lud, Aristokraten ebenso wie namhafte Künstler. Aber sie hatte nur Augen für Franz Werfel. Drei Tage später besuchten sie gemeinsam ein Konzert Mengelbergs.

Anschließend brachte sie Franz nach Hause. Und stand plötzlich in ihrem Schlafzimmer. Ihre erste Begegnung lag nun drei Monate zurück. Für Almas Verhältnisse ein ungewöhnlich langes Vorspiel.

»Ich bin toll«, schrieb sie. »Und Werfel auch. Wenn ich zwanzig Jahre jünger wäre, würde ich alles hinhauen und mit ihm gehen. So aber muß ich ihm mit tiefer Trauer nachsehen, wenn er seinen Götterlieblingsweg dahingeht.«

Der Götterliebling war zehn Jahre jünger als sie und glaubte zunächst an ein amüsantes Abenteuer mit einer verheirateten Frau. Man mußte schon über Almas Scharfblick verfügen, um zu entdecken, daß in diesem jungen Mann mehr steckte als nur eine hübsche Begabung. Er bekam sehr schnell zu spüren, worauf er sich eingelassen hatte. Sie besuchte ihn täglich in seinem Zimmer im Bristol, und nachdem sie sich geliebt hatten, schickte sie ihn unerbittlich an den Schreibtisch. Da half kein Sträuben. Das ging so lange, bis er vom Kriegspressequartier zu einer Vortragsreihe in die Schweiz geschickt wurde.

Doch Franz Werfel war Pazifist, ebenso wie seine Freundin Berta Zuckerkandl, die zu dieser Zeit auf einen Separatfrieden zwischen Frankreich und Österreich hinarbeitete und geheime Verhandlungen zwischen beiden Ländern in die Wege leitete, denen Clemenceau allerdings unverzüglich ein Ende machen sollte, als er später an die Regierung kam.

In Zürich hielt Franz Werfel vor einer Versammlung junger Arbeiter eine Rede, auf die man in Österreich mit Empörung reagierte. Seine Wiener Dienststelle beorderte ihn zurück, aber er blieb einfach! Nach seinem Auftritt in Zürich sprach er noch in Bern und in Davos. »Ein großartiger Erfolg!« freute sich Berta.

Werfel muß die Protektion einflußreicher Leute genossen haben. Er wurde nur nach Wien zurückgerufen. Mehr geschah nicht.

Er zitterte bei dem Gedanken, daß Alma ihn inzwischen vergessen haben könnte. Aber das war nicht möglich: Sie war schwanger, wieder einmal. Von Werfel. Jedenfalls sagte sie ihm das. Wie viele Frauen ihrer Zeit hatte sie ohne größere Skrupel mehrere Male abgetrieben. Aber diesmal dachte sie nicht daran.

Der Standort ihres Ehemannes war so weit von Wien entfernt, daß er sie im Urlaub nicht besuchen konnte. Also traf sie ihn in Berlin und erzählte ihm, sie erwarte ein zweites Kind von ihm.

Wer war nun wirklich der Vater? Alma wußte es nicht. So etwas passiert zuweilen und stellt alle Beteiligten vor eine schwierige Situation. Alma rechnete in ihrem Fall mit besonders unangenehmen Folgen und zog sich mit ihren beiden Töchtern auf den Semmering zurück. Franz Werfel besuchte sie, wann immer seine dienstlichen Verpflichtungen es zuließen.

Gucki, die ältere der beiden Töchter, war inzwischen zu einem jungen Mädchen herangewachsen. Sie wollte nicht länger mit

Gucki angesprochen werden und bestand auf ihrem Vornamen Anna. Ihre Augen waren immer noch von einem ungewöhnlichen leuchtenden Blau, und sie hatte immer noch denselben traurigen Ausdruck in ihrem kleinen Gesicht.

Offensichtlich hatte sie sich daran gewöhnt, daß bei ihrer Mutter die Liebhaber der Reihe nach aus- und eingingen. Sie hatte Kokoschka gemocht und ihm gern beim Malen zugesehen. Gropius bekam sie nur selten zu Gesicht, und von Werfel wußte sie, daß er beim Arbeiten nicht gestört werden durfte. Schon früh zeigte sich ihre musikalische Begabung. Sie spielte mit Alma vierhändig auf dem Flügel. Anna litt wohl ebensosehr unter dem Verlust ihres Vaters wie unter der Dominanz ihrer Mutter, die sie zu ersticken drohte. Sie war sehr lieb zu ihrer kleinen Schwester Manon, und in den schweren Kriegsjahren half sie ihrer Mutter, wo es ging. Sie sammelte im Wald Pilze, die damals das Grundnahrungsmittel der Familie darstellten. Je länger der Krieg dauerte, desto schwieriger gestaltete sich das tägliche Leben. Durch ihre Wiederverheiratung hatte Alma ihre Witwenpension verloren, die Inflation zehrte die Einnahmen aus Mahlers Werk auf, die Nahrungsmittel wurden rationiert, und die Bauern in der Umgebung verkauften ihre Erzeugnisse bevorzugt an Nachbarn, die sie schon aus der Zeit vor dem Krieg kannten. Butter gab es nur selten und Fleisch überhaupt nicht. Aber an Problemen des täglichen Lebens war Alma noch nie verzweifelt. Die Villa auf dem Semmering blieb ein gastfreundliches Haus.

Als Werfel eines Tages auf dem Weg zu Alma war, begegnete er Gropius, der ein paar Tage Heimaturlaub erhalten hatte. Werfel machte auf der Stelle kehrt.

An einem Samstag im Juli kam er mit dem Zug aus Wien, um das Wochenende auf dem Semmering zu verbringen. Alma war inzwischen im siebenten Monat schwanger. Er schlief in einem Zimmer, das an Almas Schlafzimmer grenzte. »Ich hatte mich nicht beherrscht. Wir liebten uns! Ich schonte sie nicht. Gegen Morgen ging ich in mein Zimmer zurück«, notierte Werfel in seinem Tagebuch.

Früh am Morgen weckte ihn das Dienstmädchen: Bei der gnädigen Frau sei eine Blutung eingetreten, er müsse sofort den Arzt aus dem Dorf holen. Werfel rannte los, verirrte sich, geriet in sumpfiges Gelände, fand seinen Weg wieder und legte zwei Gelübde ab: Wenn Gott alles zum Guten wendet, will ich Alma immer treu bleiben und das Rauchen aufgeben.

Endlich fand er einen Arzt und drängte ihn, schnell zu kommen. Unterwegs trafen sie Anna, die im Gegensatz zu Werfel ruhig Blut bewahrt hatte. Sie wollte hinunter in den Ort, um einen Arzt in Wien anzurufen.

Werfel eilte in die Villa zurück. Er kam sich schäbig und unnütz vor. Gegen Mittag ließ Alma ihn rufen. Er betrat ihr Schlafzimmer und »fühlte fast weinend ihre hohe Schönheit. In allem, was sie mit leiser Stimme sagte, war ein herrlicher Enthusiasmus, wie ihn nur ganz große Menschen im Leiden haben können. Alma ist eine vollkommene Natur ... Ich spreche von meiner Schuld an diesem Unglück. Sie sagt: ›Ich selbst bin ebenso schuld daran. Nicht überhaupt Schuld, Schuld! Ich kenne das gar nicht.‹

Sie erkennt aus einem sibyllinischen Mittelpunkt heraus, aus genialen Instinkts-Assoziations-Sprüngen. Sie gehört zu den ganz wenigen Zauberfrauen, die es gibt. Sie lebt in einer lichten Magie, in der viel Vernichtungswille lebt, Trieb zu unterwerfen ... Alma beschäftigt sich immer wieder instinktiv erkennend mit mir. Sie hat meine Verteidigung ebenso übernommen wie meine Anklage.

Sie sieht scharf und ungetrübt. Deutet jedes Organ meines Körpers. Ich glaube ihr Böses und Gutes, besonders das Böse; ich fühle mich aus meinem Körper und Gebaren erkannt. – Sie hat tatsächlich einen großen Einfluß über mich gewonnen, weil sie als Potenz da ist, als produktiver Organismus.«

Werfels Charakterisierung trifft Almas Wesen sehr genau. Jeder ihrer Männer hätte ihm wohl zugestimmt. Schuld? Sie kannte keine Schuld!

Werfel kehrte nach Wien zurück. Alma wollte sich von dem Dorfarzt »mit seinen Fleischhauerhänden« nicht anrühren lassen und wartete auf die Ankunft Professor Halbans aus Wien. Durch einen glücklichen – glücklichen? – Zufall traf fast in derselben Minute Walter Gropius mit einem Militärtransport ein.

Professor Halban entschloß sich zu einem kleinen Eingriff, vermutlich eine Cerclage. Dann wies er Alma in ein Wiener Krankenhaus ein.

Im Sanatorium Löw brachte die 39jährige Alma nach langer, qualvoller Nacht einen Sohn zur Welt. Er kam zwei Monate zu früh. Franz versuchte die ganze Nacht über, sie telephonisch zu erreichen. Am nächsten Morgen um neun Uhr sprach er mit Gropius, der ihm erzählte, was geschehen war: »Es war eine sehr schwere Nacht. Das Kind lebt. Der Alma geht es, soweit dies möglich ist, gut. Man muß die nächsten Tage abwarten.« Die folgenden Tage telephonierten die beiden Männer regelmäßig miteinander. Hegte Gropius einen Verdacht? Und welchen? Wenn ja, dann ließ er sich jedenfalls nichts anmerken. Er hatte Sonderurlaub bekommen, damit er bei seiner kranken Frau bleiben konnte.

Werfel besuchte Alma. Er fühlte sich beklommen in der Krankenhausatmosphäre, in dem kahlen kleinen Zimmer mit den vielen Blumen. »Es ist August, vier Uhr nachmittags, und die schwere Luft eines großstädtischen Sommertags dringt herein. Auf dem weißlackierten Krankenbett liegt die Frau, die ich liebe... Ihr langes blondes Haar liegt offen neben ihr auf den Kissen. Sie ist blutlos weiß im Gesicht, aber niemals war ihre Schönheit glorreicher. Die Frau, die ich liebe, ist nicht meine Frau, noch nicht. Ich bin sogar verpflichtet, in dieser furchtbaren Situation fremd und harmlos zu tun...«

Franz Werfel war kein Zyniker, aber er fühlte sich über alle bürgerlichen Konventionen erhaben. »Zugleich aber durchdringt mich immer eisiger, immer schneidender die Erkenntnis, daß wir beide uns nicht nur gegen die bürgerliche, sondern gegen eine höhere Weltordnung vergangen haben. Mann, Weib, Kind, diese heilige Begegnung darf nicht so sein wie hier und jetzt.«

Wie versteinert stand er vor dem Neugeborenen, seinem Sohn. Er suchte verzweifelt nach einer Gefühlsregung, aber es wollte sich keine einstellen. Dieser weiße, stille Säugling verwirrte ihn. Wenn er wenigstens geschrien hätte! Aber er gab keinen Laut von sich. Franz murmelte Alma ein paar tröstende Worte zu, »Du wirst schon sehen, es wird alles wieder gut«, und bemühte sich, ein unschuldiges Gesicht aufzusetzen, als er den prüfenden Blick der Krankenschwester spürte...

Von einer Minute auf die andere zerriß das Lügengespinst. Eines Morgens telephonierte Alma schon sehr zeitig mit Franz; sie unterhielten sich darüber, welchen Namen das Kind bekommen sollte. Nach langem Hin und Her entschieden sie sich für Martin. Plötzlich stand Gropius in der Tür, im Arm einen riesigen Blumenstrauß. Er hörte, wie Alma Franz Werfel duzte und in einem vertraulichem Ton mit ihm sprach, der keine Zweifel zuließ. Als Alma ihren Mann erblickte, legte sie auf. Gropius blieb ganz ruhig und fragte nur: »Nicht wahr, er ist dein Liebhaber?« Alma antwortete nicht. Gropius stand wie angewurzelt.

Am Nachmittag suchte er Werfel auf, aber Werfel schlief und hörte sein Klopfen nicht. Gropius hinterließ eine Nachricht an der Tür: »Ich komme, Sie mit der Kraft zu lieben, die mir zu Gebote steht. Um Gotteswillen, schonen Sie Alma. Es kann ein Unglück geschehen. Die Erregung – wenn uns [Uns!] das Kind stürbe!«

Und dann fuhr er zu seiner Einheit zurück.

»Als ich diese höchst vornehme Karte las, konnte ich mich nicht fassen, war ganz hinfällig«, schrieb Werfel, der sich ganz und gar nicht wohl in seiner Haut fühlte.

Als Alma einige Tage später mit ihrem Sohn nach Hause kam – die Ärzte konnten damals für Frühgeburten wenig tun –, fand sie einen Brief ihres Ehemannes vor: Er war bereit, sie freizugeben, wenn sie ihm das Sorgerecht für Manon überließ. Sie lehnte ab: Niemals würde sie Manon weggeben.

Stand also der übliche Zank zweier Eheleute um ein Kind bevor? Mitnichten, denn Gropius war kein gewöhnlicher Mann.

An einem Novemberabend des Jahres 1918 sah ihn Alma mit Werfel, den er zuvor abgeholt hatte, auf ihr Haus zukommen. Für Leutnant Gropius war der Militärdienst zu Ende. Die Tragödie des deutschen Zusammenbruchs hatte begonnen. Doch im Augenblick beschäftigte ihn nur seine private Tragödie.

»Weg mit euch!« rief Alma ihnen entgegen. »Geht alle beide weg. Ich will weder dich, Walter, noch dich, Franz. Und meine Kinder werdet ihr nicht anrühren, sie gehören mir!«

Dann spielte sich eine geradezu unglaubliche Szene ab: Walter Gropius warf sich seiner Frau zu Füßen, schlug sich an die Brust und flehte sie an, ihm zu vergeben... Alles sei ganz allein seine Schuld! Er wolle nur eines: Sie behalten. Sei sie bereit, bei ihm zu bleiben?

Sich vor Alma zu erniedrigen, war der größte Fehler, den ein Mann begehen konnte. Als Gropius vor ihr lag, verlor sie auch noch den letzten Rest ihrer Liebe zu ihm. Franz Werfel, an diesem Drama als Zuschauer und Akteur beteiligt, verfolgte die Szene mit gemischten Gefühlen. Er war peinlich berührt und versuchte, die beiden zu beruhigen, was ihm zunächst auch gelang. Doch in den folgenden Tagen wurde ihm die Spannung unerträglich. Er beschwor Alma, mit Gropius, den sie nur mit Rücksicht auf Manon so lange geschont hatte, Schluß zu machen.

Ihr Tagebuch verzeichnet dazu nur ein paar schlichte Sätze: »Zu der Zeit brach die Monarchie auseinander. Aber all das berührte mich nicht sehr. Ich habe dieses Ereignis von weltweiter Bedeutung kaum zur Kenntnis genommen.«

Ganz und gar nicht gleichgültig ließen sie hingegen die Ereignisse, die sich am 11. November 1918 in Wien abspielten. Sie konnte nicht gleichgültig bleiben, weil Werfel an ihnen beteiligt war.

Alles begann damit, daß eine aufgebrachte Menschenmenge in Richtung Parlament durch die Straßen zog; so etwas hatte es in letzter Zeit oft gegeben. Vom Fenster ihres roten Salons aus beobachtete Alma den »Zug der Proletarier«. Als Schüsse fielen, griff sie nach dem Revolver, der immer in einer Schublade bereitlag.

An diesem Tag hatte Kaiser Karl I. auf jede Beteiligung an den Staatsgeschäften verzichtet und die letzte kaiserliche Regierung offiziell ihres Amtes enthoben. In Österreich wurde die Republik ausgerufen. Kaum wehte die rot-weiß-rote Flagge über dem Parlament, da stürmte die Menge das Gebäude. In dem allgemeinen Durcheinander rissen ein paar Kommunisten den weißen Streifen aus der Flagge und hißten den Rest als rote Fahne. Im Café Landtmann, dem Treffpunkt der feinen Wiener Gesellschaft, schlugen Aufrührer sämtliche Scheiben ein. In Panik stürzten die Gäste auf die Straße. Die Tumulte dauerten bis weit in die Nacht.

Am nächsten Morgen tauchte Franz Werfel in Uniform bei Alma auf. Er wollte sich den Revolutionären anschließen, jedoch nicht ohne vorher ihren »Segen« eingeholt zu haben. »Ich war in meinem Herzen dagegen«, schrieb sie später über den Aufruhr. Sie begriff überhaupt nicht, worum es dabei ging. Aber schließlich küßte sie ihn auf die Stirn. Am Abend kam er wieder, schmutzig und zerlumpt. »Er roch nach Fusel und Tabak« und berichtete ihr, junge Intellektuelle hätten die »Rote Garde« gegründet. Alma war außer sich. Sie schickte ihn auf der Stelle fort.

Den ganzen Tag über hatte er entlang der Ringstraße auf Parkbänken gestanden und den Aufständischen zugerufen: »Stürmt die Banken! Nieder mit den Kapitalisten!« Aber die Revolution nahm einen anderen Verlauf. In den Grenzen des heutigen Österreichs wurde eine bürgerliche Republik errichtet. Das war das Ende der Herrschaft der Habsburger.

Nach der Niederschlagung des Aufstands ging die Wiener Gesellschaft mit Franz Werfel hart ins Gericht. Allein Berta Zuckerkandl stellte sich auf seine Seite. Werfel wurde steckbrieflich gesucht. Und wer rettete ihn? Niemand anderer als Walter Gropius, den mit dem Liebhaber seiner Frau ein ähnlich seltsames Verhältnis verband wie mit ihrem ersten Mann. Als zweifacher Träger des Eisernen Kreuzes – Gropius war viermal verwundet worden – bürgte er für Werfel. Dann fuhr er zurück nach Berlin, wo er Arbeit suchte, um den Unterhalt seiner Familie zu sichern. Alma überließ er nun endgültig Franz Werfel. Und sie? Sie war sich inzwischen gar nicht mehr so sicher, ob sie Werfel wirklich wollte, auch wenn sie »glorreiche Nächte« mit ihm verbrachte.«

Alma stellte Werfel ihr Haus auf dem Semmering zur Verfügung. Sie selbst blieb in Wien. Innerhalb von acht Tagen schrieb er den ersten Akt seines Dramas *Der Spiegelmensch,* einer Abrechnung mit seinem früheren Freund Karl Kraus. Der Einsamkeit bald überdrüssig, kehrte nach Wien zurück, wo ihm Alma eine furchtbare Szene machte, weil er beschlossen hatte, die Weihnachtsfeiertage bei seiner Familie in Prag zu verbringen. Doch Werfel ließ sich nicht beirren und reiste wie geplant ab. Alma war allein, nur ihre Kinder waren bei ihr: Gucki mit den geheimnisvollen Augen, die man neuerdings Anna nannte und die ihre Mutter um einen Kopf überragte; Manon, die mit ihren zweieinhalb Jahren der ganze Stolz ihrer Mutter war; und der kleine Martin, der so zerbrechlich wirkte.

Alma hatte ein englisches Kindermädchen für den Säugling eingestellt, aber bald darauf wieder entlassen müssen. Sie konnte sich nur noch ihre Hausangestellte Ida leisten. Zum Glück war da noch Anna Moll, eifrig und tüchtig wie eh und je. Alma verstand es sehr gut, sich bedienen zu lassen; sie selbst rührte im Haushalt kaum einen Finger.

In Österreich kam es zu einer dramatischen Verknappung an Lebensmitteln und Kohlen. Berta Zuckerkandl gelang es, ihren alten Freund Clemenceau zu erweichen: Nachdem er sich anfangs widersetzt hatte, stimmte er schließlich der Einsetzung einer alliierten Kommission zu, die sich der Nahrungsmittelfrage annehmen sollte.

Berta schrieb ihm: »Georges, ich weiß, daß Du dabei bist, Österreich zu zerstören, weil Du es bestrafen willst ... Wien, die Stadt, deren anmutigen Zauber du immer geliebt hast, ist heute der Schauplatz einer schrecklichen Tragödie. Nein, so etwas darfst Du nicht tun ....«

Gab die Erinnerung an alte Zeiten den Ausschlag? Oder das politische Kalkül? Auf jeden Fall gab der »Tiger« nach, und Berta konnte in ihren Memoiren schreiben: »Meine Freundschaft mit Clemenceau wird also ungetrübt bleiben.«

Wien war am Rand einer Hungersnot gestanden; nun blieb der Stadt das Schlimmste erspart.

Im Januar mußte Alma den kleinen Martin zu einer Punktion ins Krankenhaus bringen.

Und zum ersten Mal empfand sie so etwas wie Schändlichkeit. Sie war überzeugt, daß dieses gepeinigte kleine Wesen durch ihre Schuld litt. Und dabei wußte sie nicht einmal mit Sicherheit, wer der Vater des Kindes war. Sie schämte sich entsetzlich ... Während Martin im Krankenhaus mit dem Tode rang, ließ sie ihr Leben Revue passieren und kam zu dem Schluß, daß sie sich niemals geirrt, sich nichts vorzuwerfen habe. Und doch hätte sie zu gerne gewußt, »wie ich nun in den Köpfen dieser Menschen zur Ruhe gegangen bin« – gemeint waren ihre Männer. Sie kam ins Grübeln: Sollte sie sich von Gropius scheiden lassen? Nur die Rücksicht auf die bürgerlichen Konventionen hatte sie bisher von diesen Schritt abgehalten. Aber würde sie jemals einen besseren Ehemann finden? Da sie versprochen hatte, Manon zu ihm zu bringen, reiste sie im März nach Berlin. Er berichtete ihr von seinem Plan, nach Weimar zu ziehen, wo er gerade das Bauhaus gegründet hatte. Das kam für sie nicht in Frage: »Was! Bis ans Ende meiner Tage mit Walter Gropius in Weimar dahinvegetieren?«

Da erreichte Gropius, dem Gesetz nach Martins Vater, ein Telegramm aus Wien: Das Kind war tot.

»Wäre lieber ich gestorben!« sagte Gropius voller Verzweiflung, als er Alma die traurige Nachricht überbrachte. Und dann telegraphierte er, umsichtig wie immer, an Werfel.

Alma stand am Rande eines Nervenzusammenbruchs. Sie hatte von Gropius genug, genug auch von Werfel, »der Quelle all meines Unglücks«, sie wollte ... Kokoschka. Über Baron Dirzstay hatte sie der Maler wissen lassen, daß er ohne sie einfach nicht mehr arbeiten könne. Unter dem Vorwand, Gropius müsse seine Tochter eine Zeitlang für sich allein haben, machte sie sich heimlich davon und suchte in Berlin nach Kokoschka.

Ein Glück, daß sie ihn nicht fand. Die Situation wäre dadurch nur noch verworrener geworden. Reumütig und traurig, doch in dem festen Vorsatz, sich von Gropius scheiden zu lassen, kehrte sie von ihrer Expedition zurück. Gropius befand sich in einem wahren Schaffensrausch und schien sich allmählich mit dem Gedanken abzufinden, Alma endgültig zu verlieren. Aber beim Thema Manon blieb er hart. Er bestand auf dem Sorgerecht. Als Alma nach Wien zurückfuhr, wartete Franz schon voller Ungeduld; er war jung, leidenschaftlich, verliebt, großzügig, verschwenderisch und steckte voller Pläne ... Zu ihrem Empfang hatte er ein Festessen vorbereitet – beide aßen leidenschaftlich gern –, und er schrieb ihr Briefe, für die sie immer ein offenes Ohr hatte:

»Almitschka, lebe für mich! Ich sehe meine Zukunft nur in Dir. Ich möchte Dich heiraten. Und nicht nur aus Liebe. Sondern aus der tiefen Erkenntnis, daß, wenn es einen Menschen auf Erden gibt, der mir Erfüllung bringen und mich zum Künstler machen kann, Du allein dieser Mensch bist.«

In ihrem strahlenden Selbstbild und unerschütterlichen Selbstvertrauen bestätigt, begann sie, Werfel an die Leine zu nehmen. Sie führte ihn mit eiserner Faust. Von nun durfte er sie nur noch sehen, wenn er gearbeitet hatte.

»Franz ist ein winziger Vogel in meiner Hand«, schrieb sie, »mit Herzklopfen und wachsamen Augen, den ich vor Wetter und Katzen schützen muß.

Manchmal versucht er zwar, ein Held zu sein, aber als kleinen Vogel liebe ich ihn mehr, weil der andere Teil seines Wesens mich nicht braucht und wahrscheinlich auch niemand anderen.«

Dennoch wollte sie kein drittes Mal heiraten. Wozu auch? Die Gesellschaft hatte sich verändert, und sie war eine vierzigjährige Frau. Sie konnte so leben, wie sie es für richtig hielt, auch ohne den amtlichen Segen des Standesamts. Sie wollte reisen. Das »politisierte« Wien war ihr zutiefst zuwider, obgleich die Stadt nach dem Krieg fast wieder zu altem Prunk und Glanz zurückgefunden hatte.

»Ja, und nun – die Politik!« seufzte sie in ihrem Tagebuch. »Ich wünschte mir den Kaiser zurück... und wenn es der idiotischste aller wäre, wenn's anders nicht geht, und die teuersten, fruchtbarsten Erzherzöge, die das Land soutinieren müßte, nur wieder Pracht von oben her und ein Kuschen, ein unlautes Kuschen des Sklaven-Unterbaus der Menschheit...

Das Geschrei der Massen ist eine Höllenmusik, die ein reines Ohr nimmer ertragen kann. Tolstoj hörte dort Engel singen, aber es war seine eigene Stimme, die er hörte, so wie man bei großer Stille oder Leere von außen das eigene Blut rauschen hört.«

Auch eine Reise nach Weimar trug wenig dazu bei, sie mit »den Massen« zu versöhnen. Nach dem turbulenten Zwischenspiel in Bayern, wo man die Räterepublik ausgerufen hatte, kam es in ganz Deutschland zum Generalstreik. Es gab weder Wasser noch elektrischen Strom. Alma und Manon flohen aus dem Hotel und quartierten sich bei Gropius ein, der wie besessen arbeitete.

Leichengeruch hing in den Straßen. An dem Tag, als die bei Demonstrationen getöteten Arbeiter beerdigt wurden, beobachtete Alma vom Fenster aus einen Trauerzug. Auf den mitgeführten Plakaten las sie »Es lebe Rosa Luxemburg!«, »Es lebe Liebknecht!«. Die Architektenvereinigung war nahezu vollzählig vertreten. Gropius bedauerte sehr, daß er Almas Drängen nachgegeben hatte und daheimgeblieben war, und er sagte es ihr.

»Ich wollte nur verhindern, daß er sich in die Politik einmischt«, schrieb sie.

In diesem Punkt dachte sie wie viele Menschen. Sie glaubte, man könne sich vor Schlägen schützen, »wenn man sich nicht in die Politik einmischt«. Hals über Kopf reiste sie wieder ab. Ihre Tochter nahm sie mit. Endlich willigte Gropius in die Scheidung ein und erklärte sich bereit, Manon bei ihrer Mutter zu lassen, unter der Bedingung, daß er sie regelmäßig sehen durfte. Am 12. Juli 1919 unterrichtete er Alma von seinem Entschluß.

1920 fuhr Alma mit ihrer Tochter Anna zu den Mahler-Festspielen nach Holland, die Willem Mengelberg organisiert hatte. Und dort langweilte sie sich. Sie verging vor Langeweile, obwohl man sie wie eine Königin empfing.

Die Reden und Ehrungen, der Empfang bei der königlichen Familie, die Gründung einer Mahler-Gesellschaft: All das empfand sie als lästige Pflicht. Sie, die Witwe Gustav Mahlers? Aber er war doch fast zehn Jahre tot! Und zu Hause wartete ein lebendes Genie. Zumindest hielt sie Werfel dafür. Doch er war ein Wirrkopf, aufbrausend und unstet. Er schwankte zwischen Christentum und Judentum, die er in seinem Werk versöhnen wollte, zwischen Marxismus und dem Konservativismus, bei dem er schließlich landete. Seit der Zersplitterung des Kaiserreichs wußte er nicht einmal mehr, was sein Vaterland war, wohin er gehörte: Nach Prag? Oder nach Wien? Kurzum, Werfels Identität war brüchig. Aber er arbeitete, und sein Ansehen wuchs. Das Burgtheater spielte seine Bearbeitung der *Troerinnen*. In Leipzig war die Aufführung seines Dramas *Bocksgesang* geplant, in Prag und München spielte man *Der Spiegelmensch*. Sein Band mit Erzählungen *Nicht der Mörder, der Ermordete ist schuldig,* der auf eine Anregung Almas hin entstanden war, hatte großes Aufsehen erregt.

Leider hatte ihm das Schreiben bisher nur wenig eingebracht. Nach wie vor unterstützte ihn sein Vater mit einem monatlichen Wechsel – und wartete ungeduldig darauf, endlich das Wesen kennenzulernen, das ihm Franz als seine zukünftige Frau geschildert hatte.

Aber Alma hatte es damit nicht sehr eilig.

Der große Altersunterschied, der sie von Franz Werfel trennte, kam ihr umso deutlicher zu Bewußtsein, als ihre siebzehnjährige Tochter Anna sich gerade mit Rupert Koller, dem Sohn einer befreundeten Familie, verlobt hatte. Der Gedanke, in nicht allzu ferner Zukunft Großmutter zu werden, versetzte Alma keineswegs in Entzücken. Dennoch gab sie ihren Segen. Großmutter? Gerade zu rechter Zeit erreichten sie da zwei glühende Liebesbriefe, die den Alptraum verscheuchten. Der eine kam von dem Dirigenten Siegfried Ochs, der andere von dem Dichter Albert von Trentini. Das Schreckensbild der Großmutter war damit fürs erste gebannt. Sie war immer noch unwiderstehlich. Sie verbrachte ein paar unbeschwerte Tage mit Maurice Ravel, den die unermüdliche Berta Zuckerkandl für eine Konzertreihe mit seinen Werken nach Wien geholt hatte.

Alma nahm den französischen Komponisten bei sich auf. Sie amüsierte sich über seine »pervertierte Maske«, schätzte aber sein Talent und seine hohe Sensibilität. Geschminkt und eingehüllt in eine Parfümwolke pflegte er morgens in einem Morgenrock aus leuchtendem Taft am Frühstückstisch zu erscheinen... Aber das diente nur dem Schaueffekt.

Ravel war von Wien ganz hingerissen. Eines Tages ging er in ein Ledergeschäft und kaufte zwei Taschen. Als er der Inhaberin seinen Namen nannte, weigerte sie sich, ihn die Rechnung begleichen zu lassen. »Was sagen Sie dazu?« meinte er zu Berta. »Hundert Jahre könnte ich in Paris wohnen, ohne jemals so bekannt und beliebt zu werden.«

Seine Konzerte waren ein phänomenaler Erfolg. Alma und Berta organisierten für ihn, den Franzosen, ein typisch wienerisches Abschiedsfest. „Die Wiener Kunstwelt gab sich ein Stelldichein, der Wein floß in Strömen, und Ravel wünschte sich vom Orchester einen Strauß-Walzer nach dem anderen. Er verteilte Küsse und war glücklich...

Nach seinem Besuch in Wien komponierte Ravel sein berühmtes Walzerpoem *La Valse,* bei dem der Rhythmus am Ende in einen Totentanz übergeht. Er sagte dazu: »Ich habe dieses Werk als eine Art Apotheose des Wiener Walzers gedacht, der sich in meinem Kopf mit dem Bild eines phantastischen und verhängnisvollen Wirbels vermischt.«

Ravel hatte erfaßt, daß unter der festlichen Oberfläche ein Abgrund gähnte.

Eines schönen Tages kaufte Alma ein Haus in Venedig. Nicht daß sie das Kommende vorausgesehen hätte, aber eine unbestimmte Angst vor der Zunkunft plagte sie doch. Venedig erschien ihr als ein möglicher Zufluchtsort. Dort kam es auch zu der merkwürdigen Begegnung mit Kokoschka, der sich mit ihr im Café Florian verabredete, dann aber nicht erschien.

Wäre Franz Werfel nicht in Venedig eingetroffen, so hätte sie bestimmt die ganze Stadt nach Kokoschka abgesucht. Inzwischen lebte sie in Wien zwar mit Werfel zusammen, doch sie schickte ihn immer wieder fort, und er durfte ihr erst wieder unter die Augen treten, wenn er etwas zu Papier gebracht hatte. Ihre Disziplinierungsmaßnahmen waren wirksam. Werfel arbeitete und »produzierte« mit beachtlichem Erfolg. Den Durchbruch schaffte er allerdings erst in den dreißiger Jahren. Zunächst einmal mühte er sich mit einem Verdi-Roman ab, an dem er abwechselnd auf dem Semmering und in Italien schrieb.

Im Jahr 1924 hielt er sich gerade in Prag auf, als sein Freund Max Brod mit dem todkranken Franz Kafka aus Wien eintraf. Brod rief Werfel an.

Zunächst hatte man Kafka ins Sanatorium Wienerwald und anschließend in die Klinik von Professor Hayek eingeliefert, wo er in einem großen Krankensaal lag. Max Brod versuchte alles, um ein Einzelzimmer für Kafka zu bekommen. Werfel eilte herbei und bedrängte nun seinerseits Professor Hayek. Der antwortete:

»Ein gewisser Werfel bittet mich, für einen gewissen Kafka etwas zu tun. Kafka, den kenne ich, das ist Bett Nr. 12. Aber wer ist Werfel?«

Diese Geschichte erzählte Werfel Alma nicht.

Gemeinsam besuchten sie in Berlin die Premiere des *Wozzeck,* der Alban Bergs internationalen Ruhm begründete. Von dort reisten sie weiter nach Prag, wo diese Oper, die Alma gewidmet war, ebenfalls auf dem Programm stand. Prag gehörte nicht mehr zu Österreich und war jetzt die Hauptstadt der Tschechoslowakei. Alma tobte, weil man ihr an der Grenze wegen eines fehlenden Rückreisevisums die Einreise verweigerte. Dieses Problem ließ sich noch lösen, doch die Vorstellung wurde ein Mißerfolg. Man hatte die Aufführung ausgerechnet auf den Tag gelegt, an dem der Prager Bürgermeister beerdigt wurde, der sich furchtbar über Bergs Musik erregt hatte. Viele Prager Bürger waren empört.

Kaum war der Vorhang aufgegangen, da machte sich auch schon Unmut breit. Die Loge, in der Berg mit seiner Frau, sowie Alma und Franz saßen, war reich mit Blumen geschmückt und daher unschwer zu erkennen. Man beschimpfte sie. Der Dirigent ergriff kurzerhand die Flucht. Das Publikum brüllte in Richtung Berg: »Schande! Jude! Jude!«

Nur unter Polizeischutz konnten sie den Saal verlassen. Berg war kein Jude und seine Frau noch viel weniger: Sie war, so wollte es die Fama, eine uneheliche Tochter des Kaisers Franz Josef!

Im selben Jahr besuchten sie Ägypten und Palästina, anschließend begleitete sie Werfel auf seinen Lesetourneen.

Im Juli 1927 wurde Alma in Wien erneut von der Politik eingeholt. Eine aufgebrachte Menge hatte den Justizpalast gestürmt und in Brand gesteckt. Polizei marschierte auf und feuerte wahllos in die Menge. Es gab neunzig Tote. Kanzler Seipel, »der Prälat ohne Milde«, wie ihn die Sozialisten nannten, verteidigte jedes noch so blutige Vorgehen gegen die Sozialdemokraten. Alma kommentierte die »losgelassene Menschenhorde« in ihrem Tagebuch wie gewohnt.

Aber sie schrieb auch folgendes: »Die Intellektuellen sind Gelehrte, Künstler, Geldmenschen, aber von der Politik sollen sie ihre Hände lassen. Sie setzen die Welt durch ihre Phantasielosigkeit in Brand. Die Menschen sollten ihnen schon endlich das Handwerk legen, bevor es zu spät ist!

Der Intellekt ist in der Politik das schwerste Unglück Europas und Asiens.

Kulturen werden zertrampelt und vernichtet, und ›im Namen der Menschheit‹ wird die Menschheit massakriert.

Österreich ist schon verloren. Es rettet vielleicht der Kaiserschnitt: Angliederung an Deutschland. Aber es wird dann aufwachen und sein eigenes Blut nicht mehr verstehen. Denn Österreich ist dann der Vasall Deutschlands...«

Das sah sie durchaus richtig.

Nach der blutigen Niederschlagung des Aufstands kam es im ganzen Land zum Generalstreik. Alma hatte kurz zuvor in ihrem Haus auf dem Semmering elektrischen Strom einleiten lassen, und der fiel nun aus. Sie zog daraus die Schlußfogerung: »Es ist Wahnsinn zu glauben, daß die Maschine uns auf dem Wege zur inneren Freiheit ein äußeres Mittel sein wird. Je mehr wir uns ihr anvertrauen, desto sicherer wird der Arbeiter unser Zar sein. Als wir noch mit Kerzen arbeiteten, konnte uns von außen her so leicht nichts geschehen.«

Aber Wien war immer noch Wien, die Stadt mit der besonderen Atmosphäre. Im Jahr darauf gelang es Berta Zuckerkandl, unter der Schirmherrschaft der »Alliance pour la culture« ihren alten Freund Paul Painlevé , den französischen Kriegsminister, nach Wien zu holen. Berta gab ihm zu Ehren eine Abendgesellschaft, zu der selbstverständlich auch Alma und Franz eingeladen waren. Painlevé schwärmte: »Trotz allem, was geschehen ist, hat diese Stadt ihren Zauber behalten, sie scheint zu einem Märchen zu gehören. Die Menschen sind hier so anders! Die Wiener und die Wienerinnen haben etwas vom unschuldigen Wesen der Kinder bewahrt: Doch, das ist einer der Züge, der das Leben in dieser Stadt auszeichnet. Ich bin viel herumgekommen und habe die gesellschaftlichen Eliten vieler Länder kennengelernt. Aber nirgendwo habe ich so einen Menschenschlag erlebt, immer mit einem ruhigen Lächeln auf den Lippen. Das ist das Lächeln eines

Volkes, daß sich im Besitz einer sehr alten Kultur weiß.« Den Wienern sollte das Lächeln bald vergehen.

10

Im Jahr 1929 beschäftigten Alma zwei Probleme: Ihre Tochter Anna hatte sich, dem mütterlichen Vorbild folgend, gerade von ihrem zweiten Ehemann, dem jungen Komponisten Ernst Krenek, scheiden lassen. Das andere Problem war das Alter.

Von Zeit zu Zeit durfte sie beruhigt feststellen, daß ihre Verführungskraft nichts an Wirkung eingebüßt hatte. So war Gerhart Hauptmann nach einigen gemeinsamen Abenden und mehreren Gläsern Wein ganz von ihr hingerissen: »Du, Du meine große Liebe...« Oder: »Im nächsten Leben müssen wir ein Liebespaar werden!« Worauf Hauptmanns Frau trocken entgegnete: »Auch dann wirst Du warten müssen, bis Du an der Reihe bist!«

Kokoschka schickte ihr einen Brief und bat sie, mit ihm nach Afrika zu fahren.

Wenn sie sich im Spiegel betrachtete, sah sie ein schönes Gesicht, das die Jahre nur wenig gezeichnet hatten. Die Haare trug sie inzwischen kurz. Die strahlend blauen Augen, der erhobene Kopf, die zart geschwungenen Lippen und die wohlgeformte Nase hatten sich kaum verändert. Nur ihr Körper war fülliger geworden. Sie aß und trank zuviel. Aber sie kleidete sich immer noch sehr geschmackvoll. Da die Mode den Frauen inzwischen kürzere Röcke gestattete, zeigte sie gerne ihre wundervollen, langen Beine, die sie stets in feine Seidenstrümpfe hüllte. Ihre Taille, die sie früher in ein Korsett gezwängt hatte, war noch nie schmal gewesen, und mit den Jahren war das nicht besser geworden, im Gegenteil. Aber unter den weiten modischen Kleidern ließen sich solche Dinge gut verstecken. Bis an ihr Lebensende war sie stolz darauf, daß sie keinen Hüfthalter benötigte. Auch mit fünfzig war Alma noch eine großartige Erscheinung.

Aber sie war auch müde geworden.

Unter einem nichtigen Vorwand machte sie Franz eine heftige Szene. Sie hatte endgültig genug von der »Versklavung der Frauen durch die Herrschaft des Mannes«.

Es kommt oft vor, daß alternde Frauen aus ihrem bisherigen Leben ausbrechen. Und was Alma betraf: Sie hatte ohnehin schon lange nicht mehr die Freuden der Unterwerfung gekostet – sofern sie das überhaupt jemals getan hat. Für Werfel den Haushalt führen, für sein Wohlergehen sorgen: War das wirklich eine Aufgabe, die Almas ganze Energie, ihre Intelligenz und Begabung beanspruchen konnte? Sollten die hochfliegenden Pläne ihrer Jugend in dieser Sackgasse enden? Nicht daß sie sich täglich mit solchen Gedanken gequält hätte, das nicht. Aber von Zeit zu Zeit glaubte sie zu ersticken. Dann diente es der Wiederherstellung ihres Selbstbewußtseins, wenn sie dem Mann, der ihr ausgeliefert war, eine Szene machte.

Zusammen mit Anna reiste sie nach Venedig. Sie langweilte sich schrecklich und fuhr weiter nach Rom, um Mussolinis Geliebte Margherita Sarfatti zu besuchen. Die beiden Frauen führten eine ernsthafte Unterhaltung. Sie waren sich darin einig, daß in der gegenwärtigen Situation nur eine Weltorganisation helfen könne. Dann führte die Sarfatti aus, »daß ein internationaler Faschismus nur möglich sei, wenn der Faschismus der anderen Länder die Weisheit eines Mussolini aufbringen würde, der Judenfrage aus dem Weg zu gehen.« Das beruhigte Alma: »Und ich war ja nur deshalb zu ihr gekommen, um diese Frage zu erörtern.«

Was Alma nicht wußte: Margherita Sarfatti war selbst Jüdin. Später nahm Mussolini eine neue Mätresse.

Eine Unterhaltung mit dem unausstehlichen Pfitzner, der wieder einmal in Wien weilte, endete mit einem Eklat. Alma hatte einige Flaschen Tokajer auf den Tisch gestellt, dem Pfitzner, Franz und sie kräftig zusprachen. Die beiden Männer gerieten über das Thema Hitler aneinander. Pfitzner ballte die Faust und schrie:

»Der Hitler wird es euch schon zeigen, Deutschland wird trotzdem siegen.«

Die Nachricht von einer neuen Tragödie platzte in Almas Leben: Arthur Schnitzlers einzige Tochter, die mit einem italienischen Hauptmann verheiratet war, hatte sich in Venedig mit einem Revolver angeschossen und war an den Folgen dieses Schusses gestorben. Alma, zutiefst erschüttert, beschrieb in ihrem Tagebuch ihren Besuch bei Schnitzler. Danach fuhr sie fort:

»Ich beschloß in dieser Nacht, nicht zu heiraten. Schuld an dieser neuen Entfremdung ist ein Gedicht, das Franz Werfel jetzt macht. Ein Gedicht über den Tod Lenins!«

Ein paar Tage später:

»Ich bin seit zehn Jahren unausgeglichen und spiele irgendeine Rolle. Nach außen: die sozusagen glückliche Geliebte eines anerkannten Dichters. Aber ich fühle mich weder als seine Geliebte noch als seine Frau. Und er will ja heiraten, so schnell wie möglich, aber etwas in mir will nicht.«

Wieder ein paar Tage später:

»Vielleicht werde ich Franz Werfel doch heiraten. Er ist der gütigste, liebendste Mensch in meinem Leben.«

Und schließlich:

»Ich könnte ohne Juden nicht leben, lebe ja auch dauernd fast nur mit ihnen. Ich bin oft aber sehr voll Groll gegen sie, daß ich mich manchmal aufbäumen möchte.«

Überflüssig zu erwähnen, daß der Plural in diesem Satz dazu angetan war, Werfel in helle Aufregung zu versetzen.

Die Unschlüssigkeit hatte schließlich ein Ende: Am 8. Juli 1929 heiratete Alma Schindler, verwitwete Mahler, geschiedene Gropius, Franz Werfel. Vielleicht hatte die kleine Manon den Ausschlag gegeben, daß Alma endlich die Entscheidung traf, die sie so lange vor sich hergeschoben hatte: Manon konnte einfach nicht verstehen, welche Rolle Werfel im Leben ihrer Mutter spielte.

Am Vorabend ihrer Hochzeit schrieb Alma:

»Mir geht es körperlich nicht gut.

Ein Versagen auf allen Linien. Die Augen wollen nicht mehr. Die Hände verlangsamen ihre Gangart übers Klavier. Ich vertrage kein Essen, kein Stehen, kein Gehen. Höchstens noch Trinken. Aber es ist oft das einzige Mittel, um meine Auskühlungen und Schauer im Körper zu überwinden, da ich ein Vagotoniker bin und einen zu langsamen Puls und ein schwaches Herz habe. Ich werde in einigen Wochen fünfzig Jahre alt – und Franz Werfel ist jung. Ich muß schritthalten, muß Jugend heucheln. Muß mein ganzes Lebensinteresse auf sein Werden wenden – darf nicht, wie ich möchte, objektiv über den Dingen stehen.«

Wenig später heiratete ihre Tochter Anna zum dritten Mal. Ihr neuer Ehemann, Paul von Zsolnay, entstammte einer wohlhabenden Familie. Fünf Jahre zuvor hatte er – auf Zureden Almas – einen Verlag gegründet, um Werfels Verdi-Roman zu publizieren. Alma nahm die Nachricht kühl auf. Sie fühlte es deutlich: Diesmal würde sie Großmutter werden. Und Anna bekam tatsächlich ein Kind, ehe sie sich zum dritten Mal scheiden ließ. Danach widmete sie sich begeistert und durchaus erfolgreich der Bildhauerei. Und ging weitere Ehen ein... Annas Schwierigkeiten, einen dauernden Lebensgefährten zu finden, sind auf dem Hintergrund ihrer Biographie nur zu verständlich: Die junge Frau hatte an dem berühmten Namen ihres Vaters schwer zu tragen und litt unter einer Mutter, die sie zwar faszinierend fand, von deren dominanter Persönlichkeit sie sich aber erdrückt fühlte. Hinzu kam, daß der Tod der Schwester ihre Kindheit überschattet hatte. Aber davon einmal abgesehen: Wer hätte schon Almas Tochter sein wollen?

Erneut traf die Werfels eine schreckliche Nachricht: Hugo von Hofmannsthal war gestorben. Franz, der älteste Sohn des Dichters, hatte sich im Alter von sechsundzwanzig Jahren erschossen. Am Tag der Beerdigung, als Hofmannsthal gerade an die Spitze des Trauerzuges treten wollte, brach auch er tot zusammen. Er war erst fünfundfünfzig Jahre alt, aber schon lange hatte der Liebling der Wiener Intellektuellen sich nach dem Tod gesehnt.

Von ihm stammt dieser prophetische Satz: »Politik ist Magie. Die Menschen werden dem folgen, der die Kräfte der Tiefe einzusetzen weiß.«

Die Erfüllung seiner Prophezeiung stand unmittelbar bevor. Aber 1929 konnten die Wiener noch den Kopf in den Sand stecken. Österreich gehörte noch nicht zum »Hoheitsgebiet des Teufels«.*

Franz und Alma brachen in die Flitterwochen auf. Noch einmal besuchten sie Ägypten, Palästina und den Libanon. Der Anblick von so viel Schmutz und menschlichem Elend widerte Alma an. Franz hingegen ließ sich vom Leidensweg der armenischen Flüchtlinge während des Ersten Weltkriegs zu einem Werk inspirieren. Er besprach seine Ideen mit Alma, und gemeinsam entwarfen sie das Gerüst zu seinem historischem Roman *Die vierzig Tage des Musa Dagh*. Das Buch verkaufte sich gut und wurde Werfels erster großer Erfolg, auch international. Der Name des Autors drang sogar bis zu den Juroren des Nobelpreiskomitees vor.

Nach der Rückkehr von der Hochzeitsreise weihten die Werfels feierlich ihr neues Haus auf der Hohen Warte ein. Alma hatte es erst vor kurzem gekauft; mit seinen achtundzwanzig Zimmern bot es reichlich Platz. Alles, was in Wien Rang und Namen hatte, kam zur Einweihung.

Franz Werfel galt inzwischen als der bekannteste Schriftsteller Österreichs. Kürzlich mit dem Schillerpreis ausgezeichnet, war er der quasi-offizielle *poeta laureatus*. Alma führte ein großes Haus, in dem sich einflußreiche Persönlichkeiten der Hauptstadt trafen. Klaus Mann schreibt über diese Zeit:»Frau Alma, die Schuschnigg [dem klerikal orientierten Bundeskanzler] und seinem Kreise nahestand, machte den Salon, wo *tout Vienne* sich traf: Regierung, Kirche, Diplomatie, Literatur, Musik, Theater – alles war da. Die Hausfrau, hochgewachsen, sorgfältig geschmückt, von immer noch schöner Miene und Gestalt, bewegte sich triumphierend vom Päpstlichen Nuntius zu Richard Strauss oder Arnold Schönberg, vom Minister zum Heldentenor, vom stilvoll vertrotelten alten Aristokraten zum vielversprechenden jungen Dichter. In einer Ecke des Boudoirs wurde im Flüsterton über die Besetzung eines hohen Regierungspostens verhandelt, während man sich in einer anderen Gruppe über die Besetzung einer neuen Komödie am Burgtheater schlüssig wird.«

---

* Wie Klaus Mann es formulierte. (A.d.Ü.)

In dem luxuriösen Haus, in dem sie empfing, stellte Alma wie eine Jägerin ihre Trophäen aus, und jeder Gast hatte sie mit dem gebotenen Respekt zu bewundern. Eine Glasvitrine enthielt Mahlers Partiturskizze der Zehnten Symphonie, die der Komponist im Liebesschmerz mit Randbemerkungen vollgekritzelt hatte. Natürlich hatte sie genau diese Seite der Partitur aufgeschlagen. An der Wand hing ein Gemälde von Oskar Kokoschka, das Alma als Lucrezia Borgia zeigte.

Sie besaß auch lebende Trophäen: Franz Werfel, den Musil »Feuermaul« taufte, weil sein Redeschwall kaum noch zu bremsen war; und die anmutige, sechzehnjährige Manon.

Elias Canetti, der Alma verabscheute, aber zu Beginn der dreißiger Jahre dennoch regelmäßig ihren Salon besuchte, weil er sich in Anna Mahler verliebt hatte, zeichnete in seinen Lebenserinnerungen nach der ersten Begegnung mit Alma ein schonungloses Bild von ihr: »Eine ziemlich große, allseits überquellende Frau, mit einem süßlichen Lächeln ausgestattet und hellen, weit offenen, glasigen Augen... Das Gerücht von ihrer Schönheit hatte sich nun mehr als dreißig Jahre weitergetragen, jetzt aber stand sie da und ließ sich schwer nieder, eine angeheiterte Person...«

Alma führte ihn zuerst durch ihr Privatmuseum, zeigte ihm ein Ausstellungsstück nach dem anderen, und dann rief sie Manon herunter: »Es dauerte nicht lang und eine Gazelle kam ins Zimmer getrippelt, ein leichtes, braunes Geschöpf, als junges Mädchen verkleidet, unberührt von der Pracht, in die es gerufen wurde... Es verbreitete Scheu mehr noch als Schönheit um sich, eine Engels-Gazelle vom Himmel, nicht aus der Arche.«

Canetti wollte Manon diesem »Lasterraum« entreißen, aber da ergriff auch schon Alma das Wort: »Schön ist sie, was? Also das ist Manon, meine Tochter. Vom Gropius. Da kann eben keine mithalten. Du gönnst ihr's, Annerl, gell? Warum soll man nicht eine schöne Schwester haben! Der Apfel fällt nicht weit vom Stamm. Haben Sie den Gropius einmal gesehen? Ein schöner, großer Mann. Genau was man arisch nennt. Der einzige Mann, der rassisch zu mir gepaßt hat. Sonst haben sich immer kleine Juden in mich verliebt, wie der Mahler.«

Canetti floh entsetzt. Freilich hielt ihn das nicht davon ab, jedesmal wenn er eingeladen wurde, wiederzukommen.

So sehr Alma auch von ihren gesellschaftlichen Aktivitäten in Anspruch genommen wurde, sie reichten nicht aus, um sie von ihren Grübeleien abzuhalten. Sie, die einstige Verehrerin Nietzsches, suchte nun Trost bei der Religion. Und beim Bénédictine, einem Kräuterlikör, dem sie bereits am Morgen zusprach. Eine Zeitlang ging sie regelmäßig in den Stephansdom und erleichterte ihr Gewissen bei der Generalbeichte. Dann fand sie den Mann, den sie brauchte. Sie traf ihn zum ersten Mal 1933 bei der Inthronisation von Theodor Innitzer. Beim anschließenden kalten Büfett wurde ihr ein gutaussehender Priester namens Johannes Hollnsteiner vorgestellt. Er war achtunddreißig Jahre alt, Professor der Theologie und galt als künftiger Anwärter auf die Kardinalswürde.

Ihr »Verhältnis«, wie man ihre enge, vertraute Beziehung wohl nennen muß, erbitterte Franz Werfel natürlich. Zugleich war ihm die Lächerlichkeit der Situation bewußt: Seine Eifersucht galt einem Mann im Priesterrock. Ob am Morgen oder am Nachmittag: Alma und Hollnsteiner waren unzertrennlich.

Männer hatten für sie komponiert, für sie gemalt, aber noch nie hatte einer für sie die Messe gelesen. Ein berauschendes Gefühl. Sie war hingerissen von Hollnsteiner. In ihrem Tagebuch schrieb sie, sie wolle vor ihm niederknien und sich ihm zu Füßen werfen. Sie frohlockte, als er ihr sagte: »Ich war noch nicht einmal in der Nähe einer Frau. Sie sind die erste, und Sie werden die letzte sein.«

Und wie nahe war er ihr? Einmal notierte sie: »Hollnsteiner ist entweder ein Engel oder ein Schurke. Aus Gründen der Selbstachtung habe ich beschlossen, ihn als Engel zu betrachten...« Der Rest ist durchgestrichen. Was der Schurke nun wirklich getan hat, blieb ihr Geheimnis. An einem Abend im Jahr 1933 hatten die Werfels den englischen Schriftsteller H. G. Wells, und den amerikanischen Literatur-Nobelpreisträger Sinclair Lewis mit seiner Frau Dorothy Thompson zu Gast. Die beiden waren aus Deutschland ausgewiesen worden und erzählten von ihren dortigen Erlebnissen. Franz und Alma beschwichtigten: Manches von dem, was Hitler tue, sei doch gar nicht so schlecht...

Alma schrieb:

»Wenn ich Hitler betrachte, der vierzehn Jahre im Dunkel zugebracht hat, weil seine Zeit noch nicht gekommen war, sehe ich in ihm auch einen echten deutschen Idealisten, etwas, was für Juden undenkbar ist.«

Einige Jahre später strich sie diesen Satz durch und ergänzte: »Leider ist er dumm.« *Dumm* war wohl nicht ganz der richtige Ausdruck.

Auf Anraten Hollnsteiners protestierte sie nicht, als die deutschen Behörden Werfels Bücher verbrennen ließen und Mahlers Musik verboten. Sie war noch ganz geblendet von den sogenannten Errungenschaften des Faschismus, und sie war nicht die einzige. Franz Werfel hatte fest geglaubt, daß man ihn in den nazitreuen Reichsverband Deutscher Schriftsteller aufnehmen würde. Er hatte eine Loyalitätserklärung gegenüber dem Hitlerregime abgegeben. Sein Aufnahmegesuch stellte er als Angehöriger der deutschen Minorität in der Tschechoslowakei. Unglaublich? Unglaublich, aber wahr. Werfel war kein charakterfester Mensch, und damit stand er beileibe nicht allein. Er war ein großer Schriftsteller. Er wollte unbedingt auch künftig in Deutschland gelesen werden und seine gut besuchten Lesungen fortsetzen... Der Schriftstellerverband ignorierte sein Aufnahmegesuch, seine Lesungen wurden verboten, und allmählich begann er, sich über das Hitlerregime Gedanken zu machen.

Im April 1933 stürmten zweihundert Polizisten das Bauhaus, das von Weimar nach Dessau übersiedelt war und seit 1932 in einer ehemaligen Fabrik in Berlin Unterschlupf gefunden hatte. Dreißig Studenten wurden verhaftet. Das Bauhaus galt als »Quelle entarteter Kunst« und »Brutstätte der bolschewistischen Kultur«. Gropius hatte inzwischen die Leitung abgegeben und fühlte sich nicht bedroht. Wie viele andere Architekten auch war er so naiv zu glauben, daß sein Gebiet nichts mit Politik zu tun habe und daß jeder das einsehen müsse. Jedes Regime werde seine Arbeiten als reinen Ausdruck des modernen Zeitgeistes akzeptieren. Gropius trat der Reichskammer für Bildende Künste bei. Er beteiligte sich an einem Wettbewerb, den die nationalsozialistische Deutsche Arbeitsfront ausgeschrieben hatte und richtete für die DAF die Ausstellung »Deutsches Volk« aus. Auf diese Weise entwickelte sich mancher andere zu einem Rädchen im Getriebe des NS-Staates. Aber Gropius war kein Nazi. Er distanzierte sich beizeiten und emigrierte nach London. Von dort reiste er weiter nach Amerika, wo er eine zweite aufsehenerregende Karriere erlebte.

Der Strom der deutschen Flüchtlinge, die in Österreich Zuflucht suchten, schwoll an. »Die Ratten betreten das sinkende Schiff«, lästerte Karl Kraus. Die Situation in Österreich spitzte sich immer mehr zu. Der körperlich ungewöhnlich kleine Kanzler Dollfuß, vom Volksmund deswegen »Millimetternich« getauft, hatte das Parlament ausgeschaltet und regierte autoritär mit Sondervollmachten.

Auf Drängen Mussolinis und der paramilitärischen Heimwehr faßte er den sinnlosen Entschluß, die österreichische Sozialdemokratie zu zerschlagen. Das war das Signal zum Bürgerkrieg. In der Hauptstadt sowie in anderen Industriestädten stürmten im Februar 1934 Heimwehrverbände die sozialdemokratischen Hochburgen. In Wien ließ die Regierung das Rathaus von regulärem Militär besetzen; überall tobten Straßenschlachten.

Charles Rist, ein Abgesandter des französischen Außenministeriums, rief Berta Zuckerkandl an, die ihn zum Mittagessen erwartete: »Ich bin in der französischen Botschaft, und es ist mir unmöglich zu kommen. Auf der Straße wird geschossen. Mir kommt es vor, als müsse ich dem Selbstmord eines Freundes zuschauen, ohne ihn davon abhalten zu können. Dies ist der Selbstmord Österreichs.«

Die Kämpfe dauerten drei Tage. Die Sozialdemokratie wurde zerschlagen. Nun stand den Nationalsozialisten nur noch der Kanzler im Weg. Nicht mehr lange. Im Juli 1934 wurde Engelbert Dollfuß von österreichischen Nazis ermordet.

Alma und Franz Werfel nahmen die Nachricht scheinbar gleichgültig auf; hatte sie doch ein anderer Schicksalsschlag zu tief getroffen. Im April hatten sie Manon Gropius in Venedig besucht und sie eines Abends totenbleich angetroffen. Sie klagte über schreckliche Kopfschmerzen. Alma rief sofort einen Arzt und alarmierte ihre Mutter... Innerhalb weniger Stunden war Manon gelähmt. Kinderlähmung. Sie war siebzehn Jahre alt.

Zunächst waren die Ärzte zuversichtlich. Walter Gropius wurde benachrichtigt. Er reiste aus London an und verbrachte eine Woche am Krankenbett seines geliebten Kindes. Die Ärzte versicherten ihm, daß Manon ihre Beine wieder bewegen werde können. Auch Alma zweifelte nicht daran. Manons Zustand würde sich bessern, er mußte sich einfach bessern, weil Alma es so wollte! Aber es trat kein nennenswerter Fortschritt ein. Manon, die bezaubernde Manon, saß angezogen und herausgeputzt in einem Rollstuhl und wurde in dem großen Haus auf der Hohen Warte herumgefahren.

Was dann folgte, war eine bittere Komödie. Unter dem Einfluß Hollnsteiners kam Alma auf die groteske Idee, Manon zu verloben! Mit einem Schützling des Priesters. »Sie wird gesund werden!« sagte Alma. »Das Glück an der Seite ihres Verlobten wird sie gesund machen.«

Arme kleine Manon! Sie konnte dieses Schauspiel schließlich nicht mehr ertragen und flehte: »Laßt mich ruhig sterben, ich werde doch nicht mehr gesund.« Und sie fügte hinzu: »Mami, du kommst darüber hinweg, wie du über alles hinwegkommst, wie jeder über alles hinwegkommt.« Sie starb ganz plötzlich, am Pfingstmontag des Jahres 1935.

In Erinnerung an Manon Gropius komponierte Alban Berg sein Violinkonzert *Dem Andenken eines Engels.*

Manon wurde auf dem Grinzinger Friedhof beerdigt. Wegen der Ansteckungsgefahr mußte alles sehr schnell gehen. Walter Gropius wurde zu spät benachrichtigt und traf nicht mehr rechtzeitig zur Beerdigung ein. Manon wurde nicht in Mahlers Grab beigesetzt, sondern etwa hundert Meter davon entfernt in einem eigenen Grab. Doch lassen wir den unerbittlichen Canetti die Zeremonie beschreiben:

»Auch aus dieser Gelegenheit wurde das Letzte herausgeschlagen. Ganz Wien war dabei, Wien nämlich, soweit es sich bei den

Einladungen auf der Hohen Warte zusammenzufinden pflegte. Andere kamen, die sich solche Einladungen sehnlichst wünschten, aber nie dabei sein durften, mit Gewalt konnte niemand vom Begräbnis ferngehalten werden...

Wir standen schließlich in der Nähe des offenen Grabes und ich hörte die ergreifende Rede Hollnsteiners, dem das Herz der trauernden Mutter gehörte. Diese weinte, es fiel mir auf, daß auch ihre Tränen ungewöhnliches Format hatten. Es waren nicht zu viele, doch sie verstand so zu weinen, daß sie in überlebensgroße Gebilde zusammenflossen, Tränen, wie ich sie noch nie gesehen hatte, enormen Perlen gleich, ein kostbarer Schmuck, man konnte nicht hinsehen, ohne in lautes Staunen über soviel Mutterliebe auszubrechen.

Gewiß, das junge Mädchen hatte sein Leiden, wie Hollnsteiner beredt ausmalte, mit übermenschlicher Geduld ertragen, aber wie groß war erst das Leiden der Mutter gewesen, die alles mitangesehen hatte, ein ganzes Jahr lang...«

Mag sein, daß Alma, umringt von Bekannten und Neugierigen, perfekt die Rolle der trauernden Mutter spielte. Doch sie war wirklich erschüttert über Manons Tod, vielleicht zum ersten Mal, obwohl sie zuvor schon zwei Kinder verloren hatte. Und diesmal wußte sie, daß sie keine weiteren Kinder mehr bekommen würde.

Nach außen hin bewahrte sie Haltung, aber sie war gealtert. Ihre vormals blonden Haare waren weiß geworden. Ihre Arme versteckte sie in langärmeligen Kleidern und ihre Taille in weiten Westen. Sie trug Schwarz. Das Haus in Venedig, in dem jeder Winkel an Manon erinnerte, verkaufte sie.

Franz Werfel stand ihr in dieser schweren Zeit aufmerksam zur Seite. Aber inzwischen war er der Star. Er war es, über den die Zeitungen schrieben. Er wurde zur Aufführung seines Oratoriums *Der Weg der Verheißung* nach New York eingeladen, wohin ihn Alma begleitete, und ihm, dem Autor der *Vierzig Tage des Musa Dagh,* zu Ehren veranstaltete die dankbare armenische Gemeinde in New York einen Galaabend. Er wurde vom Völkerbund zu einer Diskussionsveranstaltung über die Zukunft der

Literatur nach Paris eingeladen, und er zog in der französischen Hauptstadt Abend für Abend mit James Joyce durch die Lokale, bis sie vor die Tür gesetzt wurden, weil sie aus vollem Hals Verdi-Opern schmetterten.

Und sie schrieb in ihr Tagebuch:

»Meine Ehe ist keine Ehe mehr. Ich lebe unglücklich neben Werfel, dessen Monologe keine Grenzen mehr kennen. Es ist immer seine Absicht, seine Worte, seine, seine, seine! Er hat vergessen, wie wichtig einmal meine Worte für ihn waren.«

Almas Weltbild war ungebrochen: Sie akzeptierte die Welt nur dann, wenn sie selbst im Mittelpunkt stand.

Aber dann flog diese Welt in Stücke.

Im Jahr 1938 reisten Alma und Werfel gerade durch Italien, als sie die Nachricht erreichte: Kanzler Schuschnigg bei Hitler in Berchtesgaden. Der Anschluß Österreichs an das Deutsche Reich stand unmittelbar bevor.

Nur dem Zufall verdankte es Franz Werfel, daß er sich nicht in Wien aufhielt und von den jungen österreichischen Nazis mit den weißen Kniestrümpfen zu Tode geprügelt wurde. Doch er sollte sein Vaterland nie wiedersehen. Und Alma, »die schöne, reine Christin«? Was sollte sie tun? Ihn im Stich lassen? Sich von diesem Juden trennen, der durch seine bloße Gegenwart gefährlicher für sie war als ein geladener Revolver? Nach Österreich zurückkehren und »die Finger von der Politik lassen«?

Sie ließ Franz in Italien zurück und fuhr mit dem Zug nach Wien. Bis auf ihr Zimmermädchen Ida hatte sie niemanden von ihrer Rückkehr unterrichtet. Sie nahm sich ein Hotelzimmer, lief durch Wien – und erkannte die Stadt, *ihre* Stadt, nicht mehr wieder. Auf der Straße traf sie zufällig die Frau des Unterrichtsministers. Die Frau erschrak. Im Schaufenster eines Gebäudes, in dem deutsche Dienststellen untergebracht waren, prangte ein großes Porträt des Führers; Berge von Blumen waren davor aufgetürmt. Alma rief ihre Tochter Anna an. Anna war nicht mehr das kleine Mädchen, sondern eine erwachsene Frau von vierunddreißig Jahren. Aber sie machte nicht den Eindruck, als wüßte sie, in welcher Gefahr sie als Tochter Gustav Mahlers schwebte. Übrigens: Eine der ersten Amtshandlungen der Nazis in Wien war die Umbenennung der Mahlerstraße.

Alma wandte sich an Hollnsteiner, der sich der Situation nicht im geringsten bewußt war. Schließlich fuhr sie zu den Molls. Auch dort jubelte man. Nur Anna Moll reagierte zurückhaltend: Sie wußte nicht recht, was sie von all dem halten sollte; außerdem machte sie sich Sorgen um Alma. Aber Carl, Tochter Maria und Schwiegersohn Eberstaller standen entschieden auf der Seite der Nazis.

Alma suchte einige Freunde auf, die gegen die Nazis waren und sich für die Volksbefragung über den Anschluß Österreichs engagierten, die Schuschnigg angekündigt hatte. Alma traf sie in einer fast euphorischen Stimmung an. Sie waren felsenfest davon überzeugt, daß sich alles zum Guten wenden würde. Anna Mahler teilte ihren Optimismus und unterstützte die politische Kampagne ihrer Freunde.

Alma blieb argwöhnisch, auch wenn Hollnsteiner ein strahlendes Bild von Österreichs Zukunft entworfen hatte. Sie ging zur Bank, hob alles verfügbare Geld ab und nähte es in einen Gürtel ein. Der Gürtel gehörte Ida, die sich angeboten hatte, das Geld über die Grenze in die Schweiz zu schmuggeln. Alma packte das Nötigste zusammen. Mahlers Manuskripte stopfte sie in einen kleinen Handkoffer. Dann ging sie zu den Molls und verabschiedete sich. Sie ernannte Carl Moll zu ihrem Bevollmächtigten und vertraute ihm sämtliche Kunstgegenstände aus ihrem Besitz an.

Am 11. März wurde die Volksbefragung abgesagt, am 14. März zog Hitler in Wien ein. Hollnsteiner, der nicht mehr von Almas Seite wich, schien immer noch nicht zu begreifen, was um ihn herum geschah. »Er war ahnungslos«, kommentierte Alma. Der Ahnungslose wurde elf Monate in Dachau interniert, später trat er aus der Kirche aus und heiratete. Im Jahr 1954 schrieb er an Alma: »Durch Dich, durch Deine Hand, wurde ich ein anderer Mensch.« Hollnsteiner war sicher Almas originellste, wenn auch nicht unbedingt ihre strahlendste Eroberung. Obwohl die Volksbefragung abgesagt worden war, dachte Anna immer noch nicht daran, Wien zu verlassen. Alma mußte ihre ganze Überredungskunst aufbieten, um ihre Tochter dazu zu bringen, am nächsten Tag mit ihr abzureisen.

Die letzte Nacht in Wien verbrachte Alma mit dem untröstlichen Hollnsteiner in ihrem Hotelzimmer. Flugzeuge dröhnten am Himmel über der Hauptstadt, um Hitlers Ankunft am Montag anzukündigen. Bis zur Absage der Volksbefragung hatten Schuschniggs Anhänger noch auf der Ringstraße demonstriert. Jetzt marschierten dort Nazitrupps und hißten an jeder Ecke die Hakenkreuzfahne. Es kam zu zahlreichen Selbstmorden aus Angst vor den Nazis. Österreich hatte aufgehört zu existieren.

»Das pralle, potente Dritte Reich verschlingt mit heiterer Gier den morschen, müden kleinen Nachbarstaat. Als Triumphator kehrt Hitler in das Land zurück, von dem er einst als räudiger Wicht geschieden. Mußte es nicht so kommen? Die Massenverhaftungen, Selbstmorde, Hinrichtungen, die Orgie des Pogroms, der schrille Lärm der Propagandalüge, der Aufschrei der Gefolterten, auch der Jubel (ja, ein sadistisch aufgekratzter, von Goebbels-Schwatz und Blutgestank berauschter Pöbel frohlockt in frevlerischer Stupidität!), selbst noch die lahme Reaktion der ›Welt‹, die feige Lethargie der westlichen Demokraten: alles gehört dazu...«(Klaus Mann).

11

Alma und ihre Tochter hatten den erstbesten Zug genommen. Über Prag, Budapest, Zagreb und Triest fuhren sie nach Mailand, wo Franz sie erwartete, halbtot vor Angst. Von nun an waren sie Emigranten, die Haus und Herd verloren hatten. Fürs erste glaubten sie sich in Sicherheit. Sie fuhren nach Zürich, wo Werfels Schwester lebte. Dort traf sich Alma mit Ida Gebauer. Die treue Hausangestellte hatte tatsächlich in ihrem Gürtel das Geld über die Grenze geschafft. Wenigstens standen Franz und sie nicht ganz mittellos da. Doch sie verweilten nicht lange in der Schweiz. Sie besorgten sich ein Visum und reisten weiter nach Paris, wo sie sich in dem bescheidenen Hotel Royal-Madeleine einquartierten. Alma fuhr weiter nach London, wohin ihr die beiden anderen wenig später folgten.

Dort versank Alma bald in eine Depression.

Anna sprach englisch ebenso gut wie deutsch. Franz war sehr sprachbegabt und verbesserte seine Englischkenntnisse schnell. Alma jedoch, obwohl sie mehrere Aufenthalte in den Vereinigten Staaten hinter sich hatte, schien sich hartnäckig gegen die fremde Sprache zu sträuben. Die anderen sollten gefälligst ihre Sprache sprechen. Das Dumme war nur, daß in London kaum jemand deutsch konnte.

Wie alle Menschen, die ihr Heim, ihre Freunde, ihre Bücher und ihre vertraute Umgebung verloren haben und nicht mehr jung genug sind, um sich von einem Tag auf den anderen einer neuen Lebensweise anzupassen, fiel sie in tiefe Verzweiflung.

Nicht lange, und ihre neue Umgebung erfüllte sie mit Abscheu. London war nicht nur »eine naßkalte Stadt, in der es kein trockenes Leintuch gibt«, die Londoner insbesondere waren »ein unseliges Volk«, das sich nicht im mindesten um das Schicksal Österreichs kümmerte. Die tödliche Gleichgültigkeit der Demokratien.

Hatte sie sich womöglich getäuscht? Sollte man sich vielleicht doch für Politik interessieren? Franz fiel die Umstellung leichter. Er verhandelte mit Verlegern, wurde zum Essen eingeladen und fand Geschmack an englischem Whisky. Alma hingegen träumte von einem kleinen Haus. Sie wünschte sich Bücher, ein Klavier ...

Alma machte sich auf die Suche nach einem Haus, allerdings in Frankreich. Franz wurde im Hotel Henri IV in St. Germain untergebracht. Dort konnte er ungestört arbeiten, während sie Südfrankreich durchstreifte, wo sich schon eine ganze Reihe deutscher Intellektueller und Hitler-Gegner niedergelassen hatten. In Sanary-sur-mer im Departement Var entdeckte sie schließlich einen ehemaligen Wachtturm, der sehr schön umgebaut worden war. Für einige Monate zogen die Werfels dorthin, und Franz schrieb an dem Roman *Cella oder Die Überwinder*, in dem er den Zusammenbruch Wiens schilderte. In Sanary erfuhr Alma übers Telephon vom Tod ihrer Mutter. Und der Rundfunk meldete den Abschluß des Münchner Abkommens, in dem die Großmächte vor Hitler kapitulierten. Doch die Franzosen schienen ebensowenig wie die Engländer zu begreifen, was sich da im Herzen Europas abspielte. »Überhaupt die Franzosen!«, schrieb Alma. »Äußerlich liebenswürdig, innerlich roh und ungemein hitlerfreundlich. Ich fühlte das Kommende voraus, wollte weg aus diesem pestkranken Land, aber Franz Werfel verbiß sich in die Idee: ‹Letzter Zipfel von Europa› und wollte nicht fort. Es sollte uns teuer zu stehen kommen.«

Der Henker stand schon vor der Tür. Den Winter verbrachten sie in Paris, wo Alma durch einen glücklichen Zufall einer ihrer Schätze zurückbekam: das Manuskript von Bruckners Dritter Symphonie. Das Manuskript hatte sich bei den Wertgegenständen in Wien befunden, die sie Carl Moll in einer Truhe zur Aufbewahrung gegeben hatte. Nun hatte Hitler, ein Bewunderer Bruckners, den Wunsch geäußert, das Manuskript zu kaufen, und Molls Schwiegersohn Eberstaller sollte das Geschäft vermitteln.

Als die treue Ida davon hörte, schaffte sie das Manuskript heimlich beiseite, packte es in ein unscheinbares Paket und gab es einer Bekannten mit, die nach Paris reiste. In Paris angelangt, öffnete die Botin das Paket und erkannte den wertvollen Inhalt. Sie sorgte dafür, daß die Handschrift zu Alma gelangte. In Wien mußte Eberstaller dafür büßen, daß das Geschäft geplatzt war.

Im Hotelzimmer des Royal-Madeleine versuchte Alma, die Scherben ihrer zerbrochenen Welt wieder zusammenzusetzen. Sie lud Freunde ein: Mussolinis Ex-Geliebte Margherita Sarfatti, die jetzt in einer prekären Lage war; Bruno Walter, der gerade noch rechtzeitig aus Deutschland herausgekommen war; den Dichter Fritz von Unruh, den Komponisten Darius Milhaud, den Historiker Ernst Ludwig. Sie feierte ein Wiedersehen mit ihrem alten Freund Gustave Charpentier, der sie mit Blumen überhäufte, und mit Berta Zuckerkandl, die mit Hilfe ihrer französischen Freunde aus Wien geflohen war. Der Schriftsteller Paul Geraldy, dessen Werke Berta übersetzte, hatte Paul Clemenceau alarmiert, der sich daraufhin mit dem französischen Botschafter in Berlin André François-Poncet in Verbindung gesetzt hatte. François-Poncet war es schließlich gelungen, für Berta ein Einreisevisum für Frankreich zu bekommen. Die Werfels reisten von Paris aus nach Sanary zurück, um dort den Sommer zu verbringen. Es waren die letzten Tage im Frieden.

»Die Emigration ist eine schwere Krankheit«, schrieb Alma. »Franz Werfel ist völlig erlahmt, ja vergreist... und sehr hoffnungslos.«

Im September brach der Zweite Weltkrieg aus. Ihre Situation in dem kleinen Dorf wurde unhaltbar. Ausländer waren verdächtig, zumal Ausländer mit tschechischem Paß, die ein holpriges Französisch mit österreichischem Akzent sprachen. Warum waren sie überhaupt so lange geblieben, anstatt Frankreich so schnell wie möglich zu verlassen? Es fiel ihnen einfach schwer, immer nur Abschied zu nehmen. Das, was folgen sollte, sprengte die Grenzen des Vorstellungsvermögens. Wer hätte damit gerechnet?

Die Kapitulation Belgiens war für die Werfels das Alarmsignal.

Hals über Kopf packten sie ihre Koffer und fuhren nach Marseille, in der naiven Hoffnung, ein Schiff zu finden, das sie nach Amerika bringen würde. Aber sie hatten keine Visa.

Die Wehrmacht marschierte in Paris ein, deutsche Soldaten überfluteten das Land, die französische Regierung floh nach Bordeaux, und die Werfels sahen keinen Ausweg mehr... Mit dem Taxi versuchten sie nach Bordeaux zu gelangen. Aber auf der Höhe von Carcassonne wurden sie durch Straßensperren aufgehalten.

Sie fuhren zum Bahnhof, wo es ihnen auch tatsächlich gelang, in den nächsten Zug nach Bordeaux zu steigen. Leider hatten sie den unglückseligen Einfall, ihr Gepäck aufzugeben. Bei der Ankunft in Bordeaux herrschte ein unbeschreibliches Chaos und Durcheinander. Ihr Gepäck war verschwunden. Nun besaßen sie nicht einmal mehr eine Zahnbürste.

Die folgende Nacht verbrachten sie in einem leerstehenden Bordell, dessen Bewohnerinnen geflohen waren. Am nächsten Morgen engagierten sie einen Fahrer, der sie nach Biarritz brachte. Von dort wollten sie sich nach Spanien durchschlagen. Die Jagd nach Einreisevisa begann. Als sie gerade beim Frühstück saßen, warnte sie jemand: »Die Deutschen sind schon in Hendaye! Sie müssen sofort weg von hier!«

Hastig brachen sie auf. Sie suchten eine Unterkunft, zuerst in Pau, dann in Lourdes. Die Straßen quollen über von Flüchtlingen. Sie hetzten von Hotel zu Hotel. Schließlich zeigte ein Hotelbesitzer Mitleid mit diesen Reisenden ohne Gepäck und gab ihnen ein Zimmer. Sie wollten zurück nach Marseille, aber als Ausländer durften sie ohne Passierschein keinen Schritt mehr tun.

Tagelang saßen sie in ihrem tristen Hotelzimmer in Lourdes und warteten darauf, daß die Militärbehörden sich endlich bequemten, Passierscheine auszustellen. Bei einem Spaziergang besuchten sie die heiligen Grotte und erinnerten sich an die Geschichte der Bernadette Soubirous... Und Franz Werfel legte ein Gelübde ab: »Wenn ich heil nach Amerika komme, werde ich ein Buch über Bernadette schreiben.« Aber zu diesem Zeitpunkt hatte er alle Hoffnung verloren. Schließlich bekamen sie doch noch ihre Passierscheine. Sie schmuggelten sich in einen Zug nach

Marseille. Dank der Beharrlichkeit des hilfsbereiten Hotelbesitzers in Lourdes, der von einer Dienststelle zur anderen gelaufen war, hatte sich in irgendeinem Lagerschuppen sogar ihr Gepäck wiedergefunden, darunter auch der wertvolle Handkoffer mit den Manuskripten von Bruckner und Mahler.

Marseille war von Flüchtlingen überschwemmt. Franz und Alma hatten unglaubliches Glück und bekamen ein Hotelzimmer. Und wieder begann die Jagd nach Visa, das stundenlange Schlangestehen, die Angst, in eine Falle zu laufen...

Nach qualvollen Tagen erschien ihnen ein Schutzengel in der Gestalt von Varian Fry, einem Vertreter des Emergency Rescue Committee, den die Amerikaner beauftragt hatten, Flüchtlingen mit bekannten Namen zu helfen. Eleanor Roosevelt hatte persönlich bei ihrem Mann durchgesetzt, daß für eine Handvoll Künstler, Schriftsteller und Wissenschaftler sogenannte *Emergency*-Visa ausgestellt wurden.

Varian Fry nahm das Schicksal der Werfels in die Hand. Sie bekamen ein amerikanisches Einreisevisum in ihre tschechischen Pässe. Doch es war unmöglich, an französische Ausreisevisa heranzukommen. Durch eine Klausel im Waffenstillstandsabkommen war Frankreich verpflichtet, Flüchtlinge an das Deutsche Reich auszuliefern. Dagegen waren die Amerikaner machtlos.

Fry beschloß, die Werfels heimlich über die spanische Grenze zu schaffen, zusammen mit drei Deutschen, die einen berühmten Namen trugen: Thomas Manns Sohn Golo, seinem Bruder Heinrich und dessen Frau Nelly. Sie waren zwar keine Juden, aber keineswegs besser dran: Auf Thomas Mann lastete Hitlers Bannfluch. Die kleine Gruppe brach in Cerbère auf und folgte einem Pfad, der in relativ gemächlichem Anstieg über die Pyrenäen führte. Auf ihm waren schon viele Flüchtlinge in die Freiheit gelangt. Wenig später war auch dieser Fluchtweg versperrt. Fry hatte einen jungen Amerikaner beauftragt, die Flüchtlinge zwischen Felsblöcken und Gestrüpp hindurch auf die andere Seite der Grenze zu führen. Plötzlich schrie Nelly Mann: Sie könne unmöglich weitergehen – heute sei Freitag, der 13.! Es dauerte eine ganze Weile, bis man sie beruhigt hatte.

Kürzen wir die folgenden Ereignisse ab: Der Abstieg führte sie auf die spanische Seite, wo Fry mit dem Gepäck auf sie wartete. Von Spanien aus ging es weiter nach Portugal, und eines Tages bestiegen sie ein griechisches Schiff mit Zielhafen New York. Gerettet.

In New York stand Thomas Manns ältester Sohn Klaus am Hafen und beobachtete die Ankunft einer ganzen Schiffsladung emigrierter Intellektueller aus Deutschland und Österreich. Seine Verwandten waren in guter Verfassung, erholt und braungebrannt nach der langen Schiffsreise.

»Nur Frau Alma wirkt etwas reduziert«, schrieb er, »gestürzte Königin jeder Zoll.«

Das war künftig ihre Rolle. Alma, die Königin, hatte für immer ihr Königreich verloren.

12

Und wie ging es weiter? Nun, sie lebten als Emigranten unter Emigranten: die Manns, die Schönbergs, Bruno Walter, Erich Maria Remarque, andere mit weniger berühmten Namen... Man war unter sich, jeder half dem anderen... Wie viele andere beschlossen auch die Werfels, sich in Kalifornien niederzulassen. Wenigstens war das Klima dort angenehm.

Sie bezogen ein kleines Haus in Los Angeles, wo sich Franz sofort an den Schreibtisch setzte. Geldsorgen brauchten sie vorerst nicht zu fürchten, da Alma immer einen Teil von Mahlers Dollarguthaben beim Bankhaus Lazard in New York gelassen hatte. Und dann geschah das Wunder von Lourdes, wenn man es so ausdrücken will: Franz erfüllte sein Gelübde und schrieb den Roman *Das Lied von Bernadette*; das Buch war sofort nach seinem Erscheinen ein Riesenerfolg. Der *Book of the Month-Club* kaufte es, Hollywood plante eine Verfilmung... Mit einem Schlag war Franz in den Vereinigten Staaten ein geschätzter Autor geworden.

Er brauchte diesen Erfolg, denn er litt unsäglich unter dem Emigrantendasein. Niemand fühlte sich so sehr als Europäer, als Wiener, wie er.

Als nächstes schrieb er eine brillante Komödie, bei der ihm die Niederlage Frankreichs als Hintergrund diente: *Jakobowsky und der Oberst*. Alma und er lebten durchaus angenehm unter der Sonne Kaliforniens. Sie wohnten in einem neuen Haus in Beverly Hills, das sie mit allen lebenswichtigen Dingen ausgestattet hatten: mit Büchern, einem Flügel und einem schwarzen Koch. Trotzdem schrieb Alma: »Franz Werfel ist müde und ohne Arbeitslust. Er ist zu und tot. Er müßte eine neue Liebe oder ein ähnliches Erlebnis haben. Das wäre wohl ein großer Schmerz für mich, da ich mich ganz und gar an ihn verloren habe und mir nichts anderes mehr wünsche – oder wünschen kann.«

Nein, sie konnte wirklich nichts anderes mehr wünschen. Selbst für Alma gab es Grenzen. Es wäre eine bemerkenswerte »Premiere« in ihrem Leben gewesen, wenn sich Franz in eine junge Dame aus Hollywood verliebt hätte und einmal nicht sie die Rolle der treulosen Verräterin und Herzensbrecherin gespielt hätte. Aber diese Prüfung blieb ihr erspart. Auf solche Gedanken kam ihr zärtliches »Mannkind« nicht, auch wenn er manchmal an Almas Zügeln zerrte. Dramatische Szenen spielten sich zwischen ihnen ab, und immer ging sie erfrischt daraus hervor, als habe sie ein Bad im Meer genommen. Er rauchte zuviel. Er trank zuviel. Er konnte das Exil nur schwer ertragen. Er hatte nicht die Kraft, die Alma ungebrochen aufrechterhielt: Sie wußte, daß der Mittelpunkt der Welt immer genau dort war, wo sie sich befand.

Franz erlitt einen Herzanfall und bald darauf einen zweiten, noch schwereren. Ans Bett gefesselt, konnte er die pompöse Premiere des Films *Das Lied von Bernadette* nicht miterleben. Zusammen mit Alma hörte er sich die Übertragung des Abends im Radio an. Alma notierte:

»Ich habe trostlose Angst, Franz Werfel zu verlieren.« Aber ganz die Alte, fügte sie hinzu: »Abends ist er müde, und morgens riecht er, wie es eine Ehefrau nie miterleben müssen sollte.«

Sie hatte kein Mitleid mit den Schwachen, immer noch nicht. Aber sie war weder jung genug, noch hatte sie die Energie, um noch einmal den Mann zu wechseln. Werfel, das spürte sie genau, war der letzte. Also pflegte sie ihn, ohne Mitleid zwar, aber mit Erfolg.

Infolge seiner Erkrankung litt Werfel vorübergehend an Inkontinenz. Doch er erholte sich wieder und nahm ein neues Werk in Angriff, den Roman *Stern der Ungeborenen*. Am 25. August 1945 setzte er sich wie üblich nach dem Mittagessen an den Schreibtisch. Gegen fünf Uhr wollte ihm Alma einen Tee bringen. Sie klopfte, er antwortete nicht. Sie ging hinein. Er lag tot auf dem Boden. Ehe er im Alter von sechsundfünfzig Jahren gestorben war, hatte er sich noch darüber freuen dürfen, daß Hitler-Deutschland in Schutt und Asche gesunken war.

Er wurde begraben wie der Held seines letzten Romans: im Smoking mit Seidenhemd, neben sich ein zweites Hemd zum Wechseln, die Brille in der Jackentasche.

Zuvor wurde seine sterbliche Hülle in einer besonders lichten und geräumigen Kammer in einem jener schrecklichen amerikanischen Bestattungsinstitute aufgebahrt. Alle kamen und nahmen Abschied: die Manns, Otto Klemperer, Igor Strawinsky, Otto Preminger, Bruno Walter, der für Werfel ein Klavierstück von Schubert spielte... Alle, bis auf Alma.

Fast dreißig Jahren an der Seite eines Mannes, und nun dieses jähe Ende... Aber Alma wurde auch damit fertig. Manon hatte sich in ihrer Mutter nicht getäuscht.

Alma war nun sechsundsechzig Jahre alt. Sie hörte immer schlechter und trank eine ganze Flasche »Bénédictine« am Tag. Sie hatte drei Ehemänner und vier Kinder gehabt, und jetzt stand sie ganz allein da. Ein hartes Los.

Franz Werfels ältere Schwester focht sein Testament an, das Alma zur Alleinerbin aller Autorenrechte des Verstorbenen machte. Die Klage wurde abgewiesen. Alma war zwar nicht ausgesprochen reich, aber für den Rest ihres Lebens finanziell abgesichert.

Der Rundfunk verbreitete die Nachricht, die Witwe Franz Werfels beabsichtige, Bruno Walter zu heiraten. Herablassend dementierte sie diesen »geschmacklosen Scherz«. Bruno Walter kam über den Rasen, der ihre beiden Häuser in Beverly Hills trennte, und fragte sichtlich amüsiert: »Ja und! Wäre das denn so schrecklich?« Alma warf ihn hinaus.

Sie verletzte sich an der rechten Hand. Daraufhin schickte ihr eine Freundin Skrjabins Klavierstücke für die linke Hand. Alma übte mit großer Begeisterung.

Aus London erreichte sie die Bitte, dem holländischen Dirigenten Willem Mengelberg zu helfen. In Mengelbergs Besitz befanden sich die Handschriften von Mahlers Vierter Symphonie und des letzten Satzes seines *Liedes von der Erde*. Mengelberg sah sich gezwungen, die Manuskripte zu verkaufen. Alma wollte davon nichts hören. Mengelbergs Notlage berührte sie nicht.

Inzwischen hatte sie die amerikanische Staatsbürgerschaft erhalten. Mit Platon in der einen, einer Flasche »Bénédictine« in der anderen Tasche, bestieg sie eines Tages ein Flugzeug nach Europa.

In London machte sie eine Zwischenlandung, um ihre Tochter Anna zu besuchen, die sich übrigens wenig später von ihrem vierten Ehemann trennte. Alma fand sie vorzeitig gealtert und ihre Enkeltochter nicht besonders hübsch. Sie flog weiter.

Sogenannte Mutterliebe hatte sie für ihre Kinder ohnehin nie empfunden, außer vielleicht für Manon, die ihrer Eitelkeit geschmeichelt hatte. Ihre Enkelkinder liebte sie noch weniger. Zur Großmutter fühlte sie sich nicht im mindesten berufen.

Sie verließ also London und flog nach Wien. Nur um Wien wiederzusehen, war sie gekommen. Sie war entsetzt. Von der Oper, dem Burgtheater, dem Stephansdom standen nur noch Ruinen. Sie kannte keine Menschen mehr bis auf ihr altes Dienstmädchen und die Witwe Alban Bergs. Aber Helene Berg interessierte sich nur noch für Spiritismus.

Amerikanische Fliegerbomben hatten das oberste Stockwerk ihres Hauses auf der Hohen Warte zerstört, wo die Schreibtische von Mahler und Werfel gestanden hatten. Das Haus auf dem Semmering hatten die Sowjets gekauft und neu »ausgestattet«; Kokoschkas Fresko über dem Kamin war übertüncht worden.

Carl Moll hatte alles verkauft, was Alma ihm anvertraut hatte, darunter auch Munchs berühmtes Gemälde *Mitternachtssonne*. Zusammen mit seiner Tochter Maria und seinem Schwiegersohn hatte er sich an dem Tag umgebracht, als die Rote Armee in Wien einmarschierte.

Alma wandte sich an verschiedene Dienststellen und Juristen, um das, was von ihrem Besitz noch übrig war, zurückzubekommen. Die Haltung der Beamten empörte sie. Auch 1947 waren sie noch stramme Nazis. Alma mußte sich anhören, daß nicht Carl

Moll, sondern sie selbst die Schuldige sei. Warum habe sie auch zwei Juden heiraten müssen?

Alma reiste ab, außer sich vor Wut. Sie beauftragte einen amerikanischen Anwalt mit der Wahrnehmung ihrer Interessen.

Wien existierte für sie nicht mehr. Sie strich es von der Weltkarte. Später besuchte sie andere europäische Städte wie Rom und Paris. Nach Wien setzte sie keinen Fuß mehr.

Nach Werfels Tod litt Alma unter der Einsamkeit, aber in gewisser Weise schien sie das Alleinsein auch wie eine Befreiung zu empfinden. Kein Ehemann mehr, kein Geliebter, keine Kunstwerke, die sie hegen und pflegen mußte und die ihr wie kleine Raubtiere das Blut aus den Adern saugten. Es gab keinen Zwang mehr, sie war frei, endlich!

Was sollte sie jetzt tun? Komponieren? Dazu war es zu spät. Seit vielen Jahren improvisierte sie gerne auf dem Klavier und hatte es darin zur Meisterschaft gebracht. Aber Komponieren war etwas anderes, das erforderte Arbeit, Handwerk, Disziplin. Diesen Traum hatte sie endgültig begraben. Sie hatte eine Spur im Leben hinterlassen, nicht durch eigene schöpferische Tätigkeit, wohl aber durch ihren Einfluß auf die Männer. Sie hatte nur eine Kunst ausüben dürfen: die Kunst, geliebt zu werden. Irgendwann, irgendwo war ein Mensch getötet worden, und sein Blut war in Werke geflossen, die nicht seine eigenen Werke waren. Alma sollte ihr Leben in einer würdevollen Rolle beschließen: in der Rolle der Witwe.

Sie lebte in New York in einer ihrer drei Wohnungen. Sie war eine Vermieterin, die auf jeden Pfennig schaute. Die treue Ida, die sie aus Wien hatte kommen lassen, sorgte für sie. Ihre Wohnung war mit den Dingen ausgestattet, die sie unbedingt um sich haben mußte: mit einer Bibliothek und einem Musikzimmer; dem Porträt, das Kokoschka von ihr gemalt hatte; dem Porträt Mahlers. Sie besaß viele Kunstwerke, so viele, daß sie nicht wußte, wohin damit. Einiges verschenkte sie. Strawinsky beispielsweise erhielt ein Gemälde von Paul Klee. Damals war es kaum etwas wert.

Die unbeugsame alte Dame ging ganz in Schwarz gekleidet,

reich mit Juwelen behängt, und spielte perfekt die Rolle der »Witwe Gustav Mahlers«, für die sie sich entschieden hatte, als Mahlers Musik wiederentdeckt wurde. Die Rolle der »Witwe Franz Werfels« gab sie in dem Maße auf, wie das Interesse an seinen Werken erlahmte. Respektlose Zeitgenossen nannten sie »die Witwe der vier Künste.«

Sie ordnete ihre Papiere, schrieb Franz Werfels Briefe ab, korrigierte und zensierte ihr Tagebuch, verbrannte, vernichtete und überarbeitete ihre Erinnerungen. Auch ihre Tochter Anna lebte inzwischen in Amerika, allerdings in Kalifornien. Die Distanz zu ihrer Mutter wäre nicht größer gewesen, wenn sie in Europa geblieben wäre.

Alma spielte nach wie vor eine gewisse Rolle in der Musikwelt. Benjamin Britten fragte 1959 bei ihr an, ob er ihr sein *Nocturno für Tenor und kleines Orchester* widmen dürfe. Sie wurde als Ehrengast zu allen Konzerten eingeladen, bei denen Werke von Gustav Mahler auf dem Programm standen, wohnte Proben bei, dinierte mit Leonard Bernstein, empfing Georg Solti ... Alma war zu einer Institution geworden.

Und es gab immer ein paar Bekannte, die sie mit sanftem Druck zu einem Besuch überreden konnte. Und die dann auch kamen.

Gropius besuchte sie jedes Mal, wenn er in New York war. Und eines Tages erhielt sie auch eine Nachricht von Kokoschka: Er war in New York und wollte sie treffen. Sie zögerte. Und lehnte ab. Wohl zu Recht: Eine Frau zeigt dem Mann, der sie in der Blüte ihrer Schönheit geliebt hat, nicht gern ihr verwelktes Gesicht.

Kokoschka schickte ihr noch ein Telegramm, sein letztes:

»Liebe Alma, in meiner *Windsbraut* sind wir auf ewig vereint.«

Sie war für ihn mehr als nur die große Liebe seines Lebens: Sie war sein Licht, seine Inspiration, seine Sonne.

Und was Alma betraf ... An einem melancholischen Abend dachte sie über die Männer nach, die ihr zu Füßen gelegen hatten, und kam zu dem Ergebnis: »Ich habe Mahlers Musik nie wirklich geliebt, ich habe mich nie wirklich für das interessiert, was Werfel schrieb« – man möchte hinzufügen: und nie verstanden, was

Gropius schuf –, »aber Kokoschka, ja, Kokoschka hat mich immer beeindruckt.«

Das Herzas unter ihren vier Assen – soweit man bei dieser Frau von Herz sprechen mag – war zweifellos Kokoschka. Aber es war anders gekommen. Für die Nachwelt blieb sie immer Alma Mahler.

Die Sirene mit den blauen Augen starb am 11. Dezember 1964 im Alter von fünfundachtzig Jahren an Lungenentzündung; im Sterben hielt sie die Hand ihrer Tochter umklammert.

Schon seit einem Jahr war es ihr nicht mehr gut gegangen. Sie litt an Diabetes, verweigerte aber hartnäckig eine Behandlung. Ihre Begründung: Diabetes sei eine »jüdische Krankheit«, folglich könne sie nicht von ihr befallen werden.

Sollte man sie in Kalifornien beerdigen, an der Seite Franz Werfels? Oder in Österreich neben Gustav Mahler? Ihrem Dienstmädchen zufolge wollte Alma auf dem kleinen Friedhof in Grinzing zur letzten Ruhe gebettet werden, an der Seite Manons...

Und dort, in diesem Gefängnis aus Stein, endete aller Hochmut.

Bibliographie

Die Kapitel, die sich mit Gustav Mahler beschäftigen, stützen sich vor allem auf die umfangreiche Studie seines bedeutendsten französischen Biographen, Henry-Louis de la Grange: Gustav Mahler. 3 Bde., Paris 1979, 1983, 1984.

Außerdem wurden herangezogen:
Die Mahler-Werfel-Sammlung in der Charles Patterson van Pelt Bibliothek der University of Pennsylvania.
Canetti, Elias: Das Augenspiel. Lebensgeschichte 1931-1937, Frankfurt am Main 1988.
Isaacs, Reginald: Walter Gropius. Der Mensch und sein Werk, 2 Bde., Berlin 1983, 1984.
Kokoschka, Oskar: Briefe I. 1905-1919, hrsg. von Olda Kokoschka und Heinz Spielmann, Düsseldorf 1984.
Kokoschka, Oskar: Mein Leben. München 1971.
Kraus, Karl: Aphorismen. Sprüche und Widersprüche. Pro domo et mundo. Nachts. Frankfurt am Main 1986.
Johnston, William M.: Österreichische Kultur- und Geistesgeschichte. Gesellschaft und Ideen im Donauraum 1848-1938, Graz 1974.
Jones, Ernest: Das Leben und Werk von Sigmund Freud. Bd. II: Jahre der Reife 1901-1919, Bern 1962.
Jungk, Peter Stephan: Franz Werfel. Eine Lebensgeschichte. Frankfurt am Main 1987.
Mahler-Werfel, Alma: Mein Leben. Frankfurt am Main 1963.
Mahler-Werfel, Alma: Gustav Mahler. Erinnerungen und Briefe. Amsterdam 1949.

Mahler-Werfel, Alma (in Zusammenarbeit mit E.B. Ashton): And the Bridge is Love. New York 1958.

Meysels, Lucian: In meinem Salon ist Österreich. Berta Zuckerkandl und ihre Zeit. Wien 1987.

Mann, Klaus: Der Wendepunkt. Ein Lebensbericht. Reinbek bei Hamburg 1984.

Monson, Karen: Alma Mahler-Werfel. Die unbezähmbare Muse. München 1985.

Pollak, Michael: Vienne 1900. Paris 1986.

Reik, Theodor: Dreißig Jahre mit Sigmund Freud. München 1976.

Schorske, Carl E.: Wien. Geist und Gesellschaft im Fin de siècle. Frankfurt am Main 1982.

Werfel, Franz: Stern der Ungeborenen. Ein Reiseroman. Frankfurt am Main 1981.

Whitford, Frank: Bauhaus. New York 1984.

Zuckerkandl, Berta: Österreich intim. Erinnerungen 1892-1942, hrsg. von Reinhard Federmann. Frankfurt am Main, Berlin, Wien 1970.

Zweig, Stefan: Die Welt von gestern. Erinnerungen eines Europäers. 2. Aufl. Frankfurt am Main 1947.

Zweig, Stefan: Europäisches Erbe. Hrsg. von Richard Friedenthal. Frankfurt am Main 1960.

Hundertfünfzig unbekannte Briefe des Komponisten und bisher unbekannte Illustrationen machen diesen Band zu einer Entdeckungsreise. Zu den bisher bekannten Mahler-Briefen treten hier thematisch und personell sehr vielfältige Schreiben von unterschiedlichem Tiefgang und weitgespreizten Zweckbestimmungen innerhalb des Musikbetriebs seiner Zeit. Jeder der siebzehn Adressaten wird von einem Spezialisten vorgestellt, sodaß der Leser in jede persönliche und berufliche Beziehung eingestimmt ist, bevor er die einzelnen Schreiben liest.

Neue Zürcher Zeitung

260 Seiten
9 Textabbildungen, Notenbeispiele
4 Seiten Kunstdruckbilder
ISBN: 3-552-03502-8

PAUL ZSOLNAY VERLAG

Für die Freunde Mahlers ist es eine editorische Tat, die vergriffene Originial-Ausgabe in ihrer Substanz unangetastet wieder verfügbar gemacht zu haben, darüber hinaus aber eine erweiterte und auf den heutigen Stand der Mahler-Forschung gebrachte, die in der Tat, wie Werfel schreibt, „nicht nur ein Bild seiner (Mahlers) Persönlichkeit, sondern auch ein Bild der Zeit" gibt.
Frankfurter Allgemeine Zeitung

480 Seiten
8 Seiten
Kunstdruckbilder
ISBN: 3-552-03330-0

PAUL ZSOLNAY VERLAG

Leben und Karriere *der* Modezarin des 20. Jahrhunderts

Die Lebensgeschichte einer Geheimnisvollen, die das Bild der Frau im 20. Jahrhundert geprägt hat wie niemand sonst: Coco Chanel.
Der Aufstieg eines armen Mädchens vom Lande zur internationalen Modezarin ist eine der größten Erfolgskarrieren unserer Zeit. Diese Biographie Coco Chanels beschreibt zugleich ihr lebenslanges Ringen um privates Glück.

Edmonde Charles-Roux
COCO CHANEL
ISBN: 3-552-04026-9
ca. 600 Seiten, gebunden
16 Seiten Bildteil

PAUL ZSOLNAY VERLAG